战国策译注

（西汉）刘向 校录

吕壮 译注

北京联合出版公司
Beijing United Publishing Co.,Ltd.

目录

楚 策

韩　策

燕　策

宋卫策

中山策

前 言

战国时期纵横家为游说人主，需要进行一些言语和逻辑的训练，而流传至今的《战国策》，就是他们揣摩练习的范本。《战国策》的基本内容，就是记载战国至秦汉时期，一些谋士为了谋取富贵或者实现自己的治国理念，针对当时的各国形势，为自己效力的君主分析形势、制定策略的说辞。仔细分析《战国策》中的故事，会发现其中一部分故事荒诞不经，缺乏历史依据，明显系后人的模拟之作，但这部分作品的语言以及逻辑相当精彩，有较强的文学性。而另一部分作品，虽然文采稍逊，但依托历史事实，对我们研究战国历史有着较大的史料价值。

《战国策》并非出于一人之手，也非成于一时，在形成之初便有多个版本。西汉末年著名学者刘向在校理西汉皇家书库时，对所见的六种记载战国纵横家说辞的作品进行了整理，删去其中荒诞不经的内容，按照国别，重新编排体例，定为三十三卷，并定名为《战国策》。

《战国策》成书以后，东汉时期著名学者高诱曾为其作注。但是由于此书一直未能受到学术界的重视，因此到了北宋时，已经缺了十一篇。北宋著名文学家曾巩访之“士大夫之家”，重新补足了三十三卷的篇数。

南宋时期，姚宏搜罗了尚能见到的版本，在曾巩版本的基础上，重新校订整理，并加注释，流传至今，被称为“姚本”。和姚宏同时的鲍彪也进行编订并注释，元代学者吴师道为其作补正，一同流传，但鲍本并不如姚本精良。我们目前所见到的版本，大多属于姚本。

《战国策》在流传过程中，由于传抄和翻刻，形成了不少文字错讹。历代学者均对其进行了文字校订和注释，目前所见质量较高的有诸祖耿《战国策集注汇考》、范祥雍《战国策笺证》、缪文远《战国策新校注》、何建章《战国策注释》等书，而当今学者对《战国策》的研究著作更是数不胜数。本书即以范祥雍先生《战国策笺证》为底本，在翻译过程中，又参考了贵州人民出版社《战国策全译》以及中华书局全本全注全译丛书《战国策》等书，并汲取了其他学者的研究成果，如杨宽《战国史》等书，最终促成了本书的完稿。由于本书为普及本，受篇幅限制，除了上述重点参考的几本书以外，其他论文以及专著不能一一标明出处，还请见谅。

目前《战国策》的译本很多，相比而言，本书有以下一些特色。首先，本书是选译本。《战国策》虽然在语言上和史料上有较高的价值，但早期符合历史事实的篇目和晚期的模拟之作有许多冲突之处，因此，本书节选一些篇目进行翻译，让普通读者读起来更加易懂。其次，本书在节选过程中，注重各方对同一历史事件的不同记载，让读者可以对各方的分析处理方式有一个更加全面的认识。第三，在节选篇目的过程中，关注一个国家的兴衰大势，从篇目的选择中，读者可以体会到一个国家的兴衰变迁。第四，本书在注释中，注重故事背景的介绍，让读者对战国历史有一个整体了解。最后，本书还侧重一些较为经典的言论以及一些有趣的寓言故事，这些言论和故事虽然离现在有两千多年，但对我们或许还有一定的借鉴意义。

由于时间仓促，以及译者本人的学力所限，此书还存在各种问题，只能留待来日改进。如果本书有什么贡献的话，也是在各位前辈学者的基础之上获得的，再次对各位前辈学者表示感谢。

吕壮

2013 年 12 月

两周策[①]

东周与西周战

东周与西周战，韩救西周。为东周谓韩王曰[②]："西周者，故天子之国也[③]，多名器重宝[④]。案兵而勿出[⑤]，可以德东周[⑥]，西周之宝可尽矣[⑦]。"

注释

①两周：即东周和西周。公元前770年，周平王为避犬戎之乱，将都城由镐京迁到雒邑，即今河南洛阳一带。因为雒邑在镐京的东边，为了与周幽王之前的周王朝相区别，后世称平王东迁之后的周朝为东周。到了周考王时期，分封自己的弟弟揭于王城，被称为西周桓公。到了西周惠公时，分封自己的小儿子班于巩，号东周惠公。东周时期的东西周均是周朝的分封国，而代表周王朝正统的周王室，由于对封国的控制力越来越弱，到了周赧王时期，甚至不得不投靠西周君，此时的周王朝也就名存实亡了。

②为：替。"为"字之前本应该有人名，或许是在书籍抄写流传的过程中缺失了。韩王：即韩襄王，

名仓，前 311—前 296 年在位。

③故天子之国：西周在王城，是周天子以前居住的地方，所以被称为“故天子之国”。国，国都。

④名器重宝：泛指三代时期的钟、鼎之类。

⑤案：同“按”，止住。

⑥德东周：有恩于东周，让东周感激。德，使动用法，使……感激。

⑦西周之宝可尽：韩国按兵不动，西周将会通过贿赂韩国宝物，以祈求韩兵相助。

译文

东周和西周交战，韩国将救援西周。有人替东周对韩王说：“西周是过去周天子的国都，有很多的钟鼎宝器。如果大王您现在按兵不动，既可以施惠于东周，又能得到西周的钟鼎宝器。”

东周与西周争

东周与西周争①，西周欲和于楚、韩②。齐明谓东周君曰③：“臣恐西周之与楚、韩宝，令之为己求地于东周也。不如谓楚、韩曰，西周之欲入宝，持二端④。今东周之兵不急西周⑤，西周之宝不入楚、韩。楚、韩欲得宝，即且趣我攻西周⑥。西周宝出，是我为楚、韩取宝以德之也。西周弱矣。”

注释

①争：争夺，争斗。

②和：联合。西周想要向楚国和韩国示好以求得两国的支援。

③齐明：东周臣子，后仕秦、楚及韩，为当时较有名的辩士。

④持两端：做两手准备。如果东周急攻西周的话，那就贿赂两国；如果不着急攻打的话就算了。

⑤兵：军队。急：急攻，使……困急。

⑥即：则，那么。且：一定。趣：通“趋”，促使，迫使。我：东周。

译文

东周与西周争斗，西周想要拉拢楚国和韩国（作为自己的后盾）。辩士齐明对东周君说：“我害怕西周会给楚国和韩国宝物，让他们为自己向东周索取土地。不如对楚国和韩国说，西周向他们赠送宝物的事，还在两可之间。现在东周军队不急攻西周，西周也就不会向楚、韩两国进献宝物。楚、韩两国想要获得西周的宝物，那么就一定会迫使我们攻打西周。西周向韩、楚两国进献宝物，这是我们帮助两国争取到的，他们也一定会因此而感激我们。西周的国力自然也就得到了削弱。”

东周欲为稻

东周欲为稻①，西周不下水②，东周患之③。苏子谓东周君曰④："臣请使西周下水，可乎？"乃往见西周之君曰："君之谋过矣⑤。今不下水，所以富东周也。今其民皆种麦，无他种矣。君若欲害之，不若一为下水，以病其所种⑥。下水，东周必复种稻。种稻而复夺之⑦，若是，则东周之民可令一仰西周而受命于君矣。"西周君曰："善。"遂下水⑧，苏子亦得两国之金也。

注释

①为稻：种稻。

②西周不下水：西周不肯往下放水。西周在伊水的上游，不肯放水灌溉下游东周的稻田。

③患：忧虑。

④苏子：即苏秦，战国时期洛阳人，著名的辩士。早年游说秦王，没有成功。后来发奋学习，学成之后劝说东方六国联合抗秦，最辉煌时身佩六国相印。他是战国时期合纵学说的代表人物。但也有学者认为苏子即苏秦的弟弟苏厉或苏代，又或者后人是虚拟这篇文章而托名于苏子。

⑤谋：计策，谋略。另有征求解决疑难的意见或办

法之义。过：过失，错误。

⑥病：破坏。

⑦种稻而复夺之：意为等到东周种了稻子之后再断他们的水。意即以此相要挟。

⑧遂：于是，就。

译文

东周想要种水稻，但是上游的西周不放水，东周很忧虑这件事。苏子对东周君说："我请求出使西周，让他们放水，可以吗？"于是就去见西周国君说："您的计策用错了。现在不放水，恰恰会让东周更富强。现在东周百姓都种麦子，不种其他的了。国君您要是想伤害他们，不如先放一阵子水，来破坏他们种的麦子。放水之后，东周一定会再改种稻，等他们种稻之后再把水断掉，如果是这样，那么就会让东周的百姓完全依赖西周，而听命于国君您了。"西周君说："好主意。"于是就放水给东周。苏子因此也得到了两国的赏赐。

秦假道于周以伐韩

秦假道于周以伐韩①，周恐假之而恶于韩②，不假而恶于秦。史黡谓周君曰③："君何不令人谓韩公叔曰④：'秦敢绝塞而伐韩者⑤，信东周也⑥。公何不与周地，发重使使之楚⑦，秦必疑⑧，不信周，是韩不伐也[9]。'又谓秦王曰：'韩强与周地[10]，将以疑周于秦，寡人不敢弗受[11]。'秦必无辞而令周弗受，是得地于韩而听于秦也[12]。"

注释

①秦假道于周以伐韩：秦国向东周借路去讨伐韩国。战国时期，大国之间战争频繁，战争时期向小国借道也成为普遍现象。周，此处指东周。假，借。

②恶 wù：憎恨，怨恨。

③史黡 yǎn：东周大臣，或为东周史官，生平事迹不详。

④韩公叔：韩国贵族，此时为韩国掌权人物，约在韩宣惠王后期和韩襄王中前期接替公仲担任韩相，下文选有其与几瑟争权的故事。

⑤绝塞：越过边境的险塞。绝，横渡。塞，险塞，障碍。

⑥信东周：秦国之所以敢向东周借道伐韩，就是因为认为东周不敢在后方偷袭自己。

⑦重使：以重要人物担任使臣，当是向楚国求救。

⑧秦必疑：怀疑韩国与东周之间有阴谋。

⑨韩不伐也：韩国不受秦国的讨伐。秦国怕东周从后方攻打自己，因此不敢越过东周而攻韩。

⑩强 qiǎng：竭力，一定要。

⑪寡人：战国君主的自谦之辞。

⑫听：听从。

译文

秦国向东周借路讨伐韩国，东周害怕借路之后得罪韩国，不借的话秦国又怨恨自己。史黡对东周君说："国君您为什么不派人对韩公叔说：'秦国敢越过边境上的险塞讨伐韩国，是因为信任东周。您为什么不贿赂东周土地，派遣重要人物担任使者去出使楚国，秦国肯定怀疑，不信任东周，那么韩国也就不会受到秦国的讨伐了。'又对秦王说：'韩国硬要送给东周土地，目的就是为了让秦国怀疑我国，我不敢不接受啊。'秦王必定没有理由不让东周接受土地，这样的话，就能够从韩国得到土地而又听从了秦国。"

周文君免工师藉

周文君免工师藉①，相吕仓②，国人不说也③。君有闵闵之心④。

谓周文君曰："国必有诽誉⑤，忠臣令诽在己，誉在上。宋君夺民时以为台⑥，而民非之，无忠臣以掩盖之也。子罕释相为司空⑦，民非子罕而善其君⑧。齐桓公宫中七市⑨，女闾七百⑩，国人非之。管仲故为三归之家⑪，以掩桓公，非自伤于民也。《春秋》记臣弑君者以百数，皆大臣见誉者也。故大臣得誉，非国家之美也。故'众庶成强，增积成山'⑫。"周君遂不免⑬。

注释

①周文君：即周昭文君，东周惠公之子。工师藉：东周大臣，在吕仓之前为相。工师原为古代官名，主管百工及手工业。古人常以祖先所担任官职为姓，故工师亦成为姓。

②相吕仓：以吕仓为相。

③国人：国都中的百姓。说：同“悦”，高兴。

④闵闵：闷闷不乐的样子。周文君的举动得不到国人的支持，所以闷闷不乐，想罢免工师藉。

⑤诽誉：即褒贬之辞。

⑥宋君夺民时以为台：宋君即宋平公，前575—前517年在位。据《左传》记载，平公曾指使太宰皇国父在农忙时驱使百姓修筑高台，导致百姓怨声载道。子罕向宋平公请求在农闲时再修筑高台，平公不许。后来修建高台的工人就通过歌谣来发泄自己的不满。子罕听说以后，亲自担任监督施工的官员，执鞭巡查工地，鞭打不好好干活的工人。因此工人开始怨恨子罕而不怨恨宋平公了。

⑦子罕释相为司空：子罕即宋国大臣乐喜，子罕是他的字，曾担任宋国主管工程的司城一职。司空，即司城。宋国官制和其他国家不同，一般是公族执政，司城有时也可掌权，此时子罕就是以司城之职执掌宋国之权。本句的意思并不是指子罕辞去相位，而是说他放弃丞相的职责，亲自去监工。

⑧非：责怪。

⑨齐桓公：名小白，齐襄公之子，前685—前643年在位。齐桓公即位以后，任用管仲为相，经过多年努力，齐国国力得到很大提升。齐桓公通过“九合诸侯，一匡天下”的政绩，成为“春秋五霸”中的第一个霸主。宫中七市：指齐桓公在宫中的夫人很多，好女色。市，天子、诸侯的服饰，也是诸侯夫人的朝服，此处借指夫人。七，虚指，并非实数。

⑩女闾：妓院。

⑪管仲故为三归之家：管仲，名夷吾，今安徽颍上县人。辅助齐桓公进行内政外交的改革，最终使齐桓公成为春秋霸主。三归或为管仲所修筑的楼台名。

⑫众庶成强，增积成山：人多就成了不能抵御的力量，积少成多就成了大山。喻义为大臣赞誉多了，就得到了民心，力量就会强大，进而威胁国君的地位。

⑬周君遂不免：吕仓为相引起了百姓的不满，正符合本文辩士所说的“忠臣令诽在己，誉在上”的观点，因此周君认为吕仓是忠臣，而没有顺应民意罢免吕仓。

译文

周文君罢免了工师藉的相国职位，以吕仓为相，国人都很不高兴，有怨言。周文君也因此事而忧虑不已。

有人对周文君说：“国家所做的每件事情，国人都会有褒贬之辞。忠臣会将百姓的不满引到自己的身上，将赞誉之辞归向国君。宋平公强占农民耕作的时间来驱使百姓修筑高台，老百姓都责备他，而没有忠臣替他掩盖错误。子罕放弃宰相的职责，亲自去监工，百姓开始怨恨子罕而赞美他们的君主了。齐桓公在宫中有许多位夫人，又有几百个妓女供他淫乐，齐人无不非议他。管仲便故意在自己家建造三归之台，以此来掩盖桓公的错误，这不是要让百姓的批评落在自己身上吗？《春秋》上记载大臣杀国君的事情数以百计，而这些大臣全都是一些原本受到百姓赞誉的人。因此大臣得到赞誉，对国家来说，并不是一件好事。所以有‘百姓众多可以强盛，土壤堆积可以成高山’这一说法。”周昭文君认为有道理，这才没有罢免吕仓。

温人之周

温人之周[①]，周不纳[②]。（问曰）“客耶[③]？”对曰：“主人也[④]。”问其巷而不知也[⑤]，吏因囚之[⑥]。

君使人问之曰：“子非周人，而自谓非客，何也？”对曰：“臣少而诵《诗》[⑦]，《诗》曰：‘普天之下，莫非王土；率土之滨[⑧]，莫非王臣。’今周君天下[⑨]，则我天子之臣，而又为客哉？故曰主人。”君乃使吏出之[⑩]。

注释

①温：魏国地名，在今河南温县。之：到。周：东周。

②纳：使入，接纳。

③客：外地人。耶：语气词。

④主人：本地人。

⑤问其巷而不知也：问他居住的里巷名，却回答不出来。巷，里巷。

⑥因：因此。

⑦诵：读。《诗》：即《诗经》，是西周初年至春秋中期的诗歌总集，原有三千多篇，经过孔子的删定还剩三百零五篇。

⑧率：沿着。滨：水边。古人认为中国四周都是大海，所以常用"四海之内"代指中国，计算领土时也从海滨算起。

⑨周君天下：周天子为天下之君。周赧王此时居住在东周。

⑩出：释放出狱。

译文

魏国温地人到东周去，东周的守城官吏不放他进去。问他是不是本地人，他回答说："是本地人。"但是问他住在城内哪个地方，他又回答不上来，因此被守城官吏给关了起来。

周君派人问他说："你不是东周人，却谎称自己不是外地人，这是什么原因呢？"这人回答说："我小的时候读《诗经》,《诗经》上讲:‘整个天下无一不是周王的领土,四海之内无一不是周王的臣民。’现在周天子是天下共主,那我就是天子的臣民,这难道是外地人吗?所以说是‘本地人’。”于是周君就让守城官吏把他放了。

谓周最曰仇赫之相宋

谓周最曰①:“仇赫之相宋②,将以观秦之应赵、宋③,败三国④。三国不败,将兴赵、宋合于东方以孤秦⑤。亦将观韩、魏之于齐也。不固,则将与宋败三国,则卖赵、宋于三国。公何不令人谓韩、魏之王曰:‘欲秦、赵之相卖乎⑥?何不令周最兼相,视之不可离⑦,则秦、赵必相卖以合于王也⑧。’”

注释

①周最:东周君之子,亲近齐国,曾在齐国做官。本章事发生在公元前298年,韩、魏、齐三国将要合谋攻秦,仇赫相宋之后,在两大阵营之间游移不定。辩士认为这是离间秦、赵的大好机会,劝说周最把握住,趁机取得韩、魏的相权。

②仇赫之相宋:公元前299年,赵武灵王与宋国交好,派仇赫到宋国担任相国。

③应:应和。

④三国:指韩、魏、齐三国。

⑤将兴赵、宋合于东方以孤秦：将要发动赵、宋与韩、魏、齐三国联合，孤立秦国。兴，发动。东方，崤山以东的国家，此处指韩、魏、齐。

⑥卖：出卖，背叛。

⑦视：同“示”，表明。

⑧合：联合。

译文

有人对周最说：“赵国派仇赫出任宋国的相国，就是要看看秦国能否联合赵国、宋国，共同击败韩、魏、齐三国。如果三国没有被打败，将发动赵、宋两国联合东方的齐、魏、韩三国来孤立秦国。同时也是在观察韩、魏两国与齐国的关系。如果三国关系不牢固，仇赫就要让秦、赵联合宋国，打败韩、魏、齐三国，这是利用赵、宋两国来引诱三国而已。您为什么不派人对韩、魏两国的国君说：‘想让秦国和赵国相互背叛吗？为什么不推举周最兼任韩、魏两国的相国，以此来表示两国关系牢固，这样的话，秦、赵两国就会相互背叛，争相与韩、魏两国联合了。’”

赵取周之祭地

赵取周之祭地[①]，周君患之，告于郑朝[②]。郑朝曰：“君勿患也，臣请以三十金复取之。”周君予之。郑朝献之赵太卜[③]，因告以祭地事。及王病[④]，使卜之。

太卜谴之曰[⑤]："周之祭地为祟[⑥]。"赵乃还之。

注释

①祭地：进行祭祀时使用的土地。在先秦时期，祭祀是一个国家的大事，因此祭地的丢失，令周君十分忧虑。

②郑朝：本为郑人，东周大臣。

③太卜：掌管国家占卜事宜的官员。

④及：等到。

⑤谴：责问，转达上天的责备。

⑥祟：鬼神给人带来的灾祸。

译文

赵国夺取了东周的祭地，东周君很忧虑，把这件事告诉了郑朝。郑朝说："国君您不要忧虑了，我请求用三十金来重新要回它。"东周君给了他三十金。郑朝把金献给了赵国的太卜，并且谈了祭地的事情。等到赵王病了的时候，请太卜占卜生病的原因。太卜责备赵王说："这是东周的祭地在作怪。"于是赵王就把祭地还给了东周。

秦令樗里疾以车百乘入周

秦令樗里疾以车百乘入周[①]，周君迎之以卒[②]，甚敬[③]。楚王怒[④]，让周[⑤]，以其重秦客[⑥]。

游腾谓楚王曰[⑦]："昔智伯欲伐厹由[⑧]，遗之大钟[⑨]，载以广车[⑩]，因随入以兵，厹由卒亡[⑪]，无备故也。桓公伐蔡也[⑫]，号言伐楚[⑬]，其实袭蔡。今秦者，虎狼之国也，兼有吞周之意，使樗里疾以车百乘入周。周君惧焉，以蔡、厹由戒之。故使长兵在前[⑭]，强弩在后，名曰卫疾[⑮]，而实囚之也。周君岂能无爱国哉？恐一日之亡国，而忧大王[⑯]。"楚王乃悦。

注释

①樗里疾：又称樗里子，秦惠王异母兄弟，秦武王时曾担任左丞相，是秦国名将。乘：四匹马被称为一乘，并有甲士三人，兵卒七十二人。百乘当是指有兵力七千五百人，战车百辆，战马四百匹。入周：公元前 307 年，秦国大将甘茂攻取了韩国的军事重地宜阳，打开了东侵的大门。秦武王想挟天子以令诸侯，取得九鼎，成就霸业。随即派樗里疾入周，为自己入周作准备。秦武王也是在这次进入西周时，与武士比赛举鼎，受伤而死。

②迎之以卒：即西周君派出隆重的队伍欢迎樗里疾。卒，一百人的队伍。

③敬：敬重，恭敬。

④楚王：即楚怀王，名槐，前 328—前 299 年在位。在位时期曾灭掉越国。楚国在怀王即位之初，仍是秦国的劲敌，诸侯联合伐秦时，楚王常为纵长。但是由于怀王贪婪成性，而且身边又聚集着一批

佞臣，因此多次被秦国欺骗，丢失汉中等大片国土。最后，不听屈原等人的劝谏，入秦，被秦国扣留，客死于秦。

⑤让：责备。

⑥客：樗里疾。

⑦游腾：西周大臣。

⑧厹由：靠近晋国的少数民族部落，在今山西省盂县东北。

⑨遗 wèi：赠送。钟：古代祭祀或者宴飨时所用的乐器。有的钟单独悬挂，被称为“特钟”。有的大小相次排列成为一组，被称为“编钟”。钟用木槌敲击演奏。

⑩广车：大车。

⑪卒：通“猝”，突然。

⑫桓公伐蔡：据《左传》记载，鲁僖公三年，齐桓公与蔡姬乘船，蔡姬故意晃动游船，桓公不会游泳，十分害怕，让蔡姬停止，蔡姬没有听从。齐桓公大怒，事后把蔡姬送回蔡国，但没有正式断绝关系。蔡君后来未经桓公同意，又把蔡姬改嫁到别国。桓公十分恼怒，于是在次年纠集诸侯军队讨伐蔡国。蔡，国名，春秋时期多次迁都，活动范围在今河南东南部与安徽中部，后为楚国所灭。

⑬号言：扬言。

⑭长兵：戈、矛等长柄兵器。

⑮卫：保卫。

⑯忧大王：替大王感到担忧。西周一旦灭亡，秦国

实力增强，楚国也会失去北部的屏障，因此西周灭亡对楚国来说不是一件好事。

译文

秦国派樗里疾率领一百辆兵车进入西周，西周君用一百名士卒迎接他，十分恭敬。楚怀王听说之后，十分愤怒，责备西周，认为他们过分尊重秦国人。

游腾对楚王说："以前智伯想要讨伐厹由，就先赠送给他们大钟，用大车装钟，而讨伐厹由的军队却在大车之后攻入厹由，厹由之所以灭亡，就是因为没有防备的缘故。齐桓公讨伐蔡国的时候，扬言讨伐楚国，其实根本目的却是讨伐蔡国。现在的秦国，是虎狼一样的国家，怀有吞并二周的野心。秦国派樗里疾率领一百辆兵车进入周境，西周君害怕，以蔡国和厹由的教训为戒。因此让持戈矛的士兵走在前面，拿强弩的士兵走在后面，名义上是护卫樗里疾，实际上却是监视围住他。周君难道不爱自己的国家吗？就是恐怕有朝一日西周灭亡了，让大王您担忧啊！"楚王听了这话，才高兴起来。

楚请道于二周之间

楚请道于二周之间①，以临韩、魏②，周君患之③。苏秦谓周君曰："除道属之于河④，韩、魏必恶之。齐、秦恐楚之取九鼎也⑤，必救韩、魏而攻楚⑥。楚不能守方城之外[7]，安能道二周之间？若四国弗恶[8]，君虽不欲与也，楚必将自取之矣。”

注释

①请道：请求借道。楚国与韩、魏两国接壤，本不必向二周借道攻韩、魏，此处或是想借道二周从侧面攻韩、魏。

②以：来。临：进攻，讨伐。

③周君患之：周君既害怕借道得罪韩、魏，又害怕楚国借道有其他图谋，不利于自己，因此忧虑。此策原被编入西周部分，此周君或为西周君。

④除道：清理、修整道路。属：通。河：黄河。

⑤九鼎：传说大禹治水以后，大会诸侯，用诸侯进贡的金属制作了九个大鼎，画上九州山川及各地出产，象征九州。夏亡后，商朝得到九鼎。周武王灭殷商之后，九鼎又归于周。因此，九鼎也就成了王权的象征。平王东迁以后，周天子势衰，诸侯强大，因此诸侯都觊觎九鼎。

⑥必救韩、魏而攻楚：九鼎很大，之前秦国、齐国都想得到九鼎，周君以道路不通、路上不安全为由搪塞过去。

⑦方城之外：楚国北境与韩国相接的地方，包括方城以东、淮水上游直至汝、颍上游一带的楚地。楚国在伏牛山两端筑起两道南北走向的长城，和伏牛山组成一个方形，所以这一地区被称为

"方城"。

⑧四国：韩、魏、齐、秦四国。

译文

楚国请求从二周境内通过，以便攻打韩国和魏国。西周君因此而忧虑。

苏秦对西周君说："您下令为楚国修整道路，一直通到黄河边，韩、魏两国一定十分担忧。秦国和齐国害怕楚国趁机取走九鼎，也一定会攻打楚国来救援韩国和魏国。楚国如果不能守住方城之外的领土，又怎么会借道通过二周国境呢？如果四国并不忧虑楚国借道的事情，那么君王您即使不愿意借路，楚国也一定会强行通过的。"

秦召周君

秦召周君①，周君难往②。

或为周君谓魏王曰③："秦召周君，将以使攻魏之南阳④。王何不出兵于河南⑤，周君闻之，将以为辞于秦而不往⑥。周君不入秦，秦必不敢越河而攻南阳⑦。"

注释

①召：邀请。根据下文，秦王邀请西周君，目的是想让西周进攻魏国的南阳地区。

②周君难往：西周君有所畏惧，不敢去。

③或：有人。

④南阳：战国时期楚、韩、魏都有称作南阳的地区。魏国南阳地区在太行山南，黄河以北，即今天的河南省获嘉县一带。韩国的南阳地区与魏国相邻，在其西侧。

⑤出：出兵攻打。河南：黄河以南。

⑥辞：理由，借口。

⑦越河：越过黄河。秦在黄河以西地区，向东作战需要渡河。因为西周君不出兵助战，秦国会担心西周绝其后路，因此不敢渡河作战。

译文

秦王邀请西周君相会，西周君不敢去。

有人替西周君对魏王说：“秦王邀请西周君，目的是要让西周攻打魏国的南阳地区。大王您为什么不出兵河南，假装攻打西周？西周君听说之后，将会有理由推辞秦王的邀请了。西周君不去秦国的话，秦国肯定不敢越过黄河来攻打南阳。”

韩魏易地

韩、魏易地[①]，西周弗利[②]。

樊馀谓楚王曰[③]：“周必亡矣。韩、魏之易地，韩得二县，魏亡二县[④]。所以为之者，尽包二周，多于二县[5]，九鼎存焉。且魏有南阳、郑地、三川而包二周[6]，则楚方城之外危。韩兼两上党以临赵[7]，即赵羊肠以上危[8]。故易成之日，楚、赵皆轻[9]。”楚王恐，因赵以止易也。

注释

①韩、魏易地：韩、赵、魏三家瓜分晋国之后，会根据自己的利益，相互交换一些自己分得的土地，使一些孤立不相连的地方连成一片。易，互相交换。

②利：方便。

③樊馀：西周大臣。楚王：楚怀王。

④魏亡二县：指韩、魏交换土地之后，魏国相比较得到的，还少了两县。

⑤多于二县：指魏国交换土地之后，虽然少了两县，但形成了对东、西周的包围之势，九鼎成为其囊中之物，这一利益比二县大多了。

⑥郑地：春秋时期郑国故地，在今河南新郑、郑州一带。三川：黄河、洛水、伊水之间的地方，在今河南省西部，秦国统一后在此设三川郡。魏国与韩国交换土地后，除了形成对两周的包围之势，还可以从西部进攻楚国的北部边境。如果魏国东西两路进攻楚国，楚国的方城就危险了。

⑦韩兼两上党：韩国兼有韩、魏两国的上党地区。此次交换土地，魏国把自己占有的上党地区换给韩国，韩国占有大部分上党地区之后，就对赵国

构成了威胁。上党，今山西省东南部，地形十分复杂。三家分晋之后，上党地区被分为三部分，是赵、魏、韩三国犬牙交错的地方。临赵：进逼赵国。

⑧羊肠：赵国险塞名，在今山西省壶关东南，因山行曲折道路狭窄如羊肠而得名。

⑨轻：分量小，地位轻。

译文

韩、魏交换土地，西周感觉对自己不利。

樊馀对楚王说："周一定要灭亡了。韩、魏交换土地之后，韩国多得了两个县，而魏国却少了两个县。魏国之所以交换，就是因为换地之后可以完全包围二周，这样魏国所得的利益就大于两个县，并且，周鼎等于寄存在魏国了。再说魏有了南阳、郑地、三川等地，又包围了二周，那么楚国方城之外的土地就危险了。韩国兼有了韩、魏两国的上党地区，然后再进逼赵国，那赵国的羊肠地区就危险了。所以说换地成功的时候，楚、赵两国的地位也就变得轻了。"楚王听了很恐慌，同赵国一起出面阻止了韩、魏两国的换地行为。

秦　策①

卫鞅亡魏入秦

卫鞅亡魏入秦②，孝公以为相③，封之于商④，号曰商君。商君治秦，法令至行，公平无私，罚不讳强大，赏不私亲近。法及太子，黥劓其傅⑤。期年之后⑥，道不拾遗，民不妄取。兵革大强，诸侯畏惧。然刻深寡恩⑦，特以强服之耳⑧。

孝公行之八年，疾且不起，欲传商君⑨，辞不受。孝公已死，惠王代后⑩，莅政有顷⑪，商君告归。人说惠王曰："大臣太重者国危，左右太亲者身危。今秦妇人婴儿皆言商君之法⑫，莫言大王之法，是商君反为主，大王更为臣也。且夫商君，固大王仇雠也⑬，愿大王图之。"

商君归还⑭，惠王车裂之⑮，而秦人不怜⑯。

注释

①秦：秦国原为甘肃地区的小诸侯，秦襄公时期护卫周平王东迁，因有功而被赐以岐、丰之地，始列为诸侯。此时岐、丰之地被西戎占据，襄公通过与西戎的战争，实力逐渐强大，占有今天的陕

西省中部和甘肃省东南部地区。到了秦穆公时期，列为春秋五霸之一，秦国国力达到一个顶峰，但秦穆公死后，秦国又没落下去，受到东方六国的歧视。秦孝公任用商鞅变法，秦国开始富强，经过一百多年的发展，其间兼并巴、蜀地区，至秦始皇时期，最终统一六国，建立统一的封建王朝。

②卫鞅亡魏入秦：卫鞅原为卫国贵族的后代，后到魏国做官，担任魏相公叔痤的御庶子。公叔痤临死前向魏惠王推荐卫鞅，不被采纳。卫鞅看到在魏国不被重视，听说秦孝公求贤，因此由魏入秦。商鞅入秦以后，帮助秦孝公进行内政外交的改革，史称“商鞅变法”。秦国由此开始走上强国之路。

③孝公：名渠梁，秦献公之子，前361—前338年在位。秦孝公即位以后，看到秦国由于落后而受到东方诸侯的歧视，发愤图强，希望通过求取贤人而使秦国重新达到秦穆公时期的强盛。为相：秦国在秦武王时期才设丞相职位，此处指商鞅担任大良造，执掌国政，相当于别国的相国。

④封之于商：商鞅变法以后，秦国军事实力增强。于是，趁魏国在马陵新败于齐国，商鞅领兵攻魏，并通过欺诈魏军将领公子卬的方式，打败了魏军，得到了魏国在黄河以西的土地。因此，秦孝公封给商鞅商、於等十五邑，号称商君。

⑤法及太子，黥劓其傅：商鞅推行新法之后，遇到

来自百姓和贵族两方面很大的阻力。恰好此时太子触犯新法，商鞅认为太子犯法，是太子师傅教育得不好。处罚了太子的师傅公子虔，对另外一个师傅公孙贾处以墨刑。后来公子虔再次犯法，被处以劓刑。正是通过对贵族阶层严厉的打击，使变法得以推行下去。但是商鞅也遭到了秦国贵族阶层的怨恨。

⑥期jī年：一周年。

⑦刻深寡恩：刑罚严酷，对人缺少恩惠。

⑧特：只是。

⑨欲传商君：秦国贵族反对变法，秦孝公为了使秦国的改革在自己死后能够继续推进下去，传说曾在去世前要把君位传给商鞅。

⑩惠王：名驷，秦孝公之子，战国时秦国国君，前337—前311年在位。公元前324年称王，被称为惠文王。在位期间，继续推进孝公时期的改革政策，对外取得蜀地和汉中，使秦国有了更加稳固的后方，增加了和东方六国抗衡的砝码。

⑪莅lì政：执政。莅，临。有顷：不久。

⑫婴儿：儿童。此处婴儿是战国乃至秦汉时期对少年儿童的较为宽泛的称呼，与后世专指初生儿不同。

⑬仇雠chóu：仇敌。商鞅曾经处罚过惠王的师傅，因此商鞅也就成了惠王的仇敌。雠，同“仇”。

⑭商鞅归还：商鞅害怕惠王诛杀自己，曾经逃到魏

国去，但魏人因为商鞅曾欺骗公子卬，没有接纳他。商鞅后来逃回自己的封邑，发动部下攻打郑县。秦出兵打败商鞅，将其五马分尸。

⑮车裂：中国古代酷刑之一，把囚犯的四肢和头分别绑在五辆车上，让马驾车往五个方向跑，撕裂身体，俗称“五马分尸”。

⑯秦人不怜：因为商鞅新法严苛，所以秦国百姓也对他心存怨恨。

译文

卫鞅从魏国逃亡到秦国，秦孝公任命他为秦相，并把他封在商地，称其为“商君”。商君治理秦国，大张旗鼓地推行新法，公正而不徇私情，处罚犯罪而不避讳强权，奖赏有功而不偏袒亲属近臣。太子违法，对太子的师傅处以黥、劓的刑罚。新法施行一年以后，秦国道不拾遗，百姓不敢乱取非分之财，国家军事实力大增，其他诸侯也因此而害怕秦国。但是商君刑罚严酷，对人缺少恩惠，只是凭借强力压服别人而已。

秦孝公推行新法八年，生病而卧床不起，想要把君位传给商鞅，商鞅拒绝而没有接受。孝公死后，秦惠王即位，执政不久，商鞅请假回到自己的封地。有人对惠王说：“大臣权力太重就会危及国家，左右近臣太亲近就会危及自身。现在秦国的妇女和儿童都说是商君的法令，而不说是大王您的法令。这是商君反臣为主，而大王您反倒是臣子了。况且商君本来就是大王您的仇人啊，希望大王您想办法对付他。”

商君想要逃亡但没有成功，又返回秦国，秦惠王对他施以五马分尸的酷刑，而秦国百姓没有怜悯他的。

秦惠王谓寒泉子

秦惠王谓寒泉子曰[1]：“苏秦欺寡人[2]，欲以一人之智，反覆东山之君[3]，从以欺秦。赵固负其众[4]，故先使苏秦以币帛约乎诸侯。诸侯不可一[5]，犹连鸡之不能俱止于栖[6]，亦明矣。寡人忿然，含怒日久。吾欲使武安子起往喻意焉[7]。”寒泉子曰：“不可。夫攻城堕邑，请使武安子。善我国家，使诸侯，请使客卿张仪[8]。”秦惠王曰：“敬受命[9]。”

注释

①秦惠王：即秦惠文王，名驷，秦孝公之子，公元前337—前311年在位。秦惠王即位后，虽然因为宗室多怨的原因杀掉商鞅，但一直执行秦孝公和商鞅的既定政策，秦国在富强道路上继续前行。他在位期间，秦国对北部的义渠、南部的巴蜀、东部的魏国不断发动战争，为秦国统一奠定了坚实的基础。公元前325年，秦惠王改“公”称“王”，并改元为更元元年，成为秦国第一位王，这表示秦国对自己国家力量强大的信心。寒泉子：战国

辩士，生平事迹不详。

②欺：诈。意为苏秦虚张声势，恐吓自己。

③反覆：不讲信用，反复无常。东山之君：山东六国的君主。

④负：依仗，凭借。

⑤一：动词，统一。

⑥连鸡：用绳串联起来的鸡群。栖：鸡栖息的木架。

⑦武安子：姓名不详，非后世秦国名将白起。战国时期有多人被封为武安君。起：出发。喻：同“谕”，告知。

⑧客卿：秦有客卿之官。请其他诸侯国的人来秦国做官，其位为卿，而以客礼待之，故称。秦朝以后亦泛指在本国做官的外国人。战国中后期很多秦国人也担任客卿，主要是执行对抗诸侯的战争、外交事务。外国人既可称客卿，也可称上卿。张仪：魏国人，相传曾与苏秦为师兄弟，共同受教于鬼谷子，是战国纵横家的代表人物。在秦惠王时期曾担任秦相，执行连横策略，多次瓦解六国合纵攻秦的计划。秦惠王死后，由于和武王关系不好，出任魏相，后卒于魏国。

⑨敬受命：完全接受您的指教。

译文

秦惠王对寒泉子说：“苏秦欺骗我，想凭借他一个人的才智，去策反山东六国国君联合起来欺骗秦国。赵国依仗自己人多士众，所以先让苏秦带着财宝锦绣去与诸侯合谋。诸侯不能统一行动，就像不能把几只鸡用绳子拴起来一起卧在栖息的架子上一样，这很明显。我很愤怒，心怀怒气已经很久了，我打算派遣武安子出发去各国把道理告诉他们。”寒泉子说：“这样不行。攻城略地，请大王派遣武安子。为了维护我国的利益，出使诸侯，还请您派遣客卿张仪。”秦惠王说：“我谨遵您的教诲。”

张仪欲假秦兵以救魏

张仪欲假秦兵以救魏①。左成谓甘茂曰②：“子不如予之。魏不反秦兵③，张子不敢反秦④。魏若反秦兵，张子得志于魏，不敢反于秦矣⑤。张子不去秦，张子必高子⑥。”

注释

①张仪欲假秦兵以救魏：公元前322年，魏将公孙衍在承匡和楚军交战，失利。此时张仪将为魏相，故向秦借兵救魏国，以此来取信魏王。

②左成：秦国大臣。甘茂：下蔡人，秦国名将，秦武王时期担任左丞相，曾平定蜀地的叛乱，并指挥了秦国攻取韩国宜阳的著名战役。甘茂的孙子甘罗，从小聪明过人，担任丞相吕不韦的门客，十二岁就因有功而被封为上卿。

③反：同“返”。

④张子不敢反秦：张仪替魏借助秦兵打仗，如果秦兵损失惨重而不能返回秦国，那么张仪也就不敢返回秦国。张子，即张仪。

⑤不敢反于秦：张仪借用秦兵帮助魏国打了胜仗，在魏国得势，也不会再回到秦国。

⑥张子必高子：张仪和甘茂互为政敌，因此甘茂也不希望张仪在秦国。

译文

张仪想要借秦兵来救援魏国。左成对甘茂说：“您不如借给他。如果魏国不能归还全部秦兵，张仪一定不敢返回秦国。魏国如果全部归还秦兵，那么张仪将会在魏国得势，也不会再回到秦国。如果张仪不离开秦国，那么他在秦国的地位一定高于您。”

司马错与张仪争论于秦惠王前

司马错与张仪争论于秦惠王前[①]。司马错欲伐蜀[②]，张仪曰：“不如伐韩。”王曰：“请闻其说[③]。”

对曰：“亲魏善楚，下兵三川，塞轘辕、缑氏之口[④]，当屯留之道[⑤]，魏绝南阳，楚临南郑[⑥]，秦攻新城、宜阳[⑦]，以临二周之郊，诛周主之罪[⑧]，侵楚、魏之地。周自知不救，九鼎宝器必出。据九鼎，按图籍[⑨]，挟天子以令天下[10],天下莫敢不听。此王业也[11]。今夫蜀，西辟之国[12]，而戎狄之伦也[13]。弊兵劳众不足以成名，得其地不足以为利。臣闻‘争名者于朝,争利者于市’。今三川、周室，天下之市朝也。而王不争焉，顾争于戎狄[14]，去王业远矣。”

注释

①司马错：秦国将领，曾在公元前316年率兵灭蜀。公元前301年，秦昭襄王时期，蜀侯谋反，司马错再次平乱，后来担任蜀郡守。

②蜀：古国名，在今四川省西部，国都在今成都。

③说：理由，主张。

④塞sè：阻塞。轘辕、缑gōu氏：两个险道。轘辕，在今河南省巩义西南。缑氏，在轘辕关正北。

⑤当屯留之道：阻截屯留的羊肠坂道。当，通“挡”，阻挡。屯留，故城在今山西省屯留县东南。占有屯留，可以阻挡来自上党的援军。

⑥南郑：地名，韩国都城，在今河南省新郑市西北。此南郑与秦国汉中的南郑不同。

⑦新城：地名，在今河南省伊川县西南。宜阳：地名，韩国的重要交通枢纽，在今河南省宜阳县西。宜阳和新城均属韩国，两地相接，新城在东。

⑧诛：责备。周主之罪：指周君亲附韩国的行为。

⑨按图籍：掌握地图和户籍。按，同“案”，考察，掌握。

⑩挟：胁迫，控制。天子：即周慎靓王，周显王之子，

前 320—前 315 年在位。

⑪王业：称霸天下的事业。

⑫西辟之国：西边边远的国家。辟，同“僻”。

⑬戎狄：古代居住在我国西部和北部的少数民族，多数居住在山谷之中。相对于中原民族，戎狄等族社会发展较为落后。伦：辈，类。

⑭顾：连词，反而。

译文

司马错和张仪在秦惠王面前争论。司马错想要伐蜀，张仪说：“不如去讨伐韩国。”秦惠王说：“请你们各自说说自己的理由，我想听听。”

张仪回答说：“我们和魏、楚两国搞好关系，然后出兵三川地区，堵住轘辕、缑氏两地的险道，阻截屯留的羊肠坂道，让魏国出兵切断韩国自南阳出兵南下的道路，让楚国进逼南郑，我们秦国攻下新城和宜阳，一直打到东西周的城郊，声讨二周之君的罪孽，再去占领楚、魏的土地。二周君知道祸难无法逃避，一定会进献九鼎等宝器。然后我们占有九鼎宝器，掌握地图和户籍，挟持周王号令天下，天下没有谁敢不听从的。这是称霸天下的事业啊！现在那蜀国，不过是西边偏僻的国家，是戎狄一样的人。我们兴师动众去攻打它，不足以成就威名。得到它的土地也不能获得实际利益。我听说‘想要争夺名位的要到朝廷去，想要争夺利益的要去市场’。现在的三川、二周地区，就好比是天下的朝廷和市场，而大王您不去争夺，反而去戎狄一样落后的国家争夺，这和建立帝王大业就相差甚远了。”

司马错曰：“不然。臣闻之，欲富国者，务广其地；欲强兵者，务富其民；欲王者，务博其德。三资者备，而王随之矣[①]。今王之地小民贫，故臣愿从事于易。夫蜀，西辟之国也，而戎狄之长，而有桀、纣之乱[②]。以秦攻之，譬如使豺狼逐群羊也。取其地，足以广国也；得其财，足以富民[③]。缮兵不伤众[④]，而彼已服矣。故拔一国，而天下不以为暴；利尽西海[⑤]，诸侯不以为贪。是我一举而名实两附，而又有禁暴正乱之名。今攻韩劫天子，劫天子，恶名也，而未必利也，又有不义之名，而攻天下之所不欲，危。臣请谒其故[⑥]：周，天下之宗室也[⑦]；齐、韩，周之与国也[⑧]。周自知失九鼎，韩自知亡三川，则必将二国并力合谋，以因于齐、赵，而求解乎楚、魏。以鼎与楚，以地与魏，王不能禁。此臣所谓‘危’，不如伐蜀之完也[⑨]。”惠王曰：“善，寡人听子。”

卒起兵伐蜀。十月取之，遂定蜀。蜀主更号为侯，而使陈庄相蜀[⑩]。蜀既属[⑪]，秦益强富厚[⑫]，轻诸侯[⑬]。

注释

①随：从，跟着就自然而来。

②桀、纣之乱：指蜀国此时有内乱。蜀王曾封自己的弟弟为苴侯，后欲更立。蜀攻苴侯，苴侯与蜀王的仇敌巴王关系好，于是就逃到巴。蜀又攻巴，苴侯向秦国求救。不过此举无异于引狼入室，给了秦国进军巴蜀的机会。秦军灭亡蜀国之后，又攻灭了苴国和巴国。

③富民：让百姓富裕。

④缮兵：整治武备。

⑤利尽西海：占尽西海地区的利益。西海，泛指西部领土。

⑥谒：白，陈述。

⑦宗室：国君的亲属。此处指各诸侯国都出自周室。

⑧与国：盟国。

⑨完：万全。

⑩陈庄：秦国大臣。秦国灭蜀之后，把蜀王贬为侯，陈庄被任命为蜀相。后来陈庄在蜀地谋反，被甘茂率军平定，陈庄被杀。

⑪属：归附。

⑫秦益强富厚：秦国日益强大富裕。

⑬轻：轻视。

译文

司马错说："话不是这样说的。我听说，想要使国家富强，就一定要拓展土地；想要兵力强盛的，就一定要让人民富裕起来；想要成就帝王之业，就一定要广施德政。如果这三点都达到了，那么帝王之业也就自然而然地建立起来。现在大王您的国土狭小而百姓穷困，所以我想先收拾容易对付的国家。蜀国是西边偏僻的国家，也是戎狄各族的首领，并且还有夏桀、商纣那样的祸乱。凭借秦国的兵力去攻打它，就好比使豺狼驱赶绵羊一样，轻而易举就能取胜。取得蜀国土地足以拓展疆土，取得财富足以使百姓富足。用兵攻打还没有伤劳民众，而它就已经被降服了。灭掉一个国家，而天下人不会认为秦国残暴；占尽西边的所有利益，而诸侯也不会认为我们贪婪。这样做的话，我们可以名利双收，而且还能得到禁止暴虐和平息祸乱的美名。现在如果去攻打韩国、劫持天子，劫持周天子，这是很坏的名声啊，而且未必能得到好处，还会落个不义的名声。去攻打天下人不愿意攻打的国家，这是很危险的。我请求能让我讲出我的理由。周王室，是天下的宗主，齐、韩两国交好的国家。如果周室知道自己将失去九鼎，韩国知道自己将要失去三川，两国将会并力合作，依靠齐、赵两国，并且会向楚、魏两国求救。周室把九鼎给楚国，韩国割三川给魏国，大王您是阻止不了的。这就是我说危险的原因，所以攻打韩国不像攻打蜀国那样万无一失。”秦惠王说：“很好，我听你的。”

最终秦国发兵伐蜀。用了十个月，终于占领蜀国，并控制蜀国的局势。蜀国国君的名号被改为蜀侯，秦派陈庄担任蜀侯的相国。蜀国已经归附了秦国，秦国因此而更加强大、富足，更加轻视其他各诸侯国了。

张仪欲以汉中与楚

张仪欲以汉中与楚①，请秦王曰②："有汉中，蠹③。种树不处者④，人必害之。家有不宜之财则伤本⑤。汉中南边为楚利⑥，此国累也⑦。"甘茂谓王曰⑧："地大者，固多忧乎⑨。天下有变⑩，王割汉中以为和楚，楚必畔天下而与王⑪。王今以汉中与楚，即天下有变⑫，王何以市楚也⑬？"

注释

①汉中：以今陕西省汉中市为中心的陕西南部地区及湖北西北部郧阳地区。汉中在秦国南山以南，楚国西北，原属楚国，公元前312年，秦败楚于丹阳，攻取了楚国的汉中地区。据《史记》，秦国后来提出归还一半的汉中土地给楚国以换取两国和解，或许就是张仪提出的。

②请：奏请。

③蠹dù：蛀蚀树心或者器物的虫子，喻指祸害。

④不处：不合适的地方。

⑤不宜之财：即不义之财。伤本：有伤仁义。

⑥边：边境。

⑦国累：国家的忧患。

⑧甘茂谓王曰：汉中地区是甘茂佐助秦将魏章领兵

攻取的，是他入秦之后的重要功绩，因此反对将汉中给楚国。

⑨固：通“顾”，反而。

⑩天下有变：天下局势变动，当是天下局势不利于秦国的时候。根据文意，可知为诸侯合纵成功，联合伐秦。

⑪畔：通“叛”，反叛。

⑫即：假如。

⑬市：交易。

译文

张仪想把汉中还给楚国，奏请秦王说：“汉中对秦国来说，是一个祸害。树种得不是地方，别人一定会伤害它。家里有不相宜的财物，也一定会有伤仁义。汉中南靠楚国，是楚国的利益所在，却是秦国的忧患。”甘茂对秦王说：“土地广大，反而会成为国家的忧患么？天下局势如果有变动，大王您就割让汉中给楚王，与楚国和解，那么楚国必定会叛离天下诸侯而与大王联合。大王您现在拿出汉中给楚国，假如天下局势变化，大王您又能拿什么去和楚国做交易呢？”

陈轸去楚之秦

陈轸去楚之秦[①]。张仪谓秦王曰：“陈轸为王臣，常以国情输楚[2]，仪不能与从事[3]。愿王逐之。即复之楚[4]，愿王杀之。”王曰：“轸安敢之楚也。”

王召陈轸，告之曰：“吾能听子言，子欲何之？请为子约车[5]。”对曰：“臣愿之楚。”王曰：“仪以子为之楚，吾又自知子之楚。子非楚，且安之也！”轸曰：“臣出必故之楚[6]，以顺王与仪之策[7]，而明臣之楚与不也。楚人有两妻者，人诳其长者[8]，詈之[9]；诳其少者，少者许之。居无几何[10]，有两妻者死。客谓诳者曰：‘汝取长者乎[11]？少者乎？’‘取长者。’客曰：‘长者詈汝，少者和汝[12]，汝何为取长者？’曰：‘居彼人之所，则欲其许我也。今为我妻，则欲其为我詈人也。’今楚王明主也，而昭阳贤相也[13]。轸为人臣，而常以国情输楚，楚王必不留臣[14]，昭阳将不与臣从事矣。以此明臣之楚与不。”

注释

①陈轸：战国时期的游说之士，和张仪同时。曾和张仪一起侍奉秦惠王，得到秦惠王的宠幸，与张仪因争宠而互相诋毁。陈轸曾为求官来往于秦国和楚国之间。去：离开。之：到。

②国情输楚：向楚国透露秦国的国家机密。输，泄露。

③从事：共事。

④即：假如，如果。复：再次。

⑤约车：准备车马行装。约，预备。

⑥故：本来。

⑦顺：从，合。

⑧诜 tiǎo：挑逗，诱惑。长者：年龄大的。

⑨詈 lì：骂。

⑩居无几何：过了没多久。

⑪取：通“娶”。

⑫和：答应。

⑬昭阳：楚怀王时楚国令尹。楚国制度和其他诸侯国不同，令尹相当于别国的相国。

⑭楚王：楚怀王。

译文

陈轸离开楚国来到秦国。张仪对秦惠王说：“陈轸作为大王您的臣子，却时常将秦国的国家机密泄露给楚国。张仪我不屑与他共事，希望大王您把他驱逐出去。如果（驱逐之后）他还再去楚国，请求大王您杀了他。”秦王说：“陈轸他怎么还敢去楚国呢？”

秦王召见陈轸（表达了驱逐他的意思），告诉他说：“我能够答应你的请求，你想去哪个国家？我来为你准备车马。”陈轸回答说：“我想去楚国。”秦王说：“张仪认为你被驱逐之后会去楚国，我也知道你会去楚国。你如果不去楚国，还将会到哪里去呢？”陈轸回答说：“我如果被驱逐，一定要去楚国，来顺从大王您和张仪的计策，来证明我是否和楚国是朋党。楚国有人有两个妻子，有人挑逗那个年长一些的妻子，年长一些的骂了他；他又去诱惑那个年纪小一些的，年纪小一些的答应了他。

过了没多久，这个有两个妻子的楚人死了。有人对挑逗者说：‘你是娶年长的还是年少的？’‘年长的。’客人问：‘年长的骂了你，年少的答应了你，你为什么娶年长的呢？这个挑逗者回答说：‘处在年长者当时的地位，我当然希望她答应我；但现在作为我的妻子，就希望她替我骂那些勾引她的人。’现在楚王是英明的君主，而昭阳也是贤明的丞相。陈轸我作为秦国的臣子，而时常将秦国的机密泄露给楚国，楚王一定不会收留我，昭阳也不会愿意与我共事。由此就可以证明我是否和楚国是朋党。”

轸出，张仪入，问王曰：“陈轸果安之？”王曰：“夫轸，天下之辩士也，孰视寡人曰[①]：‘轸必之楚。’寡人遂无奈何也。寡人因问曰：‘子必之楚也，则仪之言果信矣。’轸曰：‘非独仪之言也，行道之人皆知之。昔者子胥忠其君[②]，天下皆欲以为臣；孝己爱其亲[③]，天下皆欲以为子。故卖仆妾不出里巷而取者[④]，良仆妾也；出妇嫁于乡里者[⑤]，善妇也。臣不忠于王，楚何以轸为忠？忠尚见弃，轸不之楚，而何之乎？’”王以为然，遂善待之。

注释

①孰视：仔细地看。

②子胥：即伍子胥。伍子胥原为楚国人，楚平王杀

其父兄，他逃往吴国。后来辅佐吴王阖闾，打败楚国，掘平王墓，鞭尸三百以报父兄之仇。吴王夫差即位以后，攻破越国，越国求和，伍子胥认为应该一举灭越，但夫差最终同意越国求和。后来伍子胥多次劝谏，认为应该讨伐越国，而不是北上与晋国争霸，但夫差不听忠言。吴国太宰伯嚭接受越国贿赂，诬蔑伍子胥谋反，夫差听信谗言，将伍子胥赐死。

③孝己：相传为商王武丁之子，曾一夜五起，检查母亲是否睡得安稳。

④里巷：街巷。

⑤出妇：被丈夫休弃的妇女。

译文

陈轸出去以后，张仪进来问秦王："陈轸到底要往哪里去？"秦王说："那个陈轸果然是天下有名的辩士啊！他注视着我说：'陈轸我肯定去楚国。'我对他实在是无可奈何，便问他：'你一定去楚国，那张仪的话果然是真的了。'陈轸说：'不单单是张仪这么说，就是走在路上的人都知道。从前伍子胥效忠于吴王，天下的国君都想要他做臣子；孝己爱他自己的后母，天下的父母都想要他做儿子。所以卖给别人仆妾的人，不出里巷就有人买的，一定是好仆妾；被人抛弃的妇人，仍旧嫁在本乡的人，也一定是好女人。我如果不忠于大王您，楚国怎么会以我为忠？忠心尚且遭到驱逐，陈轸我不去楚国，去哪里呢？'”秦王认为陈轸说得很有道理，于是就很优待他。

齐助楚攻秦

齐助楚攻秦，取曲沃①。其后秦欲伐齐②，齐、楚之交善③，惠王患之，谓张仪曰："吾欲伐齐，齐楚方懽④，子为寡人虑之⑤，奈何？"张仪曰："王其为臣约车并币⑥，臣请试之。"

张仪南见楚王曰："弊邑之王所甚说者⑦，无大大王⑧；唯仪之所甚愿为臣者⑨，亦无大大王。弊邑之王所甚憎者亦无先齐王，唯仪之所甚憎者亦无大齐王。今齐王之罪，其于弊邑之王甚厚⑩。弊邑欲伐之，而大国与之懽⑪，是以弊邑之王不得事令⑫，而仪不得为臣也。大王苟能闭关绝齐⑬，臣请使秦王献商、於之地方六百里⑭。若此，齐必弱，齐弱则必为王役矣⑮。则是北弱齐，西德于秦，而私商於之地以为利也，则此一计而三利俱至。"

注释

①曲沃：地名，在今河南省陕县。曲沃原属魏国，秦国从魏国手中夺取，公元前313年又被楚国夺去。

②秦欲伐齐：秦国讨伐齐国，当是报复齐国帮助楚国攻取曲沃。

③齐、楚之交善：齐国和楚国此时为盟友关系。秦国攻齐，又怕楚国救援齐国，因此秦王忧虑。

④懽 huān：同“欢”，关系好。

⑤虑：谋划，分析。

⑥其：表示意愿的虚词。约车并币：准备车马和财物。约，准备。并，和。

⑦弊邑：对本国的谦称。弊，通“敝”。

⑧大：超过。

⑨唯：只有。

⑩厚：重，大。

⑪大国：恭称，指楚国。

⑫事令：从命。事，听从。

⑬关：齐国和楚国交界的关隘。绝齐：与齐国绝交。

⑭商、於之地：在今陕西省商洛市至河南省内乡县一带，是沟通秦楚的要道。商鞅的封地就在这一带。

⑮役：役使，使唤。

译文

齐国帮助楚国攻打秦国，攻取了曲沃地区。这之后，秦国想要讨伐齐国，但此时齐楚两国结盟，关系很好，秦惠王为此感到忧虑。他对张仪说：“我想要讨伐齐国，但齐楚两国关系很好，你为我分析下，我该怎么办？”张仪说：“请大王您为我准备车马和财物，我来试着帮您解决这个问题。”

张仪往南到了楚国求见楚王，说："我家大王最喜欢的莫过于大王您，我最愿做的臣子，也莫过于给您当臣子。我家大王最讨厌的莫过于齐王，我最讨厌的也没有比齐王更厉害的了。现在齐王对我国国君犯下了大罪。我国准备讨伐齐国，但是贵国与齐国交好，因此导致我国国君不能听从大王您的号令，而我也不能做大王您的臣子了。大王如果能关闭关隘与齐国绝交，我便请秦王献出商、於方圆六百里土地。这样的话，齐国失去援助必然被削弱，齐国一旦被削弱，就一定会受您驱使了。由此看来，大王此举在北边可以削弱齐国的势力，又在西边对秦国施有恩惠，同时还能获得商、於六百里土地作为自己的私利，这真是一举三得啊！"

楚王大说，宣言之于朝廷[①]，曰："不榖得商於之地方六百里[②]。"群臣闻见者毕贺[③]，陈轸后见，独不贺。楚王曰："不榖不烦一兵[④]，不伤一人，而得商於之地六百里，寡人自以为智矣！诸士大夫皆贺，子独不贺，何也？"陈轸对曰："臣见商於之地不可得，而患必至也[⑤]，故不敢妄贺[⑥]。"王曰："何也？"对曰："夫秦所以重王者，以王有齐也。今地未可得而齐先绝，是楚孤也。秦又何重孤国？且先出地后绝齐[⑦]，秦计必弗为也[⑧]。先绝齐，后责地[⑨]，且必受欺于张仪。受欺于张仪，王必惋之[⑩]。是西生秦患，北绝齐交，则两国兵必至矣。"楚王不听，曰："吾事善矣！

子其弭口无言[11]，以待吾事[12]。”

楚王使人绝齐，使者未来[13]，又重绝之。张仪反[14]，秦使人使齐，齐、秦之交阴合。

注释

①宣言：宣布。宣，遍。

②不榖：古代国君对自己的谦称。

③毕：全部，都。

④烦：劳烦，动用。

⑤患：祸患。

⑥妄：凭空。

⑦且：则。

⑧弗为：不这样做。

⑨责：索取。

⑩惋：怨恨。

⑪弭口：闭口。

⑫以待吾事：等待我的大事成功。

⑬来：返回。

⑭反：通“返”。

译文

楚王十分高兴，把这件事在朝廷上宣布，说：“我将要得到商、於六百里土地。”听说这件事的楚国大臣都去向楚王表示祝贺，陈轸最后才来拜见，而且唯独他一个人没有表示祝贺。楚王说：“我不费一兵一卒，就得到了商、於六百里土地，我认为我做得已经很好了。其他的大臣都来道贺，唯独你不祝贺，这是为什么？”陈轸回答说：“依我看，商、於的土地您得不到，而且一定会引来祸患，因此不敢无故道贺。”楚王说：“你为什么这么说？”陈轸说：“那秦国之所以看重大王，就是因为大王与齐国交好。如今土地还没有得到，就先和齐国绝交，这样楚国就孤立了。秦国又怎么会看重一个被孤立的国家呢？如果先让秦国交出土地，然后我们再和齐国绝交，按照秦国的谋划他们肯定不愿意这样做。如果我们先和齐国绝交然后向秦国索取土地，那么一定会受到张仪的欺骗。受到张仪的欺骗，大王您一定会怨恨他。这样的话，大王您西边有秦国的祸患，北边又和齐国绝交，那么两国的军队一定会来攻打您的。”楚王不听他的，说：“我的事情办得很好，你不要多说话了，就等着这件事情成功吧。”

楚王派使者与齐国绝交。前面的使者还没有回来，就又派使者去跟齐国绝交。张仪返回秦国以后，秦国派使者出使齐国，齐国和秦国私下里缔结了盟约。

楚因使一将军受地于秦。张仪至，称病不朝①。楚王曰：“张子以寡人不绝齐乎？”乃使勇士往詈齐王②。张仪知楚绝齐也，乃出见使者曰：“从某至某，广从六里③。”使者曰：“臣闻六百里，不闻六里。”仪曰：“仪固以小人④，安得六百里？”

使者反报楚王，楚王大怒，欲兴师伐秦。陈轸曰："臣可以言乎？"王曰："可矣。"轸曰："伐秦，非计也。王不如因而赂之一名都[5]，与之伐齐，是我亡于秦而取偿于齐也[6]。楚国不尚全乎？王今已绝齐，而责欺于秦，是吾合齐、秦之交也，国必大伤[7]。"

楚王不听，遂举兵伐秦。秦与齐合，韩氏从之，楚兵大败于杜陵[8]。故楚之土壤士民非削弱，仅以救亡者，计失于陈轸[9]，过听于张仪[10]。

注释

①不朝：不上朝。张仪此举是在躲着楚国使者。

②詈 lì：骂。

③从：纵。

④固：本来。小人：小人物。

⑤名都：大城邑。

⑥亡：损失。

⑦伤：伤害。

⑧杜陵：秦地，在今陕西省蓝田县附近。

⑨计失：没有采纳计策。

⑩过：错误。

译文

当楚王按照与张仪的约定派一名将军到秦国去接收土地的时候，张仪为了躲避楚国使者，竟然假装有病不去上朝。楚王说："张仪以为我不是诚心与齐国断交吗？"

于是就再派一名勇士到齐国去，辱骂齐王。张仪在确定楚国已经和齐国断交以后，才出来接见楚国使者，说："从某地到某地，方圆一共六里地。"使者说："我听楚王让我接收的是六百里，没有听说是六里地。"张仪说："我本来就是一个小人物，哪里能够许诺给楚王六百里地呢？"

使者回国把情况报告给楚王，楚王听了大怒，准备兴兵讨伐秦国。陈轸说："我能够发表意见吗？"楚王说："可以。"陈轸说："此时楚国发兵攻打秦国，这是不明智的。大王不如割让给秦国一个大的城邑，联合他们一起攻打齐国。这样的话，我们在秦国那里损失的，还可以从齐国那里得到补偿，楚国不还是完好如初吗？大王现在已经和齐国绝交，而又责备受到秦国的欺骗，这是在促使齐国和秦国联合，因此我们一定会受到伤害。"

楚王还是没有听从陈轸的计策，最终还是兴兵伐秦。秦国和齐国联合，韩国也加入了他们，楚兵在杜陵被三国军队打得大败。因此不是楚国的土地狭小，也不是楚国的人民软弱，之所以搞得最后几乎到亡国的境地，就是由于楚王没有采纳陈轸的计策，反而错误地听从张仪游说的缘故。

楚绝齐齐举兵伐楚

楚绝齐[①]，齐举兵伐楚。陈轸谓楚王曰："王不如以地东解于齐[②]，西讲于秦[③]。"

楚王使陈轸之秦，秦王谓轸曰："子[4]，秦人也[5]，寡人与子故也[6]。寡人不佞[7]，不能亲国事也[8]，故子弃寡人，事楚王。今齐、楚相伐，或谓救之便[9]，或谓救之不便。子独不可以忠为子主计[10]，以其余为寡人乎？"陈轸曰："王独不闻吴人之游楚者乎[11]？楚王甚爱之，病，故使人问之，曰：'诚病乎？意亦思乎[12]？'左右曰：'臣不知其思与不思，诚思，则将吴吟。'今轸将为王吴吟[13]。王不闻夫管与之说乎[14]？有两虎诤人而斗者[15]，卞庄子将刺之[16]。管与止之曰：'虎者，戾虫[17]；人者，甘饵也[18]。今两虎诤人而斗，小者必死，大者必伤。子待伤虎而刺之，则是一举而兼两虎也。无刺一虎之劳，而有刺两虎之名。'齐、楚今战，战必败。败，王起兵救之，有救齐之利，而无伐楚之害[19]。"

注释

①楚绝齐：《战国策》原本中此章连接上章，应该发生在楚国与齐国绝交之后。或者跟上一章没有关系，只是托词。

②解：和解，讲和。

③讲：议和。

④子：古代对人的尊称。

⑤秦人：陈轸并非秦国人，只是曾经在秦国当官，秦国为了拉近彼此关系，因此称他为秦人。

⑥故：老朋友。

⑦不佞：没有才能，古人的自谦之辞。

⑧亲国事：善于处理国家大事。亲，知晓，善于处理。

⑨便：有利。

⑩独：难道。

⑪游：做官。

⑫意亦思乎：还是因为思念吴国呢？

⑬为王吴吟：为大王用吴语呻吟，意思是他不忘秦国，将为秦国谋划。

⑭管与：人名。说：言论。

⑮诤：同"争"。

⑯卞庄子：鲁国勇士。

⑰戾虫：凶猛的野兽。

⑱甘饵：美味。

⑲无伐楚之害：陈轸的意思是，告诫秦王不要现在出兵救援某一国，因为这样战争就打不起来，不如等到两国交战之后，打得筋疲力尽，秦国再发兵救援弱小的一国，这样才能渔翁得利。

译文

楚国与齐国断交之后，齐国集合军队讨伐楚国。陈轸对楚王说："大王不如用土地来换取与齐国的和解，与西边的秦国讲和。"

于是楚王派陈轸出使秦国。秦王对陈轸说："你本来是秦国人，而且我跟你还有老交情。是我才能不够，不善于处理国家大事，导致你离开我去为楚王服务。现在齐国和楚国互相攻伐，大臣们有的说救援有利，有的说不应该救援。你在为楚国效忠之余，能不能也为我出一点主意呢？”陈轸说：“大王难道没有听说一个吴国人到楚国做官的故事吗？楚王很喜欢这位吴人，有一天，这位吴人生病了，楚王就派人去慰问他，回来之后问探望者，说：‘是真生病了吗？还是因为思念吴国而生病？’探望者回答说：‘不知道他是否思念家乡，如果真是思念家乡的话，就会用吴语呻吟了。’现在我将为大王用吴语呻吟。不知大王是否听说过管与的话？曾经有两只老虎因为争吃人肉而争斗起来，卞庄子准备去刺杀这两只老虎。管与制止了他，说：‘老虎，是凶猛的野兽；人，对它们来说是美味。现在两只老虎因为争吃人肉而大斗，小的那只一定斗败而死，大的那只也会受伤，你等到那只大老虎受伤再去刺杀它，这样就一下子得到两只老虎。不用费杀一只老虎的辛苦，实际上却能得到刺杀两只老虎的美名。’如今齐、楚两国交战，打仗的话必定有一方战败。战败之后，大王再发兵救援，这样既可获得救援齐国的好处，又没有讨伐楚国的危险和害处。”

医扁鹊见秦武王

医扁鹊见秦武王[①]，武王示之病[②]，扁鹊请除[③]。左右曰：“君之病，在耳之前，目之下，除之未必已也[④]，将使耳不聪，目不明。”君以告扁鹊。扁鹊怒而投其石⑤：“君与知之者谋之，而与不知者败之。使此知秦国之政也，则君一举而亡国矣。”

注释

①医扁鹊：扁鹊姓秦名越人，与秦武王相距二百年左右。此处医扁鹊并非秦越人，或许是因为扁鹊为名医，后世用扁鹊来当作名医的称号。见：进见。秦武王：名荡，秦惠王之子，前310—前307年在位。在位时期，在秦国设置丞相一职。武王身强体壮，重武好战，以斗力为乐趣。甘茂攻取宜阳之后，秦武王与大臣们到达西周，与大力士孟贲比赛举鼎，结果因折断胫骨而死。

②示：告诉。

③除：治疗。

④已：痊愈。

⑤石：即砭，石针，古代外科医疗器械，用石头磨制而成。常用来清除脓血。

译文

名医扁鹊进见秦武王，武王跟他说了自己的病痛。扁鹊请求进行治疗。秦王左右的亲信说：“大王您的病，在耳朵前面，眼睛下面。治疗未必能治好，还会使听力受损，视力模糊。”秦武王把左右人的话告诉扁鹊。扁鹊愤怒地扔掉石针，说：“大王和懂行的人谋划，却又让不懂行的人来破坏它。由此可以知道秦国的国政了，大王如果用此法治国，那么一下子就可以使国家覆灭了。”

秦王谓甘茂曰

秦王谓甘茂曰[①]：“楚客来使者多健[②]，与寡人争辞[③]，寡人数穷焉[④]，为之奈何？”甘茂对曰：“王勿患也！其健者来使，则王勿听其事[⑤]。其需弱者来使[⑥]，则王必听之。然则需弱者用，而健者不用矣。王因而制之[⑦]。”

注释

①秦王：秦武王。甘茂：此时甘茂担任秦国左丞相。

②健：能言善辩的人。

③争辞：争论。

④数穷：多次理屈词穷。穷，窘迫。

⑤勿听其事：不听从他的话。

⑥需弱：懦弱。需，同“懦”。

⑦王因而制之：大王就可以因此而对付他了。制，驾驭，对付。

译文

秦王对甘茂说：“楚国派来的使者大多都能言善辩，

常常和我争辩，多次让我理屈词穷，这怎么办啊？”甘茂回答说：“大王您不要担忧。以后那些能言善辩的人再来出使，大王您就不要听从他们的话。如果是那些懦弱的人来出使，大王您就听从他们的话。这样的话，以后楚国就会派懦弱的使者出使我国，而不任用能言善辩的人。大王您就可以因此而对付他们了。”

甘茂亡秦且之齐

甘茂亡秦[①]，且之齐，出关遇苏子[②]，曰：“君闻夫江上之处女乎[③]？”苏子曰：“不闻。”曰：“夫江上之处女[④]，有家贫而无烛者，处女相与语，欲去之[⑤]。家贫无烛者将去矣，谓处女曰：‘妾以无烛，故常先至，扫室布席。何爱余明之照四壁者？幸以赐妾[⑥]，何妨于处女[⑦]？妾自以有益于处女，何为去我？’处女相语以为然而留之。今臣不肖[⑧]，弃逐于秦而出关，愿为足下扫室布席[⑨]，幸无我逐也。”苏子曰：“善。请重公于齐[⑩]。”

注释

①甘茂亡秦：秦昭王元年（公元前 306 年），甘茂劝说昭王归还韩国的武遂，因此遭到怀疑，秦昭王宠臣向寿、公孙奭在秦王面前诋毁甘茂，甘茂害怕，因此逃往齐国。亡，逃亡。

②关：即函谷关。自崤山以西，潼关以东，统称为函谷，在今天河南省灵宝市南十里，是秦通向东方的重要关口。

③处女：尚未结婚的女子。

④夫：语气助词，无实际意义。

⑤去：驱逐，打发走。

⑥幸：希望。

⑦妨：妨碍。

⑧不肖：没出息，没本领。

⑨足下：对同辈的尊敬之词。

⑩重：尊重，敬重。

译文

甘茂逃离秦国，将要到齐国去，出了函谷关之后，正好遇到苏子，说："先生您听说过江上处女的故事吗？"苏子说："没听说过。"甘茂说："那江上的处女，有一个因家贫买不起烛火的，其他女子在一起相互议论，准备把她赶走。家贫买不起烛火的处女将要离开的时候，对其他处女说：'我因为买不起烛火的缘故，所以常常提前赶到，打扫房屋，铺好席子。你们何必爱惜照在四壁上的一点余光呢？如果把它赐给我，对你们各位又有什么妨碍呢？我自认为对你们有些益处，为什么一定要赶走我呢？'处女们听了以后相互商量，认为她的话有道理，因此便留下了她。现在我因为没有出息，被秦国抛弃而逃出关外，情愿替先生打扫房屋铺设席子，请不要驱赶我。”苏子说：“好的。我会设法让齐国尊重您的。”

秦宣太后爱魏丑夫

秦宣太后爱魏丑夫①。太后病，将死，出令曰：“为我葬，必以魏子为殉②。”魏子患之。

庸芮为魏子说太后曰③：“以死者为有知乎④？”太后曰：“无知也。”曰：“若太后之神灵⑤，明知死者之无知矣，何为空以生所爱，葬于无知之死人哉？若死者有知，先王积怒之日久矣⑥，太后救过不赡⑦，何暇乃私魏丑夫乎⑧？”太后曰：“善。”乃止。

注释

①宣太后：秦惠王王后，昭襄王之母。为楚人，号芈八子，昭襄王即位后，号为宣太后。昭襄王即位时尚年幼，朝政由宣太后把持。直到昭王四十一年，范雎入秦，昭王重用范雎，驱逐宣太后的异父弟弟魏冉等人，宣太后才失势，并于次年去世。魏丑夫：魏国人，名丑夫。丑夫或许是别人给他取的外号。

②殉：殉葬。

③庸芮 ruì：秦国大臣。

④知：知觉，意识，意即灵魂不灭。

⑤神灵：赞美人无所不知，料事如神。

⑥先王：秦惠王。

⑦救：补救。赡：充足。

⑧私：爱。

译文

秦国宣太后宠幸魏丑夫。太后生病，就要死了，下令说："如果为我下葬的话，一定要让魏丑夫殉葬。"魏丑夫为此十分忧虑。

庸芮替魏丑夫向太后说："太后您认为死去的人还有知觉吗？"太后说："没有知觉了。"庸芮说："像太后这么英明的人，明知道人死后没有知觉，为什么还要白白地让自己所喜爱的人去为没有知觉的人殉葬呢？如果死者有知觉，那么故去的惠王在九泉之下对您和魏丑夫的事情已经愤怒很久了，太后您补救过失尚且来不及，哪有闲暇去宠幸魏丑夫呢？"太后说："你说得对。"于是就不再提让魏丑夫为她殉葬的事。

秦攻韩围陉

秦攻韩，围陉[①]。

范雎谓秦昭王曰[②]："有攻人者，有攻地者。穰侯十攻魏而不得伤者[③]，非秦弱而魏强也，其所攻者地也。地者，人主所甚爱也。人主者[④]，人臣之所乐为死也。攻人主之所爱，与乐死者斗，故十攻而弗能胜也。今王将攻韩围陉，臣愿王之毋独攻其地，而攻其人也。王攻韩围陉，以张仪为言[5]。张仪之力多，且削地而以自赎于王[6]，几割地而韩不尽[7]？张仪之力少，则王逐张仪，而更与不如张仪者市，则王之所求于韩者，言可得也。”

注释

①陉：韩国城邑名，故城在今山西省曲沃县东。此策事当发生在秦昭王四十三年，即公元前 264 年，秦将白起率军攻打韩国的陉城。

②范雎：字叔，魏国人。早年曾随须贾出使齐国，齐国对他十分优待。回国后，须贾将此事报告给魏相魏齐。魏齐认为范雎里通外国，将其鞭打致伤。后来范雎装死逃脱，化名张禄，并且通过郑安平认识正在魏国出使的王稽，随王稽回到秦国。王稽向秦王推荐范雎，此后受到秦王的重用。范雎入秦后驱逐魏冉等人，帮助秦昭王亲政，并为秦国制定“远交近攻”的外交策略。秦昭王：名则，秦武王异母弟，前 306—前 251 年在位，是战国时期秦国在位时间最久的一位国君。在他当政时期，秦国最终确立对山东六国的绝对优势，为秦始皇统一六国奠定了基础。

③穰侯：即魏冉，秦国宣太后的异母弟弟。因其食邑在穰地，故号穰侯。魏冉在秦惠王时期即在秦

国任职，有一定的势力。秦武王死后，魏冉拥立秦昭王，为昭王清除了竞争对手。昭王即位以后，魏冉独揽秦国大权，四次担任秦相。曾推举白起为将，向东攻打诸侯。魏冉当政时期，保持了秦国国力的快速增长。十攻魏：多次攻打魏国。十，约数。

④人主：各诸侯国的国君。

⑤张仪：张仪在围陉前45年，即公元前309年已经去世，此张仪或许为另外同名者。此张仪应当在韩国较有地位，因此范雎才建议秦王笼络张仪。为言：替自己讲话。

⑥赎：用行动抵消自己的罪过。

⑦几：多次。

译文

秦国攻打韩国，包围陉地。

范雎对秦昭王说："战争中，有的攻取人心，有的占领土地。穰侯多次攻打魏国却不能挫伤他们，并不是因为秦国弱小而魏国强大，而是因为他所要攻取的只是土地。土地是诸侯最喜爱的东西，而诸侯，大臣们都乐意为他牺牲性命。攻取诸侯喜爱的东西，又与乐意为之牺牲的人搏斗，所以多次攻打都不能彻底战胜敌人。现在大王将要攻打韩国围攻陉城，我希望您不只采取攻占他们土地的方法，还要在谋略上战胜敌人。大王攻打韩国包围陉城，不如借张仪之口来从韩国获得利益。如果张仪在韩国地位足够高，那他就会割让土地，而与大王私下里交易，多次割地韩国哪有不完的道理？如果张仪不得势，那大王就驱逐张仪，而与智谋不如张仪的人交易。只有这样，大王想要从韩国求取的，才能如愿以偿地得到。”

应侯曰郑人谓玉未理者璞

应侯曰①：“郑人谓玉未理者璞②，周人谓鼠未腊者朴③。周人怀璞过郑贾曰④：‘欲买朴乎？’郑贾曰⑤：‘欲之。’出其朴，视之，乃鼠也，因谢不取⑥。今平原君自以贤⑦，显名于天下，然降其主父沙丘而臣之⑧。天下之王尚犹尊之⑨，是天下之王不如郑贾之智也⑩。眩于名⑪，不知其实也。”

注释

①应侯：即范雎，秦昭王四十一年，范雎被封为应侯。应地在今河南省平顶山市。范雎在魏国时，曾遭到魏相魏齐的迫害，范雎入秦后，魏齐逃到赵国平原君处，寻求庇护。因此有范雎的这一番议论。

②理：加工。

③腊 xī：腊制并晾干或熏干。

④怀：装在口袋里。璞：此处当为“朴”。

⑤贾：有固定营业地点的商人。古人称往来贩卖，

没有固定营业地点的商人称为“商”。

⑥谢：拒绝。

⑦平原君：名胜，赵惠文王之弟。初被封在平原，故号平原君。由于赵惠文王时期李兑专权，之后赵国开始重用宗室贵族，因此平原君在孝成王时期也开始掌握朝政。平原君十分喜欢养士，是战国四公子之一。

⑧降其主父沙丘而臣之：赵国发生沙丘之变时，平原君尚小，不可能参与其事。

⑨尚：还。

⑩天下之王不如郑贾之智：郑国商人尚且知道玉石与老鼠的区别，而天下的诸侯却不知道辨明贤与不贤。

⑪眩于名：为虚名所迷惑。

译文

应侯说：“郑人把没有加工的玉称为璞，周人把没有腊制风干的老鼠称为朴。周人装着没有腊制晒干的老鼠肉，经过郑国商人的门前，对郑国商人说：‘想要买朴吗？’郑国商人说：‘买。’周人把自己口袋里的朴拿出来，郑国商人一看，原来是没有风干的老鼠肉，因此谢绝没有买。如今平原君自以为贤能，天下闻名，但他却让主父在沙丘向他投降。天下的诸侯还都尊敬他，如此说来，天下的君王还不如郑国的商人聪明。这是被虚名所迷惑，而不了解事情的真相啊！”

应侯失韩之汝南

应侯失韩之汝南[①]，秦昭王谓应侯曰："君亡国[②]，其忧乎？"应侯曰："臣不忧。"王曰："何也？"曰："梁人有东门吴者[③]，其子死而不忧，其相室曰[④]：'公之爱子也，天下无有，今子死不忧，何也？'东门吴曰：'吾尝无子，无子之时不忧。今子死，乃与乡无子时同也[⑤]。臣奚忧焉？'臣亦尝为子[⑥]，为子时不忧；今亡汝南，乃与即为梁余子同也。臣何为忧？"

秦王以为不然，以告蒙傲曰[⑦]："今也寡人一城围，食不甘味，卧不便席[⑧]。今应侯亡地而言不忧，此其情也[⑨]？"蒙傲曰："臣请得其情。"

蒙傲乃往见应侯，曰："傲欲死。"应侯曰："何谓也？"曰："秦王师君，天下莫不闻，而况于秦国乎？今傲势得秦[⑩]，为王将将兵。臣以韩之细也，显逆诛[⑪]，夺君地，傲尚奚生[⑫]？不若死。"应侯拜蒙傲曰："愿委之卿[⑬]。"

蒙傲以报于昭王。自是之后，应侯每言韩事者，秦王弗听也，以其为汝南虑也[⑭]。

注释

①应侯失韩之汝南：汝南靠近应地，本属韩国，后为秦国攻取。秦取得应地后，把汝南益封给范睢。

现在汝南又被韩国攻取，因此应侯失韩之汝南。

②亡国：失去汝南的封地。国，封君的封地。

③梁人：魏国人。魏国在战国时期迁都大梁，因此魏国又被称为梁。东门吴：人名。

④相室：家仆，家臣。

⑤乡 xiàng：通“向”，原先，从前。

⑥子：庶子，没有封地的人。

⑦蒙傲：即蒙骜，秦始皇时期秦国名将蒙恬的祖父。

⑧便：安。

⑨情：真实。

⑩势：地位。

⑪显逆诛：明目张胆地入侵。显，明显。逆，乱逆。诛，小国侵犯大国。

⑫奚：疑问代词，相当于何。

⑬委之卿：即委之于卿，把这件事托付给您。委，托付。之，代指夺回汝南这件事。卿，对对方的敬称。

⑭以其为汝南虑也：范睢失去汝南封地之后，告诉秦王自己内心不难过，但是蒙骜来见自己时，又表示希望蒙骜能够夺回汝南。因此，秦王害怕范睢以后在处理秦韩关系中，会存在夺回汝南的私心。

译文

应侯汝南的封地被韩国夺去，秦昭王问应侯：“你失掉了汝南的封地，难过吗？”应侯说：“我不难过。”秦王问：“为什么？”应侯说：“魏国有个叫东门吴的人，他的儿子死了，他不难过。他的家臣问他，说：‘您那么喜欢自己的儿子，天下罕见，现在您儿子死了，您不难过，这是为什么？’东门吴回答说：‘我本来没有儿子，没儿子的时候不难过，现在儿子死了，与原来没有儿子时一样。我难过什么呢？’我当初也是没有封地的人，没封地时不忧虑，现在失去了汝南的封地，就和失去儿子的魏国人一样。我难过什么呢？”

秦王认为不是这样的，就把这事告诉了蒙骜，说：“现在，如果我的一个城邑被围，我会饭也吃不香，觉也睡不安稳。如今应侯失去了封地却说不难过，这是真实的吗？”蒙骜说：“我请求去了解他的真实想法。”

蒙骜于是就去见应侯，说：“我想死。”应侯说：“你怎么这么说？”蒙骜说：“大王把您当作老师，天下人没有不知道的，更何况在秦国呢！现在我蒙骜作为秦王的将军，统率着秦兵。我认为：小小的韩国，竟然敢明目张胆地侵伐大国，夺取您的封地。不为您夺回汝南，我何必还活着呢？不如一死。”应侯向蒙骜拜谢说：“愿把这件事托付给您办。”

蒙骜把范雎的回答告诉了秦昭王。从此之后，应侯每次谈关于韩国的事情，秦昭王都不听信他的，总害怕他是为夺回汝南而谋划。

秦王欲见顿弱

秦王欲见顿弱①，顿弱曰："臣之义②，不参拜③，王能使臣无拜，即可矣。不，即不见也④。"秦王许之。于是顿子曰："天下有有其实而无其名者，有无其实而有其名者，有无其名又无其实者。王知之乎？"王曰："弗知。"顿子曰："有其实而无其名者，商人是也⑤。无把铫推耨之势⑥，而有积粟之实，此有其实而无其名者也。无其实而有其名者，农夫是也⑦。解冻而耕，暴背而耨⑧，无积粟之实，此无其实而有其名者也。无其名又无其实者，王乃是也。已立为万乘，无孝之名⑨；以千里养，无孝之实。"秦王悖然而怒⑩。

注释

①秦王：即秦始皇，名政，前 259—前 210 年在位。秦始皇十三岁即位为秦王，三十九岁时（公元前 221 年）统一六国，建立统一的多民族中央集权制国家。秦自商鞅变法之后，逐渐强大起来，通过几世的努力，再加上秦始皇的雄才大略，终于统一了六国。秦王政统一之后，确立了皇帝制度、三公九卿制度、郡县制等影响后世千年的政治制度，并且推行书同文等文化政策以及统一货币、

度量衡等经济政策，巩固了统一局面。秦始皇制定的制度，奠定了中国两千余年政治制度的基本格局。顿弱：秦国大臣。

②臣之义：君臣的大义。

③参拜：下级对上级要行的大礼。参，下对上行礼。拜，跪而拱手，头俯至手，与心齐平。

④即：则。

⑤商人：秦国自商鞅变法之后，开始鼓励耕织，把农民的地位抬得很高。商人被认为没有创造社会财富，因此商人虽然有钱，但社会地位很低。因此说商人是有其实而无其名。

⑥把：拿着。铫：铁锹。推耨：锄头。势：劳累。

⑦农夫：农民的社会地位虽然高，但是很贫穷，因此说无其实而有其名。

⑧暴pù背：暴晒着脊背。暴，同"曝"，晒。

⑨无孝之名：据《史记》，秦始皇母与嫪毐偷情，生有两子。秦始皇知道以后，诛杀嫪毐，将吕不韦流放至蜀地，杀太后所生两子，并将太后迁至雍地。

⑩悖然：因发怒而变脸色的样子。悖，同"勃"。

译文

秦王想要召见顿弱，顿弱说："我的大义就是不用大礼参拜，如果大王能够允许我不用大礼参拜，我就可以见您，否则，我就不去。"秦王答应了他。于是顿弱往见秦王说："天下有有其实而无其名的人，有无其实而有其名的人，还有无其名又无其实的人。大王您知道这是什么意思吗？”秦王说：“不知道。”顿弱说：“有其实而无其名的人，是商人。商人没有拿铁锹锄头耕作的辛劳，却有粮食满仓的实利，这就是我说的有其实而无其名的人。无其实而有其名的人，是农夫。土地一解冻他们就开始耕作，太阳暴晒着脊背还在锄地，却没有一点积粮的实惠，这就是我所说的无其实而有其名的人。无其实而又无其名的人，就是大王这种人。您已经被立为万乘之国的国君，没有孝顺的名声；用千里的封地去奉养太后，却没有孝顺的实惠。”秦王听了，勃然大怒。

顿弱曰：“山东战国有六，威不掩于山东，而掩于母，臣窃为大王不取也。”秦王曰：“山东之战国可兼与[①]？”顿子曰：“韩，天下之咽喉；魏，天下之胸腹。王资臣万金而游，听之韩、魏[②]，入其社稷之臣于秦[③]，即韩、魏从。韩、魏从，而天下可图也。”秦王曰：“寡人之国贫，恐不能给也。”顿子曰：“天下未尝无事也，非从即横也。横成，则秦帝；从成，即楚王。秦帝，即以天下恭养；楚王，即王虽有万金，弗得私也。”秦王曰：“善。”乃资万金，使东游韩、魏，入其将相。北游于燕、赵，而杀李牧。齐王入朝，四国必从，顿子之说也。

注释

①兼：兼并，吞并。

②听：听凭，任凭。

③入：收纳。社稷之臣：能使国家富强的栋梁之才。

译文

顿弱说：“崤山以东还有六个大的诸侯国，大王的力量不能威震山东六国，却施加在自己的母亲身上，我私下里认为大王的做法是不可取的。”秦王说：“山东六国可以兼并吗？”顿弱说：“韩国，是天下的咽喉要地；魏国，是天下的胸腹中心。大王您给我万斤黄金，听凭我去游说，搜罗他们国家的能臣武将到秦国来，这样就可以让韩、魏两国听从大王；韩、魏听从了大王，那天下就可以夺取了。”秦王说：“我的国家太穷了，恐怕不能给你那么多钱。”顿弱说：“天下形势迟早是要变化的，不是合纵就是连横。连横策略成功，就是秦王称帝；合纵策略成功，那就是楚王称霸。如果秦王称帝，那么天下诸侯都要向秦国朝贡；如果楚王称霸，那么大王即使有万斤黄金，也不能私自占有啊！”秦王说：“你说得有道理。”于是就给顿弱万斤黄金，让他向东游说韩、魏两国，让两国的能臣武将都到秦国服务。又向北游说燕、赵，并用反间计杀死了李牧。最后使齐王朝见秦王，燕、赵、韩、魏四国全部都尾随而至，这就是顿弱游说的结果。

秦王与中期争论

秦王与中期争论[①]，不胜。秦王大怒，中期徐行而去[②]。或为中期说秦王曰："悍人也[③]。中期适遇明君故也[④]，向者遇桀、纣[⑤]，必杀之矣。"秦王因不罪[⑥]。

注释

①秦王：秦始皇。中期：秦国大臣。

②徐行：慢慢走。

③悍人：胆大包天的人。悍，勇猛，鲁莽。

④适：恰好。

⑤向者：假如。桀、纣：中国古代著名的暴君。

⑥罪：处罚，怪罪。

译文

秦王和中期辩论，说不过中期。秦王十分恼怒，中期慢慢走开了。有人替中期对秦王说："中期是个胆大包天的人。中期恰好遇到大王这样的明主，如果遇到桀、纣那样的暴君，早就被杀了。"秦王因此不处罚中期。

濮阳人吕不韦贾于邯郸

濮阳人吕不韦贾于邯郸①，见秦质子异人②。归而谓父曰："耕田之利几倍？"曰："十倍。""珠玉之赢几倍③？"曰："百倍。""立国家之主赢几倍？"曰："无数。"曰："今力田疾作，不得暖衣余食。今建国立君，泽可以遗世④。秦子异人质于赵，处于聊城，愿往事之⑤。"

故往说之曰："子傒有承国之业⑥，又有母在中⑦。今子无母于中，外托于不可知之国⑧，一日倍约，身为粪土。今子听吾计，事求归，可以有秦国。吾为子使秦，必来请子。"

注释

①濮阳：卫国都邑，故城在今河南濮阳西南。吕不韦：濮阳人，在阳翟地区经商的大商人。据《史记》记载，他在赵国时，见到秦国质子异人，认为奇货可居。于是就与异人相交，并出资替异人活动，帮助其继承王位。异人继承王位以后，以吕不韦为相，封为文信侯。贾：经商。邯郸：赵国都城，在今河北省邯郸市。

②质子：先秦时期，两国结盟，会派一些宗室公子去对方国家做人质。如果派的是国君的儿子，就

被称为“质子”。异人：即后来的秦庄襄王。秦昭襄王之孙，秦孝文王之子，又名子楚。

③赢：利润。

④泽可以遗世：恩泽可以传给后世子孙。

⑤事：侍奉，追随。

⑥子傒：秦太子，异人的异母兄弟。

⑦中：后宫。

⑧不可知之国：赵国与秦国的关系时好时坏，所以赵国对异人的态度也摇摆不定。

译文

濮阳人吕不韦在邯郸经商，见到了秦国在赵国的质子异人。他回家问他父亲说：“耕田能够获得几倍的收益？”他父亲回答：“十倍。”“贩卖珠玉能够获得几倍的利润？”他父亲回答：“百倍。”“策划拥立一个国家的君主，这中间的利润又是多少倍？”他父亲回答说：“无数倍。”吕不韦说：“如今农夫努力耕田还不能吃饱穿暖，如果建立一个国家或者谋划拥立一个国君，这恩泽还可以传给后世子孙。秦国公子被当作质子困在赵国，生活在聊城。我要去追随他。”

因此吕不韦去游说异人说：“子傒有继承国君的条件，又有母亲在后宫中。现在您既没有母亲在宫中，又在外托身于赵国这个不可揣测的国家，一旦秦国和赵国背弃盟约，那么您将身首异处。您如果能听从我的计划，先求得回国，就可以拥有继承秦国国君的机会了。我替您去秦国活动，秦国一定会来请您回去的。”

乃说秦王后弟阳泉君曰[①]：“君之罪至死，君知之乎？君之门下无不居高尊位，太子门下无贵者。君之府藏珍珠宝玉，君之骏马盈外厩[②]，美女充后庭。王之春秋高[③]，一日山陵崩[④]，太子用事[⑤]，君危于累卵，而不寿于朝生[⑥]。说有可以一切而使君富贵千万岁，其宁于太山四维[⑦]，必无危亡之患矣。”阳泉君避席[⑧]，请闻其说。不韦曰：“王年高矣，王后无子，子傒有承国之业，士仓又辅之[⑨]。王一日山陵崩，子傒立，士仓用事，王后之门，必生蓬蒿[⑩]。子异人贤材也，弃在于赵，无母于内，引领西望，而愿一得归。王后诚请而立之，是子异人无国而有国，王后无子而有子也。”阳泉君曰：“然。”入说王后，王后乃请赵而归之。

注释

①秦王后：即秦孝文王王后华阳夫人。

②盈：充满。厩：牲口棚。

③春秋：年龄。

④山陵崩：古人对天子、帝王等去世的称呼。先秦时期太子去世曰崩，诸侯去世曰薨。

⑤用事：执政。

⑥朝生：即“朝菌”，朝生夕死，寿命短暂。

⑦其：而。宁：安稳。太山四维：以泰山为四个支柱。太山，即泰山，在今山东省泰安市。

⑧避席：离开坐席而俯在地上，表示不安而肃然起敬。

⑨士仓：秦国大臣，子傒的师傅。

⑩必生蓬蒿：子傒即位以后，华阳夫人肯定不会再有权势，因此不会再有人来巴结她，门前也会因此而生满野草。蓬蒿，野草。

译文

于是吕不韦去游说秦孝文王王后的弟弟阳泉君，说："您已经犯了死罪，您知道吗？您手下的人无一不是处在高官显位，太子手下的人却没有显贵的。您府中藏着珍珠宝玉，您马圈里都是骏马，美女住满了后宫。如今大王年事已高，一旦驾崩，太子掌权，那么您的处境就比堆积的鸡蛋还要危险，寿命像朝菌一样短暂。现在有一个权宜之计能够让您富贵万年，权势像泰山一样安稳，肯定不会有危险和忧虑。"阳泉君听了，立刻避席说："请您指教。"吕不韦说："大王年事已高，王后自己又没有儿子，子傒有继承国君的条件，士仓又辅佐他。大王一旦驾崩，子傒即位，士仓掌权，那时候王后的门庭，一定会冷落得长满蓬蒿了。公子异人是一位贤才，可是却被遗弃在赵国做人质，母亲很早就去世了，他常常仰首向西望去，渴望回到秦国。王后如果真能请大王立异人为太子，这样的话就使异人从不能得到国家变为得到国家，王后本来没有儿子却得到了儿子。"阳泉君说："你说得有道理。”于是就进宫劝说王后，王后于是就请赵国将异人送回。

赵未之遣，不韦说赵曰：“子异人，秦之宠子也，无母于中，王后欲取而子之。使秦而欲屠赵，不顾一子以留计，是抱空质也①。若使子异人归而得立，赵厚送遣之，是不敢倍德畔施②，是自为德讲。秦王老矣，一日晏驾③，虽有子异人，不足以结秦。”赵乃遣之。

异人至，不韦使楚服而见④。王后悦其状，高其知，曰：“吾楚人也。”而自子之，乃变其名曰“楚”。

王使子诵⑤，子曰：“少弃捐在外，尝无师傅所教学，不习于诵。”王罢之。乃留止。间曰⑥：“陛下尝轫车于赵矣⑦，赵之豪杰得知名者不少。今大王反国，皆西面而望大王。无一介之使以存之⑧，臣恐其皆有怨心。使边境早闭晚开。”王以为然，奇其计。王后劝立之。王乃召相，令之曰：“寡人子莫若楚，立以为太子。”

子楚立，以不韦为相，号曰“文信侯”，食蓝田十二县⑨。王后为华阳太后，诸侯皆致秦邑⑩。

注释

①空质：没有用的人质。

②倍：通“背”，背叛。

③晏驾：对天子、诸侯死亡的称呼。古代君王早起

上朝，如果宫车晚出，一定有大事发生，因为古人忌讳说死，因此用“晏驾”来代指君王去世。晏，晚。驾，车驾。

④楚服而见：因为华阳夫人是楚人，吕不韦让异人穿楚国服饰是想取悦她。

⑤诵：背诵所学习的诗书。

⑥间 jiàn：一会儿。

⑦轫 rèn 车于赵：止车，即停留在赵国。秦孝文王也曾经在赵国做人质。轫，垫在车轮下固定车子的木头，相当于现在的汽车手刹。

⑧存：慰问。

⑨食蓝田十二县：以蓝田十二个县的租赋为他的俸禄。蓝田，在今陕西省蓝田县。

⑩致秦邑：送给秦国城邑。

译文

在赵国还没有送回异人的时候，吕不韦劝说赵国：“异人是秦王宠爱的公子，母亲早逝，王后想让异人做自己的儿子。假如秦王想要灭亡赵国，他不会顾虑有公子在赵国，而仍然会坚持既定方针进攻赵国的，那您就是留了一个不起作用的人质。如果能够让异人回国继承王位，赵国再用厚礼相送，这样他自然不敢忘记赵国施给他的恩德，自然会以德相报。如果不遣送异人，秦王年老，一旦病逝，即使把异人留在赵国，也不足以与秦国结好。还是把异人送归秦国吧。”赵国于是就把异人送回去了。

异人回到秦国，吕不韦让他穿着楚国服饰去见王后。王后很喜欢他这副模样，认为他很聪明，并说："我本来是楚国人。"于是认他做自己的儿子，把他的名字改为"楚"。

秦王让异人背诵学习的诗书，异人说："我从小流离在外，从来没有老师教过我诗书，不会背诵。"秦王作罢，把他留在宫中。子楚私下对秦王说："陛下您曾经在赵国停留过，赵国的豪杰之士大多都知道大王您的英名。如今大王回国，他们都仰望大王。大王您没有派一名使者去慰问他们，我害怕他们会心生怨恨。不如让边境的关卡早闭晚开，加强警戒。"秦王认为应该这样做，并吃惊他有这样的心计。王后劝秦王立子楚为太子。于是秦王召见相国，下令说："我的儿子没有哪个比得上子楚的。"于是立子楚为太子。

子楚继承王位以后，让吕不韦担任相国，封号为文信侯，以蓝田十二县的赋税为俸禄。王后也被封为华阳太后，诸侯都奉献土地给秦国。

齐　策①

楚威王战胜于徐州

楚威王战胜于徐州[2]，欲逐婴子于齐[3]，婴子恐。张丑谓楚王曰[4]："王战胜于徐州也，盼子不用也[5]。盼子有功于国，百姓为之用[6]。婴子不善[7]，而用申缚[8]。申缚者，大臣与百姓弗为用，故王胜之也。今婴子逐，盼子必用，复整其士卒，以与王遇[9]，必不便于王也[10]。"楚王因弗逐。

注释

①齐：周武王灭商之后，封功臣吕尚于齐地，建立齐国。进入春秋时期以后，齐国通过兼并一些小诸侯国，逐渐强大。到了齐桓公时期，任用管仲为相，齐国成为霸主。春秋末年，齐国衰落，到了齐景公时期，大夫田氏的势力逐渐强大。公元前 386 年，田和将齐康公迁到海上，自立为国君，并通过魏文侯贿赂周王，受到周王的正式册封。田和仍使用齐的国号，建立的齐国被称为"田齐"。田和的祖先公子完原为陈国贵族，避难到齐国，经过几代的发展，最终占有了齐国。齐国由于靠

近东海，很少受到别国的主动侵略，因此国君的开拓进取精神有所欠缺。曾入侵过燕国，但是后来燕国联合其他国家报复，齐国几乎亡国。

②楚威王：名商，楚宣王之子，前339—前329年在位。根据《史记》记载，楚威王七年（公元前333年），齐国田婴欺骗楚国，惹怒楚威王。楚威王兴兵伐齐，在徐州大败齐军。徐州：在今山东省滕州市。

③逐婴子：因为田婴惹怒楚王，所以楚王战胜齐国之后，提出让齐国驱逐田婴。婴子，即田婴，号靖郭君，齐威王之子，是孟尝君田文的父亲。后被封于薛地，故又称薛公。

④张丑：齐国大臣，替田婴游说楚王。

⑤盼子：田盼，与田婴同为齐国贵族，著名军事将领。

⑥百姓为之用：指田盼一心为国，百姓能够为他效力。

⑦婴子不善：指田婴和田盼关系不好，而田婴执政，徐州之战时不任用田盼。

⑧申缚：齐国将领，是田婴的亲信。

⑨遇：对敌。

⑩不便：不利。此句是讲如果田盼整军再战，则胜败未可知。

译文

楚威王在徐州之役中战胜了齐国，因此想要逼迫齐国驱逐田婴。田婴很害怕。

张丑对楚王说："大王您能在徐州打败齐国，这是由于田盼没有被任用。田盼对齐国有功，百姓都能为他所用；田婴和他关系不好，因此用了申缚为将。申缚这个人，齐国群臣和百姓都不愿意为他所用，所以大王您才能战胜他。现在田婴被驱逐，田盼一定会得到重用。他会重整士卒，和您再战，如此的话，对您一定不利。”楚王因此没有再让齐国驱逐田婴。

邯郸之难

邯郸之难[①]，赵求救于齐。田侯召大臣而谋曰[②]：“救赵孰与勿救[③]？”邹子曰[④]：“不如勿救。”段干纶曰[⑤]：“弗救，则我且不利。”田侯曰：“何哉？”“夫魏氏兼邯郸[⑥]，其于齐何利哉？”田侯曰：“善。”乃起兵，曰：“军于邯郸之郊。”段干纶曰：“臣之求利且不利者[⑦]，非此也。夫救邯郸，军于其郊[⑧]，是赵不拔而魏全也[⑨]。故不如南攻襄陵以弊魏[⑩]，邯郸拔而承魏之弊，是赵破而魏弱也。”田侯曰：“善。”

乃起兵南攻襄陵。七月，邯郸拔，齐因承魏之弊，大破之桂陵[⑪]。

注释

①邯郸之难：邯郸为赵国都城，在今河北省邯郸市。公元前354年，赵国攻打卫国，卫国的盟国魏国救卫，攻打赵国都城邯郸。此时包围了邯郸，形

势十分危急。第二年，赵国向齐国求救。难，灾祸。

②田侯：齐威王。时为齐威王四年。此时齐国尚未称王，故称田侯。

③救赵孰与勿救：出兵救赵还是不救。

④邹子：邹忌，齐威王的相国，封于下邳，号成侯。

⑤段干纶：姓段干，名纶，齐国大臣。

⑥兼：吞并，兼并。

⑦且：一方面这样，一方面那样。

⑧军：驻扎。

⑨赵不拔而魏全：魏国看到齐军来救援，必定不再围困邯郸而撤退，赵、魏两国不会再战。

⑩襄陵：魏国城邑名，在今河南睢县西。春秋时期为宋地，宋襄公葬于此处，故得名襄陵。弊：同“疲”。

⑪大破之桂陵：这就是著名的桂陵之战。桂陵，魏国城邑。

译文

邯郸危难的时候，赵国向齐国求救。田侯召集大臣在一起谋划，说：“出兵救赵与不救相比，哪个好呢？”邹忌说：“我看不救好。”段干纶说：“不救的话，对我们将会不利。”田侯问：“为什么呢？”“魏国吞并邯郸，对齐国有什么利益呢？”田侯说：“好。”于是就发兵救赵，说：“把军队驻扎在邯郸城的郊外。”段干纶说：“我所说的救赵之利或者不利，并不是直接出兵邯郸。解除邯郸之围，把军队驻扎在邯郸城外，这样的话，赵、魏两国必定休战，而赵不被魏攻破，魏国也保存了实力，这样的话，对我们齐国就没什么利益了。所以不如向南攻打魏国的襄陵，让魏国来回作战。魏国拼尽全力攻下邯郸，已经疲敝，我们趁他们疲敝的时候攻击他们，这是使赵国实力削弱并打败魏国的好办法。”田侯说：“好。”

于是齐国就发兵向南攻打襄陵。七月，邯郸被魏国占领。齐国趁魏军疲劳之际进攻，在桂陵打败魏军。

昭阳为楚伐魏

昭阳为楚伐魏①，覆军杀将②，得八城，移兵而攻齐③。陈轸为齐王使④，见昭阳，再拜贺战胜，起而问：“楚之法⑤，覆军杀将，其官爵何也⑥？”昭阳曰：“官为上柱国⑦，爵为上执珪⑧。”陈轸曰：“异贵于此者何也⑨？”曰：“唯令尹耳⑩。”陈轸曰：“令尹贵矣，王非置两令尹也。臣窃为公譬可也⑪。楚有祠者⑫，赐其舍人卮酒⑬。舍人相谓曰：‘数人饮之不足，一人饮之有余。请画地为蛇⑭，先成者饮酒。’一人蛇先成，引酒且饮之，乃左手持卮，右手画蛇，曰：‘吾能为之足。’未成，一人之蛇成，夺其卮曰：‘蛇固无足，子安能为之足⑮？’遂饮其酒。为蛇足者，终亡其酒。今君相楚而攻魏，破军杀将得八城，又移兵，欲攻齐，齐畏公甚。公以是为名居足矣，官之上非可重也⑯。

战无不胜而不知止者，身且死，爵且后归，犹为蛇足也。”昭阳以为然，解军而去。

注释

①昭阳为楚伐魏：公元前323年，楚国为了迫使魏国投靠自己，要求魏国废掉太子，立流亡在楚的魏公子高为太子。魏国不从，楚国派昭阳在襄陵大败魏军。之后，移兵攻齐。

②覆：败。

③移兵：调兵。

④陈轸为齐王使：陈轸此时为秦国大臣，出使齐国，齐王向陈轸请教，陈轸愿意游说昭阳，因此齐王请陈轸担任使者拜见昭阳，居中调停。

⑤法：法令，制度。

⑥官爵：官位和爵位。

⑦上柱国：即大司马。

⑧上执珪：楚国爵位名，为最高爵位。

⑨异：更。贵：尊贵。

⑩唯：只有，唯有。令尹：楚国的最高行政长官，相当于其他诸侯国的相国。

⑪窃：私下里。譬pì：打比方，举例子。

⑫祠者：祭祀祖先的人。

⑬卮酒：一卮酒。卮，古代盛酒容器。

⑭请：敬辞，用于希望对方做某事。

⑮为之足：为蛇画足。

⑯官之上非可重也：楚国令尹之上，没有官位可以担任了。重，再。

译文

昭阳担任楚军统帅攻打魏国，打败魏国军队，杀死魏军将领，攻占了八座城邑，又调动军队准备乘势攻打齐国。陈轸作为齐王的使者，去见昭阳，拜了两拜之后祝贺楚军攻魏取得胜利。站起来之后，陈轸问昭阳："楚国的制度，灭敌杀将，能够得到什么样的官位和爵位？"昭阳回答："担任上柱国的官位，赏赐上执珪的爵位。"陈轸问："还有比这更加尊贵的吗？"昭阳回答："那就只有令尹了。"陈轸说："令尹确实是很尊贵的官职，但楚王不会设置两个令尹。我在这里为您打个比方，可以吗？楚国有一个祭祀祖先的人，祭祀完之后，赏赐给他的舍人们一卮酒。舍人们聚在一起说：'这一卮酒，几个人一起喝不够喝，一个人喝正好还有点剩余。不如我们在地上画蛇，先画成的喝酒。'其中一个人先把蛇画好，拿起酒将要喝，于是用左手端着卮，右手又在地上画了起来，说：'我还能给蛇添上脚。'蛇足还没有画好，另外一个人把蛇画好了，夺过卮说：'蛇本来是没有脚的，你怎么能给它画上足呢？'于是就把酒喝了。给蛇添上脚的那人最终没有喝到原本属于自己的酒。如今将军辅佐楚王，攻打魏国，灭敌杀将，攻占八城，又调集军队，准备攻打齐国，齐国很害怕您。凭借这些，您足以扬名，而在官爵上却没有可以再获得的封赏了。如果战无不胜而不懂得适可而止，将会招来杀身之祸，官爵也会归还给他人，就好像画蛇添足一样！”昭阳认为他说得很有道理，于是就撤兵回国。

秦攻赵赵令楼缓

秦攻赵①，赵令楼缓以五城求讲于秦②，而与之伐齐③。齐王恐，因使人以十城求讲于秦。楼子恐，因以上党二十四县许秦王。

赵足之齐④，谓齐王曰："王欲秦、赵之解乎⑤？不如从合于赵，赵必倍秦⑥。倍秦，则齐无患矣。"

注释

①秦攻赵：秦昭王四十八年（公元前259年），秦王派王龁为将攻打赵国武安、皮牢，司马梗攻太原，五大夫陵攻邯郸。

②楼缓：赵国人，公元前306年赵武灵王派他到秦国，从秦昭王十年开始担任过近三年的秦相。求讲：求和。讲，和解。

③伐齐：讨伐齐国一方面可以转移秦国的攻势，另一方面也可以通过攻打齐国城邑来补偿自己的损失。

④赵足：赵国大臣。赵国和齐国争着巴结秦国，只会让秦国得利，因此赵足游说齐王，两国联合，这样才能免除来自秦国的军事压力。

⑤解：分解牛的肢体，此处引申为拆散秦国和赵国的联盟。

⑥倍：通“背”，背叛。

译文

秦国攻打赵国，赵王派楼缓用五座城池向秦国求和，谋划着联合秦国讨伐齐国。齐王听说之后很害怕，因此让人用十座城池来请求与秦国联盟。楼缓听说此事后，也很恐慌，就把上党二十四县许诺给秦王。

赵足到齐国，对齐王说：“大王您希望秦赵联盟瓦解吗？您不如跟赵国合纵，共同抗秦，赵国必定跟秦国决裂。赵国背叛秦国，不再结盟，那齐国就没有来自秦国的忧患啦！”

秦攻赵长平

秦攻赵长平，齐、燕救之。秦计曰①：“齐、燕救赵，亲②，则将退兵；不亲，则且遂攻之。”

赵无以食，请粟于齐，而齐不听③。周子谓齐王曰④：“不如听之以却秦兵。不听，则秦兵不却⑤，是秦之计中⑥，而齐、燕之计过矣。且赵之于燕、齐，隐蔽也⑦，齿之有唇也，唇亡则齿寒。今日亡赵，则明日及齐、燕矣。且夫救赵之务⑧，宜若奉漏瓮⑨，沃焦釜⑩。夫救赵，高义也；却秦兵，显名也。义救亡赵，威却强秦兵，不务为此，而务爱粟，则为国计者过矣。”

注释

①计：本义为算账，此处引申为谋划、计划。
②亲：亲近。
③不听：不答应。
④周子：或为齐国大臣，不详其名。
⑤却：退却。
⑥中 zhòng：恰好合上。
⑦隐蔽：屏障。
⑧务：事情。下文意为致力于、从事。
⑨奉：同“捧”，捧着。瓮：盛水或酒的陶制容器。
⑩沃：浇。焦釜：烧锅。

译文

秦国攻打赵国的长平，齐国和燕国救援赵国。秦国君臣谋划说：“齐国和燕国来救援赵国，如果关系亲近，真心救赵，那我们就退兵；如果不是真心救赵，那我们就继续进攻。”

赵国没有粮食了，向齐国借粮，但齐国没有答应。周子对齐王说：“不如答应借粮，让他们来击退秦兵。如果不借粮，秦国看出我们并非真心救赵，就不会退兵，那么秦国的阴谋也就得逞，而齐国和燕国就失策了。况且赵国对于齐国和燕国来说，就相当于一个屏障，犹如牙齿外面包着嘴唇，嘴唇没了牙齿就会感到寒冷。如果今天赵国灭亡了，那明天就轮到齐国和燕国了。而且救赵这件事，十分紧急，就好像双手捧着漏水的瓮，去给快烧干的烧锅倒水。救赵，是崇高的义气；打退秦兵，可以显扬威武的名声。我们用义气去救援将要亡国的赵国，凭着威武去击退强大的秦兵。现在不致力于这些大事，反而吝惜一些粮食，那么这些谋划国家大事的人就做错了。”

齐王夫人死

齐王夫人死[①]，有七孺子皆近[②]。薛公欲知王所欲立[③]，乃献七珥[④]，美其一[⑤]，明日，视美珥所在，劝王立为夫人。

注释

①齐王：齐威王或者齐宣王。

②孺子：齐王妃子的品号，级别较低。近：宠幸。

③薛公：即靖郭君田婴，被封于薛。知王所欲立：田婴希望知道齐王准备立哪位孺子为夫人，然后劝王立她，以此来讨好新夫人。

④珥：用珠玉做成的耳环。

⑤美其一：其中一个做得较其他更漂亮。

译文

齐王的夫人死了，有七个孺子都受到他的宠幸。薛公田婴想要知道齐王心里想立哪一位，于是就献给齐王七副耳环，其中一个制作得比其他的要精美。第二天看到齐王把那副最美的赐给了哪位孺子，就去劝齐王立她为夫人。

孟尝君将入秦

孟尝君将入秦[①]，止者千数而弗听[②]。苏秦欲止之，孟尝曰："人事者，吾已尽知之矣；吾所未闻者，独鬼事耳[③]。"苏秦曰："臣之来也，固不敢言人事也，固且以鬼事见君。"孟尝君见之。

谓孟尝君曰："今者臣来，过于淄上[④]，有土偶人与桃梗相与语[⑤]。桃梗谓土偶人曰：'子，西岸之土也，挺子以为人[⑥]。至岁八月，降雨下，淄水至[⑦]，则汝残矣[⑧]。'土偶曰：'不然。吾西岸之土也，吾残则复西岸耳。今子东国之桃梗也[⑨]，刻削子以为人[⑩]。降雨下，淄水至，流子而去，则子漂漂者将何如耳？'今秦四塞之国[⑪]，譬若虎口，而君入之，则臣不知君所出矣。"孟尝君乃止。

注释

①孟尝君：名文，靖郭君田婴的小儿子，齐威王的

孙子。因养食客数千而闻名，战国四公子之一。将入秦：秦昭王听说孟尝君很贤能，就先使泾阳君作为人质到齐国，请孟尝君到秦国去。

②止者：劝说孟尝君不要入秦的人。千数：数以千计。

③独：只有。

④淄上：淄水之上。淄，淄水，在今山东，流经齐国国都临淄东南。

⑤土偶人：用泥土捏的人像。桃梗：木偶，用桃梗做的人像。

⑥挻 shān：揉捏。

⑦淄水至：淄水暴涨。

⑧残：坏，残破。

⑨东国：东方。

⑩刻削：雕刻。

⑪四塞之国：四面有险阻的国家。

译文

孟尝君将要接受秦王的邀请到秦国去，劝阻他的人数以千计，但是他执意要去。苏秦也去见孟尝君，想劝阻他。孟尝君说："人事我已经都知道了，我还没有听说的，只有鬼事了。"苏秦说："我这次来，本来就没敢向您说人的事情，本来就准备凭借鬼事来求见您。"孟尝君接见了他。

苏秦对孟尝君说："今天我来拜见您，经过淄水，看到有一个泥土捏的人和一个桃木雕刻的人在对话。桃木偶人对土偶人说：‘你是西岸的泥土，人家把你捏成人形。等到今年八月，大雨降下，淄水暴涨，你就被毁坏了。’土偶人回答说：‘不是这样。我本来就是西岸的泥土，残破以后，还回到西岸。如今你是东方的桃木枝，被雕刻为人形，大雨降下，淄水暴涨，把你冲走，那你就不知道会飘荡到哪里去了。’现在秦国是个四面都有险阻的国家，就好像虎口一样，而您现在一定要去秦国，那么我就不知道您能否安然而出了。”孟尝君因此打消了去秦国的想法。

孟尝君有舍人而弗悦

孟尝君有舍人而弗悦①，欲逐之②。鲁连谓孟尝君曰③：“猿猕猴错木据水④，则不若鱼鳖；历险乘危，则骐骥不如狐狸⑤。曹沫之奋三尺之剑⑥，一军不能当⑦；使曹沫释其三尺之剑，而操铫鎒与农夫居垅亩之中⑧，则不若农夫。故物舍其所长，之其所短⑨，尧亦有所不及矣⑩。今使人而不能，则谓之不肖⑪；教人而不能，则谓之拙。拙则罢之，不肖则弃之。使人有弃逐，不相与处，而来害相报者，岂非世之立教首也哉！”孟尝君曰：“善！”乃弗逐。

注释

①舍人：家人，地位比宾客稍低。悦：敬重。

②逐：驱逐，赶走。

③鲁连：即鲁仲连，齐国人。他善于出谋划策，为各国排忧解难，但却不肯做官。

④错：废置，此处意为离开。据：处在。

⑤骐骥：千里马。

⑥曹沫：春秋时期鲁国人，鲁国将军，有名的猛士。鲁国曾经败于齐国，需要割地讲和。他趁齐桓公和鲁庄公结盟讲和的机会，手提匕首，挟持齐桓公，逼得桓公将侵占的鲁国土地归还。

⑦当：抵挡。

⑧铫 yáo：古代的锄头。鎒：除草的工具。垅：田垄。

⑨之：用。

⑩不及：不如。

⑪不肖：没出息。

译文

孟尝君有个舍人，孟尝君看不起他，想要赶他走。鲁仲连对孟尝君说："猿猴要是离开树，把它放到水中，它肯定不如鱼鳖。要千里马去适应艰难险阻的环境，它肯定不如狐狸。曹沫提着三尺宝剑挟持齐桓公，一军的将士都不能阻挡，假如让他放下剑，拿着锄头和鎒，与农夫一起在田中劳作，那他肯定不如农夫。所以事物舍弃它的长处，用它的短处，尧帝也有不如人的地方。如今使用一个人，如果他没有做到，就说他没才能；教一个人，如果他没有学会，就说他蠢笨。认为他笨拙就赶走他，认为他没出息就抛弃他。假如使人受到驱赶，不能很好相处而回头来伤害您、报复您，这难道是世上的用人之道吗？”孟尝君说：“对。”于是就没有再赶走那个舍人。

淳于髡一日而见七人于宣王

淳于髡一日而见七人于宣王[①]。王曰：“子来，寡人闻之，千里而一士，是比肩而立[②]；百世而一圣[③]，若随踵而生也[④]。今子一朝而见七士，则士不亦众乎？”

淳于髡曰：“不然。夫鸟同翼者而聚飞，兽同足者而俱行。今求柴葫、桔梗于沮泽[⑤]，则累世不得一焉[⑥]。及之睾黍、梁父之阴[⑦]，则郄车而载耳[⑧]。夫物各有畴[⑨]，今髡贤者之畴也。王求士于髡，譬若挹水于河[⑩]，而取火于燧也[⑪]。髡将复见之，岂特七士也。”

注释

①淳于髡：复姓淳于，名髡，齐国辩士。曾在齐国和魏国为官。见 xiàn：推荐，举荐。

②比肩：肩并肩。

③百世而一圣：一百世才能出现一个圣人。百世，一世为三十年，此处百世并非实指，而是指时间久。

④随踵：脚后跟跟着脚后跟。踵，脚后跟。

⑤桔梗：中药名，生长在山上。沮泽：地势低而潮湿的地方。

⑥累 lěi 世：世世代代。

⑦睾黍、梁父：山名。

⑧郄车而载：车子装得很多，都没法前进了。

⑨畴 chóu：同类。

⑩挹：汲取。

⑪燧：古代取火的工具。

译文

淳于髡一天之内向齐宣王举荐了七名贤士。齐王说："您过来。我听说千里之内有一位贤士，这贤士就算是并肩而立了；百世之中出现一个圣人，那就像是接踵而至了。现在您一天之内向我推荐了七名贤士，这岂不是太多了吗？"

淳于髡说："不是这样的。翅膀相同的鸟在一起飞，腿一样多的兽类在一起行走。如今要是到地势低而且潮湿的地方寻找柴葫、桔梗，那么几辈子也不能找到一根；而到睾黍山、梁父山的北坡去采集，就可以敞开车装载。世上万物都是同一类的在一起，现在我淳于髡就是贤士一类的人。大王您向我寻求贤人，就譬如到大河里去取水，用燧取火。我还要再向您引荐贤人呢，哪里只有这七个人呢？"

齐欲伐魏

齐欲伐魏，淳于髡谓齐王曰："韩庐者[①]，天下之疾犬也。东郭逡者[②]，海内之狡兔也[③]。韩庐逐东郭逡，环山者三，腾山者五[④]，兔极于前，犬废于后[⑤]，犬兔俱罢，各死其处。田父得之，无劳勌之苦[⑥]，而擅其功[⑦]。今齐、魏久相持，以顿其兵[⑧]，弊其众[⑨]，臣恐强秦大楚承其后，有田父之功。"齐王惧，谢将休士也[⑩]。

注释

①韩庐：相传为战国时期韩国有名的猎犬，犬名为庐。

②东郭逡：生活在东郭的狡兔，兔名为逡。

③海内：四海之内，即天下。

④腾：奔跑，跳跃。

⑤极、废：疲惫。

⑥勌 juàn：古同"倦"，疲倦。

⑦擅：占有。功：功劳。

⑧顿：疲弱。

⑨弊其众：民众劳困。

⑩谢：撤回。休：止。

译文

齐国想要讨伐魏国，淳于髡对齐王说："韩国有条猎犬名叫卢，是天下有名的猎犬。东城有只兔子名叫逡，是四海之内最狡猾的兔子。韩国的卢追逐东城的逡，绕着山跑了三圈，翻过了五座山，前面的兔子筋疲力尽，狗在后面也筋疲力尽，兔子和狗都跑不动了，各自倒在地上活活累死。有个农夫看到了，不费吹灰之力，就得到了兔子和狗。如今齐国和魏国长久地对峙下去，士兵和百姓都困苦不堪，我害怕强大的秦国和楚国会乘机进攻，取得农夫之利。"齐王听了，十分害怕，就下令休养士卒，不再出兵了。

齐宣王见颜斶

齐宣王见颜斶①，曰："斶前！"斶亦曰："王前！"宣王不悦。左右曰："王，人君也。斶，人臣也。王曰'斶前'，斶亦曰'王前'，可乎？"斶对曰："夫斶前为慕势②，王前为趋士③。与使斶为慕势，不如使王为趋士。"王忿然作色曰④："王者贵乎？士贵乎？"对曰："士贵耳，王者不贵。"王曰："有说乎？"斶曰："有。昔者秦攻齐，令曰：'有敢去柳下季垄五十步而樵采者⑤，罪死不赦⑥。'令曰：'有能得齐王头者，封万户侯，赐金千镒⑦。'由是观之，生王之头，曾不若死士之垄也⑧。"宣王默然不悦。

左右皆曰："斶来，斶来！大王据千乘之地[9]，而建千石钟[10]，万石簴[11]，天下之士，仁义皆来役处[12]；辩知并进[13]，莫不来语；东西南北，莫敢不服。求万物无不备具，而百姓无不亲附。今夫士之高者，乃称匹夫，徒步而处农亩；下则鄙野[14]，监门闾里。士之贱也亦甚矣！"

注释

①颜斶 chù：齐国隐士。

②慕势：羡慕权势。

③趋士：意指君主礼贤下士。趋，就，亲近。

④忿然：愤怒。作色：变了脸色。

⑤柳下季：春秋时期鲁国贤士，姓展名禽。柳下为展禽的采邑，故称柳下季。死后谥"惠"，故又名柳下惠。垄：坟墓。樵采：砍柴。

⑥赦：赦免。

⑦镒：古代重量单位，秦始皇统一以后，以黄金二十四两为一镒。

⑧曾：还，简直。

⑨据：占据，拥有。

⑩建千石钟：铸造千石重的大钟。石，古代重量单位，一石大约为今天的一百二十斤。这两句应该是形容齐国国力强盛。

⑪簴 jù：古代悬挂钟、磬等乐器的架子。

⑫役处：服务。役，使用。处，居。

⑬辩知：辩士智囊。并进：都来。

⑭鄙野：郊外，亦指乡野粗鄙之人。

译文

齐宣王召见颜斶，说："颜斶，你过来。"颜斶也说："大王，你过来。"齐宣王很不高兴。宣王左右的人说："大王是君主，你是臣子。大王说：'颜斶你过来。'颜斶你也说：'大王你过来。'这样做对吗？"颜斶回答说："我到大王跟前去是攀附权势，大王走到我面前是礼贤下士。与其让我贪慕权势，不如让大王礼贤下士。"齐王愤怒，变了脸色，说："是国君尊贵，还是士人尊贵？"颜斶回答说："士人尊贵，君王不尊贵。"齐王说："这么说有什么根据吗？"颜斶说："有。以前秦国攻打齐国，秦王下命令说：'有敢到柳下惠坟墓五十步以内的地方去砍柴的，处死不赦。'又下命令说：'有能取得齐王首级的，封万户侯，赏赐黄金千镒。'由此看来，活着的国君的人头，还不如死去的贤士的坟墓呢。"齐宣王听后沉默不语，闷闷不乐。

齐宣王左右的人都说："颜斶，颜斶，你过来。大王是拥有千乘战车的国君，并且拥有规模宏大的礼乐设施。天下的士人，都来效力；那些辩士智囊也都来进言献策；四方邻国，也没有哪个敢不敬服的。大王想要什么就有什么，百姓也没有不顺服的。如今士人中境况好的，也只是普通平民，徒步行走，身处农田。那些境况差的，只能住在穷乡僻壤，看守闾里门户。士人的地位，实在是卑贱到极点啦。”

斶对曰：“不然。斶闻古大禹之时，诸侯万国。何则？德厚之道得，贵士之力也。故舜起农亩[①]，出于野鄙，而为天子。及汤之时，诸侯三千。当今之世，南面称寡者乃二十四[②]。由此观之，非得失之策与[③]？稍稍诛灭[④]，灭亡无族之时，欲为监门闾里，安可得而有乎哉？是故《易传》不云乎：‘居上位未得其实[⑤]，以喜其为名者，必以骄奢为行；据慢骄奢则凶从之。是故无其实而喜其名者削[⑥]，无德而望其福者约[⑦]，无功而受其禄者辱[⑧]，祸必握。’故曰：‘矜功不立，虚愿不至。’此皆幸乐其名，华而无其实德者也。是以尧有九佐，舜有七友，禹有五丞，汤有三辅。自古及今，而能虚成名于天下者，无有。是以君王无羞亟问，不愧下学[⑨]。是故成其道德而扬功名于后世者，尧、舜、禹、汤、周文王是也。故曰：‘无形者，形之君也。无端者，事之本也。’夫上见其原，下通其流，至圣人明学，何不吉之有哉！老子曰：‘虽贵，必以贱为本；虽高，必以下为基。’是以侯王称孤、寡、不穀，是其贱之本与，非夫？孤寡者，人之困贱下位也，而侯王以自谓，岂非下人而尊贵士与？夫尧传舜，舜传禹，周成王任周公旦，而世世称曰明主，是以明乎士之贵也。”

注释

①起：发迹。

②南面：古代以坐北朝南为尊贵，帝王的座位坐北朝南，因此把帝位称为“南面”。

③得：得士。失：失士。

④稍稍：渐渐。

⑤居上位：高高在上的统治者。

⑥削：土地削减，国力衰弱。

⑦约：贫困。

⑧辱：蒙受耻辱。

⑨不愧下学：不以向别人学习感到惭愧。

译文

颜斶回答说：“不是这样的。我听说远古大禹当政时期，天下有将近一万个诸侯国。为什么有那么多诸侯国呢？就是因为掌握了德行淳厚的途径，而尊重贤士的结果。所以舜帝原先只是个农民，出身于穷乡僻壤，因为是个贤士而最终成为天子。等到了商汤时代，诸侯国只有三千个了。现在这个时代，诸侯只有二十四个。由此来看，这不正是得士则兴、失士则亡吗？诸侯之间相互攻伐并吞，最后国破家亡的时候，即使想去为人看守里巷，又怎么能够办到呢？因此《易传》上不是说过嘛：‘身居高位，没有相应的才能，却喜欢标榜虚名的人，行为必定骄奢。而骄傲、怠惰、蛮横、奢侈，就会招致祸患。因此不务实际而喜欢虚名的人，一定会遭到削弱；没有德行而希望获取幸福的人，一定会困窘；没有功劳而白白享受薪俸的人，必然会蒙受耻辱。祸患也就跟着来了。’因此说：‘骄傲自满就不能成就功业，光是空想就无法达到目的。’这都是指那些陶醉于虚名，而没有实德的人啊。所以尧有九个帮手，舜有七个诤友，禹有五个丞相，汤有三个贤臣。自古以来能够凭空成名于天下的人，一个也没有。所以君王不以屡次向人请教而感到羞耻，不因为向下人学习而感到惭愧。因此说，能使自己的道德修养完美，并且能够扬名于后世的人，就是尧、舜、禹、汤和周文王这些人了。所以说：‘无形的事物，是有形的事物的主宰。没有端绪的东西，是事物发展的开端。’上能溯知事物的本源，下能通达事物的流变，达到了圣人那样道德高尚而又精通学问的境地，怎么会有不吉利的事情发生呢？老子说：‘纵然尊贵，也要以卑贱为根本；即使高峻，也要以低下作为基础。’所以诸侯称自己为孤、寡、不穀，大概就是表示自己以卑贱为根本，不是这样吗？所谓孤、寡的人，是最卑贱的下等人，可是君主用来自称，这难道不是谦居人下而尊重士人吗？尧传位给舜，舜传位给禹，周成王重用周公旦，世世代代称他们为贤君，就是因为他们懂得士人的尊贵啊！”

宣王曰：“嗟乎[①]！君子焉可侮哉[②]，寡人自取病耳[③]。及今闻君子之言，乃今闻细人之行[④]，愿请受为弟子。且颜先生与寡人游[5]，食必太牢[6]，出必乘车，妻子衣服丽都。”

颜斶辞去曰：“夫玉生于山，制则破焉，非弗宝贵矣，然大璞不完[7]。士生乎鄙野，推选则禄焉[8]；非不尊遂也[9]，然而形神不全。斶愿得归，晚食以当肉，安步以当车，无罪以当贵，清静贞正以自虞。制言者王也，尽忠直言者斶也。言要道已备矣，愿得赐归，安行而反臣之邑屋[10]。”则再拜而辞去也。

斶知足矣。归反于朴，则终身不辱也。

注释

①嗟乎：感叹词，相当于“唉”。

②焉：怎么。侮：辱。

③自取病：自取其辱。

④闻：了解。细人：小人。

⑤游：交往。

⑥太牢：古代用于祭祀的牛、羊、猪三种牲畜，这里是指盛宴款待。

⑦璞：没有经过加工的含玉的石头。

⑧推选：推举选拔。禄：享受禄位。

⑨尊遂：尊贵。

⑩邑屋：本乡的家。

译文

齐宣王听了颜斶的话后，说：“唉！怎么能对君子轻慢无礼呢？我真是自讨没趣啊！如今听了君子的话，我才明白不尊重贤士是小人的行为。希望先生同意收我为弟子。如果先生肯与我交往，我肯定盛宴款待您，以车代步，夫人子女的服饰也都华丽。”

颜斶辞谢说：“玉石本来生长在山中，一旦雕琢加工，就会破坏它的本来面目。并不是制作出的美玉不宝贵，而是因为玉石的原貌不完美了。士人本来就生活在民间，被推举之后就能得到禄位，当官并不是不显达，只是会因此失去士人的本色而使他的思想和行为脱节。我愿意回乡，晚些吃饭，就当作吃肉一样；慢步缓行，就当作乘车了；安分守法，没什么罪过，权当富贵；清心寡欲，保持节操，就能够自得其乐。有权发号施令的是大王，敢于尽忠直言的是我。我要说的道理都已经讲完了，希望大王让我回乡，安稳地返回故乡的小屋。”于是向齐王拜了两拜，就告辞离开了。

颜斶这人是知足的人，他返璞归真，那么终生都不会招致耻辱了。

齐王使使者问赵威后

齐王使使者问赵威后[①]。书未发[②]，威后问使者曰：“岁亦无恙耶[③]？民亦无恙耶？王亦无恙耶？”使者不说，曰：“臣奉使使威后，今不问王，而先问岁与民，岂先贱而后尊贵者乎？”威后曰：“不然。苟无岁，何以有民？苟无民，何以有君？故有问舍本而问末者耶？”

乃进而问之曰：“齐有处士曰钟离子[④]，无恙耶？是其为人也，有粮者亦食[⑤]，无粮者亦食；有衣者亦衣，无衣者亦衣。是助王养其民者也，何以至今不业也？叶阳子无恙乎[⑥]？是其为人，哀鳏寡，恤孤独，振困穷，补不足。是助王息其民者也，何以至今不业也？北宫之女婴儿子无恙耶[⑦]？彻其环瑱[⑧]，至老不嫁，以养父母。是皆率民而出于孝情者也，胡为至今不朝也？此二士弗业，一女不朝，何以王齐国，子万民乎？於陵仲子尚存乎[⑨]？是其为人也，上不臣于王，下不治其家，中不索交诸侯。此率民而出于无用者，何为至今不杀乎？”

注释

①赵威后：赵惠文王之妻。惠文王死后，因孝成王年幼，初期由太后执政。

②书未发：书信还没有拆封。发，启封。

③岁：年岁。

④钟离子：齐国隐士。钟离，复姓。

⑤食：给食物吃。

⑥叶阳子：齐国隐士。叶阳，复姓。

⑦北宫之女婴儿子：齐国有名的孝女。北宫，复姓。婴儿子，北宫之女的名字。

⑧彻：通“撤”，取下。环瑱：玉环耳坠。

⑨於陵仲子：齐国隐士。於陵，齐国邑名。

译文

齐王派使者问候赵威后，书信还没有拆封，赵威后问使者："齐国今年的年岁还好吧？老百姓还平安无事吧？齐王身体也健康吧？"使者很不高兴，说："我奉命出使到您这里，您现在不先问候齐王却先问候年成和百姓，这岂不是把卑贱的摆在前面而把尊贵的放在后面吗？"赵威后回答说："不是这样，如果年成不好，靠什么养育百姓？如果没有百姓，怎么会有国君？所以问话哪里有舍去根本而追逐一些细枝末节的呢？"

赵威后又进一步问道："齐国有一个隐士叫钟离子，他还好吧？他的为人，对有粮食的人给食物吃，对没粮食吃的人，也给食物吃；给有衣服的人衣服穿，也给没有衣服的人衣服穿。这是帮助齐王抚养百姓，为什么到现在还不使他成就功业呢？叶阳子也还好吧？他这个人，怜悯鳏寡，抚恤孤儿老人，救济穷困的人，补助缺衣少食的人。这是帮助齐王使百姓生息繁衍的人，为什么到现在还不使他成就功名呢？北宫家的女儿婴儿子还好吧？她取下耳环玉坠，一直到老都不出嫁，在家尽心奉养父母。这是率领百姓奉行孝道的人，为什么至今还没有入朝封为命妇呢？这两个隐士不能成就功业，一个孝女不能入朝受封，依靠什么治理齐国，成为百姓的父母呢？於陵仲子还活着吗？他这个人，上不向国君称臣，下不治理他的家，中不结交诸侯。这是率领百姓无所作为的人，为什么到现在还不杀掉他呢？"

齐人见田骈

齐人见田骈[①]，曰："闻先生高议[②]，设为不宦[③]，而愿为役[④]。"田骈曰："子何闻之[⑤]？"对曰："臣闻之邻人之女。"田骈曰："何谓也？"对曰："臣邻人之女，设为不嫁，行年三十而有七子[⑥]，不嫁则不嫁，然嫁过毕矣[⑦]。今先生设为不宦，訾养千钟[⑧]，徒百人，不宦则然矣，而富过毕也。"田子辞之[⑨]。

注释

①齐人：齐国人。田骈：战国时期辩士，齐国人，属黄老学派，曾为稷下学士。

②高议：尊崇大义。议，通"义"。

③设：发声词，无意义。不宦：不做官。

④为役：为人服务。

⑤何：哪里。

⑥行年三十：已经三十岁了。

⑦毕：终。

⑧訾 zī：同"资"，俸禄。钟：古代量器名，六石四斗为一钟。

⑨辞：辞谢。

译文

齐国有人去拜见田骈，说："听说先生崇尚大义，不去做官，而愿意为人服务。"田骈说："你从哪里听说的？"齐国人说："我是从邻家女子那里听说的。"田骈问："这是什么说法？"齐国人回答说："我邻居家的女子，没有嫁人。已经三十岁，却有了七个孩子。没嫁倒是没嫁，但是比起嫁人的女子，有过之而无不及。现在先生您没有做官，但是俸禄超过千钟，门徒超过百人。没做官倒是没做官，但是论富有却远远地超过了做官的人啊。"田骈听了，很感激他提醒了自己。

管燕得罪齐王

管燕得罪齐王①，谓其左右曰："子孰而与我赴诸侯乎②？"左右嘿然莫对③。管燕连然流涕曰④："悲夫！士何其易得而难用也！"田需对曰⑤："士三食不得餍⑥，而君鹅鹜有余食⑦；下宫糅罗纨⑧，曳绮縠⑨，而士不得以为缘⑩。且财者君之所轻，死者士之所重，君不肯以所轻与士，而责士以所重事君，非士易得而难用也。"

注释

①管燕：生平事迹不详。

②孰：谁。

③嘿然：默然。嘿，同“默”。

④连然：流眼泪的样子。连，同“涟”。

⑤田需：曾为魏相，与公孙衍同时。

⑥餍：饱。

⑦鹜：野鸭子。

⑧下宫：后宫。糅：杂。罗：稀疏的丝织品。纨：很细的丝织品。

⑨曳：拖着。绮：有花纹或者图案的丝织品。縠：细纱。

⑩缘：沿衣边儿用的绸布条。

译文

管燕得罪了齐王，对他身边的人说：“你们谁愿意和我一起去投奔其他诸侯呢？”左右的门客都默然不应。管燕泣涕涟涟地说：“太可悲了！士为什么容易得到而难以任用呢？”田需回答说：“士三餐都吃不饱，而您养的家禽却粮食多得吃不完；您后宫的美人穿着各种绫罗绸缎，可是士连一点儿沿边儿也得不到。而且财物是您所轻视的东西，死亡却是士所重视的东西。您不肯把您所轻视的东西分给士，而要求士用自己所看重的生命奉献给您，由此可见，这绝不是像您说的士容易得到而难任用的问题。”

齐负郭之民有狐咺者

齐负郭之民有狐咺者[1]，正议[2]，闵王斮之檀衢[3]，百姓不附[4]。齐孙室子陈举直言[5]，杀之东闾[6]，宗族离心。司马穰苴为政者也[7]，杀之，大臣不亲。以故燕举兵，使昌国君将而击之[8]。齐使向子将而应之[9]。齐军破，向子以舆一乘亡[10]，达子收余卒[11]，复振，与燕战，求所以偿者[12]，闵王不肯与，军破走。

王奔莒，淖齿数之曰[13]："夫千乘、博昌之间[14]，方数百里，雨血沾衣，王知之乎？"王曰："不知。""嬴、博之间[15]，地坼至泉[16]，王知之乎？"王曰："不知。""人有当阙而哭者[17]，求之则不得，去之则闻其声，王知之乎？"王曰："不知。"淖齿曰："天雨血沾衣者，天以告也；地坼至泉者，地以告也；人有当阙而哭者，人以告也。天地人皆以告矣，而王不知戒焉，何得无诛乎？"于是杀闵王于鼓里[18]。

太子乃解衣免服[19]，逃太史之家为溉园[20]。君王后[21]，太史氏女，知其贵人，善事之。田单以即墨之城破亡余卒[22]，破燕兵，绐骑劫[23]，遂以复齐，遽迎太子于莒[24]，立之以为王。襄王即位，君王后以为后，生齐王建[25]。

注释

①负郭：穷苦人家靠近城墙所居住的房屋。郭，外城。狐咺：又名狐爰，齐国人。

②正议：直言敢谏。

③闵王：名地，又称齐湣王，齐宣王之子，前301—前284年在位。斮 zhuó：同“斫”，斩断。檀衢：齐国对犯人行刑的地方。

④不附：不亲附。

⑤孙室子：公孙家的后人，当是齐王宗族。直言：批评闵王。

⑥东闾：当是人群比较密集的地方，为齐国行刑之处。

⑦司马穰苴：齐王宗族，姓田，名穰苴，齐国名将。为政：执政。

⑧昌国君：即乐毅。燕国名将，率军连攻齐国七十余城，齐国几乎亡国，后因功被封为昌国君。

⑨向子：齐国将领。

⑩舆一乘：一辆车。

⑪达子：齐国将领。

⑫偿：赏赐。

⑬淖齿：楚国贵族，楚顷襄王派他率兵救齐。数：责备，列举罪状。

⑭千乘：齐国地名，在今山东博兴县北。博昌：齐国地名，在今山东博兴县南。

⑮嬴：齐国城邑名，故城在今山东莱芜市西北。博：齐国城邑名，故城在今山东泰安市东南。

⑯地坼至泉：地裂泉涌。坼，裂开。

⑰当阙：对着宫门。阙，古代宫门前两边用于瞭望的楼，因两阙之间有空缺，故名阙。

⑱鼓里：莒县地名，靠近齐国宗庙。

⑲解衣免服：改换衣服装扮。

⑳太史：齐国史官。姓后，名敫。溉园：给菜园浇水。

㉑君王后：齐太史之女。齐太子躲到太史家之后，太史之女看太子样貌奇特，并非常人，于是对他多加关心，常常送衣服和食物。太子立为齐王之后，立太史之女为王后，即君王后。

㉒破亡余卒：乐毅攻齐，只有莒县和即墨没有被攻下。田单逃到即墨之后，被选为首领，收集齐国败亡士卒，与燕军对抗。

㉓绐：诓骗。骑劫：燕国将领。燕昭王死后，燕惠王不信任乐毅。田单用反间计，使燕惠王用骑劫代替乐毅为燕军统帅。田单散布谣言，说齐人最怕燕军挖掘即墨城外的齐人墓地。骑劫上当，挖齐人墓地，即墨城内的齐国百姓十分愤怒，作战时拼死奋战，后来终于打败燕军，收复失地。

㉔遽 jù：立刻。

㉕齐王建：名建，齐襄王之子，齐国的末代之君，前264—前221年在位。在位期间，被秦国的远交近攻的外交策略蒙骗，与秦国交好，秦国攻击其他五国时，不进行救援。最终，被秦国灭国。

译文

齐国有居住在城墙边的贫民狐咺，直言批评齐闵王的错误，被齐王处死在檀衢，因此百姓对闵王不亲附；齐国宗室有个叫陈举的，直言敢谏，被齐王处死在东闾，因此，齐国的宗室贵族对齐王也开始失望；司马穰苴是齐国的执政大臣，闵王杀了他，齐国群臣也因此不亲近闵王。因为齐国上下离心，燕国派昌国君乐毅为统帅率军进攻齐国。齐国派向子担任将领抵御燕军。齐军战败，向子仅仅驾着一辆车逃亡。齐将达子集合齐国残军，复振军威，和燕军交战。达子要求齐王赏赐参战将士，闵王不肯给，齐军又被打败逃散。

齐闵王逃到莒城，淖齿列举他的罪状："千乘、博昌两地之间方圆数百里的地方，上天下血雨沾湿了衣裳，你知道这件事吗？"闵王说："不知道。""嬴、博两城之间土地裂开直达黄泉，你知道这件事吗？"闵王说："不知道。""齐国有人在宫门口大哭，去寻找却看不到人影，不找了却还能听到哭声，你知道这件事吗？"闵王说："不知道。"淖齿说："天上下血雨沾湿衣服，这是老天在警告你；地裂至黄泉，那是大地在警告你；有人在宫门口大哭，那是人在警告你。天、地、人都警告你了，你却不知道戒备，加以改正，怎么能不受到上天的诛杀呢？"于是就在鼓里这个地方杀了齐闵王。

闵王死后，太子改换衣服装扮，逃到了莒城太史的家中，做浇灌菜园的仆役。君王后那时候还是太史的女儿，知道太子是个贵人，于是就善待他。田单以即墨城为据点，收集齐国败散士兵，欺骗燕军统帅骑劫，打败了燕国军队，终于收复了齐国失地。打败燕军以后，田单立刻从莒县把太子迎接回齐国都城，立他为齐王。齐襄王即位以后，立君王后为王后，后来生了齐王建。

王孙贾年十五

王孙贾年十五①，事闵王。王出走②，失王之处③。其母曰："女朝出而晚来④，则吾倚门而望；女暮出而不还，则吾倚闾而望。女今事王，王出走，女不知其处，女尚何归？"

王孙贾乃入市中⑤，曰："淖齿乱齐国，杀闵王，欲与我诛者，袒右⑥！"市人从者四百人，与之诛淖齿，刺而杀之。

注释

①王孙贾：生平事迹不详。王孙为复姓。

②王出走：指乐毅伐燕时，齐王逃亡莒城。

③失王之处：不知闵王逃往何处。

④朝出而晚来：王孙贾早出晚归，王孙母都会在家门口等着他。王孙母告诫他要像母亲爱儿子一样侍奉齐王。

⑤市：齐国的商业十分发达，市场是百姓聚集的地方。

⑥袒右：脱去右边衣袖，露出右臂和肩膀，以示下定决心。

译文

王孙贾十五岁，侍奉齐闵王。燕国攻齐，齐闵王逃走，王孙贾不知道闵王逃往何处。他母亲说："你早出晚归，我倚着家门等你回来；你晚上出去不回来，我就倚着闾门等你回来。现在你侍奉君王，君王逃走，你竟然不知道他的下落，你还回来干什么？"

于是王孙贾到市场中，说："淖齿扰乱齐国，杀死了大王，想要和我一起诛杀他的人，将右边的袖子脱掉！"市场里跟随他的有四百人，与他一起去诛杀淖齿，最后终于杀死了他。

燕攻齐

燕攻齐，齐破。闵王奔莒，淖齿杀闵王。田单守即墨之城，破燕兵，复齐墟[①]。襄王为太子，微[②]。齐以破燕[③]，田单之立疑[④]，齐国之众皆以田单为自立也。

襄王立，田单相之。过菑水[⑤]，有老人涉菑而寒，出不能行，坐于沙中。田单见其寒，欲使后车分衣，无可以分者，单解裘而衣之[⑥]。襄王恶之，曰："田单之施，将欲以取我国乎？不早图，恐后之[⑦]。"左右顾无人，岩下有贯珠者[⑧]，襄王呼而问之曰："女闻吾言乎？"对曰："闻之。"王曰："女以为何若？"

对曰："王不如因以为己善。王嘉单之善[9]，下令曰：'寡人忧民之饥也，单收而食之[10]；寡人忧民之寒也，单解裘而衣之；寡人忧劳百姓，而单亦忧之，称寡人之意[11]。'单有是善，而王嘉之，善单之善，亦王之善已。"王曰："善。"乃赐单牛酒，嘉其行。

后数日，贯珠者复见王曰："王至朝日，宜召田单而揖之于庭[12]，口劳之[13]。乃布令，求百姓之饥寒者，收谷之[14]。"乃使人听于闾里，闻丈夫之相与语[15]，举曰[16]："田单之爱人，嗟，乃王之教泽也[17]！"

注释

①复齐墟：收复齐国失地。乐毅攻下齐国七十多城，唯有即墨和莒未能攻破。齐国宗族田单由于杰出的军事才能，被推举为即墨的将军。公元前279年，燕昭王去世，田单利用燕惠王对乐毅的猜忌，使用反间计，乐毅被撤换。燕军的继任统帅骑劫军事才能不如乐毅，又中了田单的计谋，最后被田单的火牛阵打败。燕军混乱溃败，田单趁机收复齐国丧失的领土。齐国经此大变，虽然收复了失地，但是再也没有能力与秦国抗衡了。

②微：逃跑，躲藏。

③以：通"已"，已经。

④田单之立疑：因太子躲藏在民间，田单不知道立哪位王子为国君，因此被国人猜疑。

⑤菑水：即淄水。

⑥裘：皮衣。衣：动词，穿。

⑦后之：后于田单。之，代指田单。

⑧岩下：殿堂下。贯珠者：串珠子的人。

⑨嘉：表彰。

⑩食 sì：拿东西给人吃，喂养。

⑪称：符合。

⑫揖：作揖。

⑬口劳之：口头表扬他。

⑭收谷之：收养他们。

⑮丈夫：古代男子二十岁成年后被称为丈夫，此处指老百姓。

⑯举：皆，都。

⑰泽：恩泽，恩惠。

译文

燕国攻打齐国，齐国战败，国都临淄被攻破。齐闵王逃到莒城，被淖齿杀害。田单死守即墨城，后来收集齐国残兵败将，大败燕军，收复了齐国失地。齐襄王当时还是太子，躲藏在民间。齐军打败燕军，准备立新国君。田单因为没有找到太子，而对立哪一位王子犹豫不决，因此遭到国人猜疑，以为田单是要自立为王。

齐襄王即位以后，田单自居相位。有一天，田单路过淄水，看到一位老人赤足渡过淄水，冻坏了，从水里出来以后就不能走了，僵坐在河滩上。田单看到老人很冷，想让后面车子里的随从分给他一件衣服，但是随从们没有多余的衣服，田单就解下自己的皮衣给老人穿上。齐襄王听说这事以后，十分厌恶田单的这种行为，说：“田单用恩惠来收买人心，这是准备要夺取我的国家啊！不早想办法，恐怕就晚了。”齐襄王说完之后向左右看看，没有人，只有殿堂下有一个正在串珠子的人。齐襄王把串珠子的人喊过来问他：“你刚才听到我的话了吗？”串珠子的人回答说：“听到了。”齐襄王说：“你认为应该怎么办呢？”串珠子的人说：“大王不如趁机把这作为自己的善行。大王应该表彰田单的善行，下令说：‘我担心百姓挨饿，田单就收养他们给他们饭吃。我担心百姓受冻，田单就脱下自己的衣服给他们穿。我忧虑百姓的劳苦，田单也忧虑百姓的劳苦，他这样做很符合我的心意。’田单有这些善行，而大王您称赞他，认为田单的善行是好的行为，那这也就是大王您的善行了。”齐襄王说：“好！”于是就赏赐给田单牛和酒，嘉奖他的善行。

过了几天，串珠子的人再次拜见齐襄王说：“大王您等到百官朝见的日子，最好召见田单，在朝堂上向他行礼，并表示慰问。然后下令，对国中那些饥寒交迫的人，给以赈济。”于是襄王一一照办，然后又派人到民间去探听老百姓的反应，听到老百姓都在说：“田单很爱护百姓，哎呀，原来这全是大王教导的结果啊！”

楚　策[1]

齐楚构难

齐楚构难[2]，宋请中立[3]。齐急宋[4]，宋许之[5]。

子象为楚谓宋王曰[6]：“楚以缓失宋[7]，将法齐之急也[8]。齐以急得宋，后将常急矣。是从齐而攻楚[9]，未必利也[10]。齐战胜楚，势必危宋[11]；不胜，是以弱宋干强楚也[12]。而令两万乘之国[13]，常以急求所欲，国必危矣。”

注释

①楚：楚国是先秦时期南方的一个诸侯国，最早兴起于丹水流域。在春秋时期通过兼并汉水流域的小国而强大。楚国早期一直和周王朝敌对，被视为蛮夷。春秋时期，楚成王和楚庄王都是杰出的君主，奠定了楚国在春秋时期的大国地位。春秋末期，楚国仍是面积最大的诸侯国，占有广大的南方地区，但是由于内部旧贵族势力庞大，政治腐败，楚国逐渐没落。战国前期，楚悼王任用吴起变法，楚国渐渐重新强盛起来，但进入战国时期的楚国，已经不再拥有像春秋时期那样突出的

地位了。楚国在战国时期由于秦国的进攻，曾多次迁都，最终定都于寿春，直到公元前 223 年被秦国所灭。

②构难 nàn：作战。构，结成。难，仇怨。

③宋请中立：宋在两国之间，并且是除齐国外军事力量较强的国家。两国都请求宋的援助，宋国两边都不敢得罪，因此请求中立。

④急：胁迫，逼迫。

⑤许：同意，允诺。

⑥子象：楚国策士。

⑦缓：宽厚。

⑧法：效法。

⑨从：跟从。

⑩未必利也：不一定有利益可图。

⑪势必危宋：齐国胜楚之后势力强大，一定会想着兼并宋国。

⑫干：触犯，得罪。齐国不能胜楚，宋国因为与齐国结盟，也会得罪楚国，遭到楚国的报复。

⑬而：同“若”，假如。万乘 shèng 之国：即可以出兵车万乘的大国。万乘当是指有兵力七十五万，战车万辆，战马四万匹。战国时期，秦、齐、楚、燕、赵、魏、韩七国被认为是万乘国，而宋、卫、中山、鲁被认为是千乘国。

译文

齐楚结怨，准备打仗。两国都要求宋国站在自己这一边，宋国请求中立。齐国胁迫宋国，宋王答应与齐国结盟。

子象替楚国对宋君说："楚国因为比较宽厚没有胁迫宋国而失去宋国的援助，以后将会效法齐国逼迫宋国。齐国因为这次用逼迫的方法得到宋国支持，以后将会常用这种方法对待宋国了。再说这次跟从齐国进攻楚国，未必会对宋国有利。齐国战胜楚国，势必会威胁到宋国；如果齐国战败，那么就是用弱小的宋国冒犯强大的楚国。假如两个万乘的大国，经常逼迫宋国，来满足自己的欲望，那宋国离灭亡也就不远了。"

荆宣王问群臣曰

荆宣王问群臣曰[①]："吾闻北方之畏昭奚恤也[②]，果诚何如[③]？"群臣莫对[④]。江一对曰[⑤]："虎求百兽而食之，得狐。狐曰：'子无敢食我也。天帝使我长百兽[⑥]，今子食我，是逆天帝命也[⑦]。子以我为不信[⑧]，吾为子先行，子随我后，观百兽之见我而敢不走乎？'虎以为然，故遂与之行。兽见之皆走[⑨]。虎不知兽畏己而走也，以为畏狐也。今王之地方五千里[⑩]，带甲百万[⑪]，而专属之昭奚恤[⑫]；故北方之畏昭奚恤也，其实畏王之甲兵也，犹百兽之畏虎也。"

注释

①荆宣王：即楚宣王，楚肃王之子，名良夫，前369—前340年在位。

②北方：当时北方各诸侯国。战国各大国中，楚国位于最南边。昭奚恤：楚国王族，楚宣王时期曾担任楚国令尹。令尹是仅次于楚王的实权人物，有时也负责对外作战事宜，因此畏惧楚国的其他诸侯国也巴结昭奚恤。

③果诚何如：情况到底是怎么样的。果诚，果真，到底。

④莫对：没有人回答。莫，没有。

⑤江一：又名江乙，魏国人，此时在楚国做官。

⑥天帝：上天。长百兽：为百兽之长。长，此处作动词。

⑦逆：违背。

⑧信：诚实。

⑨走：逃跑。

⑩方五千里：方圆五千里，此处并非实指，而是用来说明楚国面积广大。

⑪带甲：穿战甲的人，即士兵。

⑫专属：隶属于。此处指昭奚恤大权在握。

译文

楚宣王问群臣："我听说北方各诸侯国都很畏惧昭奚恤，情况到底是怎么样的？"群臣都没有说话。这时，江一回答说："老虎捕捉百兽为食，捉到了一只狐狸。狐狸说：‘你不敢吃我。上天派我来做百兽的领袖，现在你要吃我，是违背了上天的命令。你如果认为我欺骗你，我可以带你走走，你跟在我的后面，看其他野兽见到我是不是会逃。’老虎认为它说得有道理，于是就跟狐狸同行。百兽见到它们都逃走了。老虎不知道百兽是因为害怕自己而逃走，以为它们是害怕狐狸。现在大王您的土地方圆五千里，士兵有上百万，而把大权都交给昭奚恤统率。所以北方各诸侯国不是害怕昭奚恤，而是害怕大王您的军队，就像百兽惧怕老虎一样。”

邯郸之难

邯郸之难①，昭奚恤谓楚王曰："王不如无救赵，而以强魏②。魏强，其割赵必深矣③。赵不能听，则必坚守，是两弊也。"

景舍曰④："不然，昭奚恤不知也。夫魏之攻赵也，恐楚之攻其后。今不救赵，赵有亡形，而魏无楚忧，是楚、魏共赵也⑤，害必深矣。何以两弊也⑥？且魏令兵以深割赵，赵见亡形⑦，而有楚之不救己也，必与魏合而以谋楚。故王不如少出兵以为赵援，赵恃楚劲⑧，必与魏战。魏怒于赵之劲，而见楚救之不足畏也，必不释赵。赵、魏相弊，而齐、秦应楚⑨，则魏可破也。"

楚因使景舍起兵救赵。邯郸拔，楚取睢、涉之间⑩。

注释

①邯郸之难：楚宣王十六年（公元前354年），魏国攻赵邯郸，赵国向楚国求救。

②强魏：增强魏国攻赵的信心。

③割：割取。深：多。

④景舍：楚国大臣。

⑤共赵：共同攻打赵国。

⑥何以两弊：怎么能是两败俱伤呢？楚国不救援赵国，魏国很容易就能打败赵国，不会受到损失，因此不能是两败俱伤。

⑦亡形：灭亡的征兆。

⑧恃：倚仗。劲：强劲有力。

⑨齐、秦应楚：齐国和秦国看到魏国势衰，一定趁机攻打魏国，索取利益。

⑩睢：睢水，自河南开封流经睢县、宁陵、夏邑、永城流入江苏铜山。涉：涉水，流经河南、安徽。睢、涉之间即今天河南省杞县、宁陵一带，在魏国东南，楚国东北。

译文

邯郸之难，赵国向楚国求救。昭奚恤对楚宣王说："大王不如不救赵国，而坚定魏国攻赵的信心。魏国全力攻赵，那么最后割去赵国的土地一定很多。赵国不顺从，一定会坚守。这就是两败俱伤的好方法。”

景舍说：“不对，昭奚恤你的做法是不明智的。魏国攻打赵国，很害怕楚国攻打他的后方。现在楚国不救援赵国，赵国就有灭亡的危险，而魏国却没有楚国进攻的忧患，这等于是楚、魏两国共同攻打赵国啊！赵国割地一定很多，怎么能说是两败俱伤呢？况且魏国集合全国兵力攻打赵国，来谋求割去赵国更多的土地，赵国看到自己有灭亡的危险，而楚国不救援自己，一定会和魏国联合起来图谋攻楚。所以大王您不如少出兵，作为赵国的援军。赵国倚仗楚国强劲有力的支持，一定会与魏国作战，魏国恼怒赵国强硬的抵抗，又看到楚国的援军并不足以畏惧，一定不会放过灭掉赵国的机会。赵国、魏国互相拼得两败俱伤，而齐国、秦国也一定趁楚国救援之机攻打魏国，那么魏国一定能够被打败。”

楚国因此派景舍领兵救援赵国。魏国攻取邯郸之后，楚国乘机攻取了魏国睢水和涉水之间的土地。

江乙恶昭奚恤

江乙恶昭奚恤[①]，谓楚王曰：“人有以其狗为有执而爱之[②]。其狗尝溺井[③]。其邻人见狗之溺井也，欲入言之。狗恶之，当门而噬之[④]。邻人惮之，遂不得入言。邯郸之难，楚进兵，大梁取矣[⑤]。昭奚恤取魏之宝器[6]，以臣居魏知之，故昭奚恤常恶臣之见王。”

注释

①江乙：即江一。恶：憎恨，讨厌，亦指诽谤，诋毁。

②有执：善于捕捉猎物。

③尝：曾经。溺niào井：尿到井中。溺，同“尿”，撒尿。

④当门：堵在门口。噬：撕咬。

⑤大梁：战国中期以后魏国都城，故城在今河南省开封市。

⑥昭奚恤取魏之宝器：结合上句，楚国曾有机会攻下魏国的大梁城，但昭奚恤接受魏国的贿赂，没有攻打。

译文

江乙憎恨昭奚恤，因此在楚王面前诽谤昭奚恤说：“有人一直以为他的狗善于捕捉猎物而宠爱它。这条狗曾经往井中撒尿，这家的邻居看到狗尿到井中，就想进这家告诉主人。狗很讨厌他，守住大门要撕咬他。邻人惧怕狗的凶恶，于是就不敢进去说话了。邯郸危难的时候，楚国如果进兵大梁，一定能够攻取它。但是昭奚恤接受了魏国的贿赂，没有攻打。我当时居住在魏国，清楚这件事，所以昭奚恤非常讨厌我常常面见大王。”

郢人有狱三年不决者

郢人有狱三年不决者①，故令人请其宅②，以卜其罪③。

客因为之谓昭奚恤曰："郢人某氏之宅，臣愿之。"昭奚恤曰："郢人某氏，不当服罪，故其宅不得④。"客辞而去。

昭奚恤已而悔之，因谓客曰："奚恤得事公，公何为以故与奚恤⑤？"客曰："非用故也。"曰："请而不得，有悦色，非故如何也？"

注释

①郢：楚国都城。战国时期楚国曾多次迁都，但均把国都命名为郢都。狱：诉讼案。

②请其宅：请求购买他的住宅。如果有罪的话，住宅将会没入官府，官府可以进行变卖。

③以卜其罪：来预测他是否有罪。如果被判有罪，房产将会没入官府，别人请求购买就会成功。反之，如果申请购买不成功，那他就是无罪。

④其宅不得：他的房子你还不能购买。

⑤故：用一件事来试探对方的意见。

译文

郢都有人有诉讼案三年还没有被判决，因此他请人去试探着购买自己的住宅，以此来预测自己是否会判有罪。

受他委托的人因此替他对昭奚恤说："郢都某某人的住宅，我希望购买它。"昭奚恤说："郢都某某人不应当被判罪，所以他的田宅你不能购买。"这个人告辞而去。

昭奚恤过了一会儿反应过来，对自己的话十分后悔。因此就把那个受委托的人喊来说："我任用您办事，您怎么借买房来试探我的想法呢？"受委托的这人说："我没有用这事探听您的态度啊。"昭奚恤说："您请求购买住宅而没有得到，但脸上却露出高兴之色，不是用这事来试探是什么？"

楚杜赫说楚王

楚杜赫说楚王以取赵[①]，王且予之五大夫[②]，而令私行[③]。

陈轸谓楚王曰："赫不能得赵，五大夫不可收也[④]，是赏无功也。得赵而王无加焉，是无善也[⑤]。王不如以十乘行之，事成，予之五大夫。"王曰："善。"乃以十乘行之。

杜赫怒而不行。陈轸谓王曰："是不能得赵也。"

注释

①杜赫：周显王、周赧王时期的辩士，周游列国间。取赵：取得赵国的支持。

②五大夫：战国时期一种较高级别的爵位。

③私行：不代表国家，以私人身份出使。

④收：收回。

⑤无善：忘记赏人之善。

译文

楚国杜赫向楚王游说能够取得赵国的支持。楚王将要给他五大夫的爵位，让他以私人名义去行动。

陈轸对楚王说："如果杜赫不能替楚国取得赵国的支持，五大夫的爵位不能收回，等于是赏赐没有功劳的人。如果他取得了赵国的支持，而您又没办法增加他的爵位，这就是忘记赏人之善行。大王您不如给他十辆车马，让他去办理争取赵国的事，事情办成了，您再授予他五大夫的爵位。"楚王说："这办法好。"于是就给杜赫十辆车马，让他出发。杜赫听后大怒，拒绝出行。

陈轸对楚王说："由此可知他不能取得赵国的支持。"

楚王问于范环曰

楚王问于范环曰[①]："寡人欲置相于秦，孰可？"对曰："臣不足以知之。"王曰："吾相甘茂可乎？"

范环对曰："不可。"王曰："何也？"曰："夫史举，上蔡之监门也。大不如事君[②]，小不如处室，以苛廉闻于世[③]，甘茂事之顺焉。故惠王之明，武王之察，张仪之好谮，甘茂事之，取十官而无罪，茂诚贤者也，然而不可相秦。秦之有贤相也，非楚国之利也。且王尝用召滑于越而纳句章。昧之难，越乱，故楚南塞濑胡而野江东[④]。计王之功所以能如此者，越乱而楚治也。今王以用之于越矣，而忘之于秦，臣以为王钜速忘矣。王若欲置相于秦乎？若公孙郝者可[⑤]。夫公孙郝之于秦王，亲也。少与之同衣，长与之同车，被王衣以听事，真大王之相已。王相之，楚国之大利也。"

注释

①范环：楚国大臣。

②如：能。

③苛廉：为人苛刻严厉。

④濑 lài 胡：疑为湖泽名。塞断此湖，越兵不能渡过此湖去救援江东。胡，通"湖"。

⑤公孙郝：秦昭王的亲信大臣。

译文

楚怀王问范环："我准备推荐人担任秦国的相国，你看谁比较合适？"范环回答说："我对此难以回答。"楚王说："我推荐甘茂可以吗？"范环回答说："不可以。"

楚王问："为什么？"范环说："史举这个人，是上蔡地方看守城门的小官吏，性格十分怪僻，从大的方面说，不侍奉君主；从小的方面说，不懂得治理家室。他为人以苛刻著称，但甘茂能够和他融洽相处，把他当作老师。因此即使秦惠王十分英明，秦武王明察秋毫，张仪善于诽谤人，甘茂在他们手下办事，也能顺利地升十次官而没有获罪。甘茂，真是个贤人啊，但是不能够担任秦相。秦国有个贤明的相国，并不是楚国的福气。况且大王当年曾派召滑在越国做官，得到了句章之地。昧地发生事变，趁着越国这场祸事，楚国才能塞断瀨湖并在江东设郡。盘算大王的功劳，之所以能够有如此的业绩，就是因为越国政务混乱而楚国政治清明的缘故。这种做法，大王曾在越国使用，并且取得巨大成功，现在却忘记在秦国身上使用，我看大王您未免忘记得太快了吧！大王您要是问谁担任秦相合适，我认为像公孙郝那样的人就适合。公孙郝和秦王关系十分亲密，是秦王的亲信大臣，小时候就和秦王穿同样的衣服，长大了又和秦王一起乘车，穿上秦王的衣服入朝听政，真是大王理想中的秦相啊！我认为大王您推荐他为秦相，绝对是对楚国最有利的。"

四国伐楚

四国伐楚[①]，楚令昭雎将以距秦[②]。楚王欲击秦，

昭侯不欲。

桓臧为昭睢谓楚王曰[3]："睢战胜，三国恶楚之强也，恐秦之变而听楚也，必深攻楚以劲秦[4]。秦王怒于战不胜，必悉起而击楚[5]，是王与秦相罢而以利三国也[6]。战不胜秦，秦进兵而攻。不如益昭睢之兵[7]，令之示秦必战。秦王恶与楚相弊而令天下，秦可以少割而收也[8]。秦、楚之合，而燕、赵、魏不敢不听。三国可定也。"

注释

①四国伐楚：公元前 301 年，齐相孟尝君联合齐、秦、韩、魏四国伐楚。

②距：通"拒"，抵抗。

③桓臧：身份及生平事迹不详。

④深：重，加紧。

⑤悉起：动员全国兵力。

⑥罢：通"疲"，削弱。

⑦益：增加。

⑧收：联合。

译文

四国讨伐楚国，楚王令昭睢为将抵抗秦国。楚王想要攻击秦国，昭睢不想这么做。

桓臧替昭睢对楚王说："昭睢战胜秦国，三国害怕楚国的强大，又恐怕秦国背叛自己而听从楚国，一定会全力攻楚来坚定秦国的信念。秦王恼怒战争失败，一定会再次集结全国兵力攻楚，这样是大王与秦国共同削弱而令三国得利。如果打不过秦国，秦国会继续进军。不如增加昭雎军队的士兵，让秦国看到我们坚决战斗的信心。秦王一定惧怕与楚国互相削弱而令其他诸侯得利，那么楚国就可以少割地而与秦国联合。秦国和楚国结盟，而燕国、赵国、魏国不敢不听从。那么三国就会停兵不再攻楚了。”

楚怀王拘张仪

楚怀王拘张仪①，将欲杀之。靳尚为仪谓楚王曰②："拘张仪，秦王必怒。天下见楚之无秦也，楚必轻矣。"

又谓王之幸夫人郑袖曰③："子亦自知且贱于王乎？"郑袖曰："何也？"尚曰："张仪者，秦王之忠信有功臣也。今楚拘之，秦王欲出之。秦王有爱女而美，又简择宫中佳丽好玩习音者④，以欢从之，资之金玉宝器，奉以上庸六县为汤沐邑⑤，欲因张仪内之楚王。楚王必爱秦女，依强秦以为重，挟宝地以为资，势为王妻以临于楚。王惑于虞乐⑥，必厚尊敬亲爱之而忘子，子益贱而日疏矣。"郑袖曰："愿委之于公，为之奈何？"曰："子何不急言王出张子。张子得出，德子无已时⑦，秦女必不来，而秦必重子。

子内擅楚之贵，外结秦之交，畜张子以为用，子之子孙必为楚太子矣，此非布衣之利也。”郑袖遽说楚王出张子。

注释

①楚怀王拘张仪：楚怀王十八年，秦国想要用汉中换取与楚国关系的缓和。怀王因为张仪曾欺骗自己，因此不愿要汉中地，而想要张仪，然后处死他。

②靳尚：楚怀王的宠臣，被张仪买通。

③郑袖：楚怀王宠幸的夫人。

④简：选择。

⑤上庸：地名，在今湖北竹山县北。汤沐邑：国君赏赐给贵族大臣的私邑，受赐者可以以“供汤沐”的名义征收赋税。

⑥惑：迷恋于。虞乐：即娱乐。虞，通“娱”。

⑦德：感激。

译文

楚怀王拘捕了张仪，准备杀掉他。靳尚替张仪向楚王说：“拘捕张仪，秦王一定会大怒。天下诸侯见到楚国没有秦国的援助，楚国一定会被看轻。”

靳尚又对楚王宠幸的夫人郑袖说：“你知道你将要失去大王的宠幸了吗？”郑袖说：“这是为什么？”靳尚说：“张仪这个人，是秦王忠诚可靠的大臣。如今楚国拘捕了他，秦王一定想要楚国释放他。秦王有个宠爱的女儿长得很漂亮，又选择宫中貌美且善于游戏娱乐的女子，来让她高兴；秦王送给她黄金美玉、珠宝名器，又把上庸六县作为汤沐邑，想要通过张仪让她嫁给楚王为妻。楚王一定宠爱她。秦王的女儿就会倚仗秦国的强大而自以为高贵，握有宝器土地为资本，势必会以楚王正妻的身份来到楚国。如果大王被娱乐迷惑，一定会更加亲近秦女而忘了您，您就会越来越被轻视，并且楚王和您的关系一天比一天疏远了。”郑袖说：“我把这件事交给您，您看怎么办？”靳尚说：“您为什么不赶紧说服大王，放出张仪。张仪能够被释放，一定会永远感激您的恩德，秦女也一定不会再嫁到楚国来，而且秦国也一定会尊重您。这样，您在国内就会独占高贵的地位，在国外又与秦国结下深交，蓄养张仪为您所用，您的子孙一定会为楚国太子了，这可不是一般的利益。”郑袖立刻去说服楚王放了张仪。

楚王将出张子

楚王将出张子，恐其败己也[①]。靳尚谓楚王曰：“臣请随之。仪事王不善[②]，臣请杀之。”

楚小臣[③]，靳尚之仇也，谓张旄曰[④]：“以张仪之知[⑤]，而有秦、楚之用[⑥]，君必穷矣[⑦]。君不如使人微要靳尚而刺之[⑧]，楚王必大怒仪也。彼仪穷，则子重矣。楚、秦相难，则魏无患矣。”

张旄果令人要靳尚刺之。楚王大怒秦，构兵而战。秦、楚争事魏，张旄果大重。

注释

①恐其败己：害怕张仪害自己，或可理解为害怕他再次欺骗自己。败，害。

②仪事王不善：张仪侍奉大王有什么不轨的举动。结合下句，可理解为张仪如果有什么不利于楚王的举动，靳尚作为监督官可以直接处死张仪。

③楚小臣：楚王身边的近侍。

④张旄 máo：魏国的当权者。

⑤知：通“智”。

⑥有秦、楚之用：张仪此时已经化解了楚王对自己的仇恨，并且结交了郑袖、靳尚等一批对楚王决策构成影响的人，所以张仪可以得到楚国的支持。而张仪本身就是秦惠王身边的宠臣，因此说张仪“有秦、楚之用”。

⑦穷：环境恶劣，困。

⑧微：秘密，私下里。要 yāo：通“邀”，中途拦截。

译文

楚王将要释放张仪，但是又害怕张仪再次欺骗自己。靳尚对楚王说：“我请求跟随张仪，监督他。如果张仪有什么不利于大王的举动，我就替您杀了他。”

楚王身边的一个近侍，是靳尚的仇人，对魏国的当权者张旄说："凭着张仪的智慧，而且外部又有秦国和楚国为他所用，将来一定使您处境穷困。您不如暗中派人拦截靳尚而刺杀他，楚王一定以为是张仪做的而发怒。这样的话，那张仪一定处境窘迫，那么您就会受到重用了。如果秦、楚两国因此交战，那么魏国就没有后患了。"

张旄果然派人劫持靳尚并刺杀了他。楚王果然以为是秦国为了张仪而刺杀靳尚，因此两国互相打起来。秦、楚两国为了争取魏国的支持，争相与魏国交好，张旄果然受到重用。

楚襄王为太子之时

楚襄王为太子之时[①]，质于齐。怀王薨[②]，太子辞于齐王而归。齐王隘之[③]："予我东地五百里[④]，乃归子。子不予我，不得归。"太子曰："臣有傅[⑤]，请退而问傅[⑥]。"傅慎子曰："献之地，所以为身也。爱地不送死父，不义。臣故曰献之便[⑦]。"太子入，致命齐王曰[⑧]："敬献地五百里。"齐王归楚太子。

注释

①楚襄王：即楚顷襄王，名横，前 298—前 263 年在位。在位期间，楚国继续衰落，为了躲避秦兵的攻势，将国都从郢都迁到寿春。

②薨：死。古代称诸侯级别的人去世为"薨"。

③隘：阻碍。

④东地：楚国东部与齐国接壤的土地。

⑤傅：师傅，辅佐太子，对其进行教育的官员。

⑥退：告退。

⑦便：利。

⑧致命：告诉，对上级的谦辞。

译文

楚襄王为太子的时候，在齐国做人质。楚怀王去世，太子向齐王辞行，请求回国即位。齐王阻挠说："给我楚国东部土地五百里，我就放你回去。你不给我，你就不能回去。"太子说："我拿不定主意，我有一位老师，我回去问问他。"太子师傅慎子说："献给他土地，这是为了安身啊。因为吝啬土地而不为死去的父亲送葬，这是不义的行为。所以我说献给他土地对你更有利。"太子到齐国宫中，告诉齐王说："敬献土地五百里。"齐王这才放楚太子回国。

太子归，即位为王。齐使车五十乘，来取东地于楚。楚王告慎子曰："齐使来求东地，为之奈何？"慎子曰："王明日朝群臣[①]，皆令献其计。"

上柱国子良入见[②]。王曰："寡人之得来反[③]，主坟墓[④]，复群臣[⑤]，归社稷也[⑥]，以东地五百里许齐。齐令使来求地，为之奈何？"子良曰："王不可不与也。

王身出玉声[⑦]，许强万乘之齐而不与，则不信。后不可以约结诸侯。请与而复攻之。与之，信；攻之，武。臣故曰‘与之’。”

子良出，昭常入见[⑧]。王曰：“齐使来求东地五百里，为之奈何？”昭常曰：“不可与也。万乘者，以地大为万乘。今去东地五百里，是去东国之半也[⑨]，有万乘之号，而无千乘之用也，不可。臣故曰‘勿与’。常请守之。”

注释

①朝：召见。

②子良：楚怀王时期的上柱国，即掌管军事的大司马。

③得：能够，得以。来反：返回楚国。

④主：主办。坟墓：楚怀王丧葬之事。

⑤复群臣：又能见到群臣。

⑥归社稷：使国家恢复。社稷，国家。楚王死，太子在齐，国家无主。现在太子回国即位，所以使国家正常的秩序得以恢复。

⑦身出玉声：说话一字千金。身，亲。玉，敬辞。

⑧昭常：楚大臣。

⑨东国之半：楚东国土地千里，割让五百里，去其一半。

译文

楚太子归国后，即位为楚王。齐国派出兵车五十乘，来楚国索取东地。楚王告诉慎子说："齐国使者来索取东地，怎么办？"慎子说："大王明天召见群臣，让他们都想想办法。"

上柱国子良进宫拜见楚王。楚王说："我能够回国，主持先王的丧葬事宜，见到群臣，恢复国家秩序，这都是因为当初我许诺了给齐国东地五百里。齐国现在派使者来索取土地，我怎么办呢？"子良说："大王不能不给他。大王说话一言九鼎，许诺了万乘大国齐国而又不给它，这是言而无信，以后也没法跟诸侯订立盟约。我认为先割让东地，然后再攻打下来。割让土地，这是讲诚信；攻打齐国，这是不示弱。"

子良出来，昭常进宫拜见楚王。楚王说："齐国使者来索取东地五百里,怎么办呢？"昭常说:"不能给啊！所谓万乘之国，是因为土地广大才被称为万乘之国。现在失去了五百里东部土地，是把东部土地丢失了一半。这样楚国就只有万乘之名,却减少了一千乘兵车的实力,这样不行。所以我说不能给它。我请求去守卫那里。"

昭常出，景鲤入见①。王曰："齐使来求东地五百里，为之奈何？"景鲤曰："不可与也。虽然，楚不能独守。王身出玉声，许万乘之强齐也而不与，负不义于天下。楚亦不能独守，臣请西索救于秦。"

景鲤出，慎子入。王以三大夫计告慎子曰："子良见寡人曰：'不可不与也，与而复攻之。'常见寡人曰：‘不可与也，常请守之。’鲤见寡人曰：‘不可与也，虽然，楚不能独守也，臣请索救于秦。’寡人谁用于三子之计[②]？”慎子对曰：“王皆用之！”王怫然作色曰：“何谓也？”慎子曰：“臣请效其说，而王且见其诚然也[③]。王发上柱国子良车五十乘，而北献地五百里于齐。发子良之明日，遣昭常为大司马[④]，令往守东地。遣昭常之明日，遣景鲤车五十乘，西索救于秦。”王曰：“善。”乃遣子良北献地于齐；遣子良之明日，立昭常为大司马，使守东地；又遣景鲤西索救于秦。

注释

①景鲤：楚怀王的宠臣。

②寡人谁用于三子之计：他们三人的计策，我用谁的呢？

③见其诚然：看到它确实如此。

④大司马：即上柱国，掌管楚国军事的最高长官。

译文

昭常出来，景鲤进宫去见楚王。楚王说：“齐国使者来索取东地五百里，怎么办？”景鲤说：“不能给啊。不过，楚国没能力独自守住东地。大王一言九鼎，许诺了万乘的强国齐国，然后又反悔不给，这是在诸侯面前违背了大义啊。楚国不能独自守住东地，我请求向西向秦国借兵。”

景鲤出来，慎子进宫拜见楚王。楚王把三个大臣出的主意都告诉了慎子，说："子良进见我说：'不能不给，给了之后再攻打下来。'昭常对我说：'不能给，我愿意去坚守东地。'景鲤对我说：'不能给，但是楚国又没能力独自守住，我请求去向秦国求救。'我用他们三人谁的计策呢？"慎子回答说："大王都用。"楚王满面怒容地说："你这话是什么意思？"慎子说："请您让我解释我的道理，而大王将会看到确实应该这样做。大王派上柱国子良率领兵车五十乘，向北到齐国进献五百里土地。在派出子良的第二天，派昭常为大司马，命令他去守卫东地。在派出昭常的第二天，派景鲤率领五十乘兵车，向西到秦国求救。"楚王说："这方法很好。"于是就派子良向北到齐国进献土地；派出子良的第二天，任命昭常为大司马，让他去驻守东地；然后又派景鲤往西向秦国求救。

子良至齐，齐使人以甲受东地①。昭常应齐使曰："我典主东地②，且与死生③。悉五尺至六十，三十余万，弊甲钝兵④，愿承下尘⑤。"齐王谓子良曰："大夫来献地，今常守之何如？"子良曰："臣身受命弊邑之王，是常矫也⑥。王攻之。"齐王大兴兵，攻东地，伐昭常。未涉疆⑦，秦以五十万临齐右壤⑧。曰："夫隘楚太子弗出，不仁；又欲夺之东地五百里，不义。其缩甲则可⑨，不然，则愿待战。"

齐王恐焉，乃请子良南道楚，西使秦，解齐患。士卒不用，东地复全。

注释

①甲：军队。因为齐国认为楚国不会轻易交出土地，因此派士兵随同使者一起来接收土地，以备不测。

②典主：管理守卫。典，职责。主，守卫。

③且与死生：将与土地一起死亡或者存活，指自己将会与东地共存亡。

④弊甲钝兵：破旧的甲胄和不锋利的兵器，谦辞，指自己的装备不好。

⑤愿承下尘：将愿意与您对阵一战。尘，因为战争会有尘土，因此用尘来指代战争。谦虚地讲不敢与齐国抗衡，因此说下尘。

⑥矫：伪造。

⑦涉疆：进入疆界。涉，进入。

⑧右壤：齐国的西部边界。

⑨缩甲：退兵。

译文

子良到齐国去，齐国派使者率领军队去接收东地。昭常回应齐国使者说："我的职责是守卫东地，将会与东地共存亡。我国国内身高五尺以及年近六十的人，都已经征发，共三十多万，虽然甲胄破旧，兵器钝劣，但也愿意和贵国一战。"齐王对子良说："您来献地，如今又派昭常守备东地，这是怎么回事？”子良说：“我亲自从我国大王那里接受命令，来向您进献土地，这一定是昭常伪造我国大王的命令。请您攻打他。”齐王大举兴兵攻打东地，讨伐昭常。还没有到达东地的疆域，秦国已经派了五十万大军到了齐国西部边境，说：“你们阻挠楚国太子不让他归国，这是不仁；现在又想夺取楚国五百里东地，这是不义。如果你们退兵就算了，如果不退兵，我们愿意等待战争的到来。”

齐王对秦国的举动十分害怕。于是就请子良向南返回楚国讲和，向西派使者到秦国和解，以此来解除齐国的祸患。楚国不费一兵一卒，却保全了东地。

楚王逐张仪于魏

楚王逐张仪于魏①。陈轸曰：“王何逐张子？”曰：“为臣不忠不信②。”曰：“不忠，王无以为臣；不信，王勿与为约。且魏臣不忠不信，于王何伤？忠且信，于王何益？逐而听则可，若不听，是王令困也③。且使万乘之国免其相，是城下之事也④。”

注释

①楚王逐张仪于魏：张仪曾在魏国做相国，目的是使魏国投靠秦国，为诸侯做个表率。魏王虽不愿听从张仪的计策，但后来在秦国大军压境的情况

下，也不得不做出妥协。楚王让魏国驱逐张仪之事发生在楚怀王七年，即公元前 322 年。

②不忠不信：张仪虽在魏国为相，但是一直在为秦国谋划。

③王令困：使大王的命令得不到执行。

④城下之事：动用武力才能解决的问题。魏国是大国，肯定不会轻易听从楚国罢免自己的重臣，因此楚国想要命令得到执行，就得兵临城下，迫使对方屈服。

译文

楚王把张仪从魏国驱逐出去。陈轸问："大王您为什么驱逐张仪？"楚王回答说："因为他做臣子却不忠不信。"陈轸说："不忠，大王您不要用他为臣；不信，大王您不要与他签订盟约。况且魏国大臣不忠不信，对大王您又有什么妨碍呢？魏国大臣既忠心又讲诚信，对大王您又有什么利益呢？如果魏国听从您的，驱逐了张仪，这没什么。如果魏国没有听您的，是让大王您的命令得不到执行，使您尴尬啊！况且让一个万乘之国罢免相国，这是要动用武力的事啊。"

魏王遗楚王美人

魏王遗楚王美人，楚王说之[①]。夫人郑袖知王之说新人也，甚爱新人，衣服玩好，择其所喜而为之[②]；宫室卧具，择其所善而为之。爱之甚于王。王曰："妇人所以事夫者[③]，色也[④]；而妒者，其情也[⑤]。今郑袖知寡人之说新人也，其爱之甚于寡人，此孝子之所以事亲，忠臣之所以事君也。"

郑袖知王以己为不妒也，因谓新人曰："王爱子美矣。虽然，恶子之鼻[⑥]。子为见王[⑦]，则必掩子鼻。"新人见王，因掩其鼻。王谓郑袖曰："夫新人见寡人，则掩其鼻，何也？"郑袖曰："妾知也。"王曰："虽恶，必言之。"郑袖曰："其似恶闻君王之臭也。"王曰："悍哉[⑧]！"令劓之，无使逆命[⑨]。

注释

①说 yuè：同"悦"，喜爱。

②为：准备，置办。

③事：侍奉。

④色：美色，外貌。

⑤其情也：情理之中的事情。情，常情。

⑥恶：厌恶。

⑦为：如果。

⑧悍：凶暴，指新来的妃子胆大妄为。

⑨逆：违抗。

译文

魏王送给楚王一个美女，楚王十分喜欢她。楚王夫人郑袖知道楚王十分喜欢这位新来的美女，自己也就十分宠幸这位美女，衣服以及所用的珍玩，都选择她喜爱的给她；宫殿里面的卧具，也都选择她喜欢的方式布置。郑袖关心她甚至超过楚王。楚王说："女人能够用来侍奉丈夫的，是美色。而妻妾之间相互嫉妒，是正常的，现在郑袖知道我喜欢这位新来的妃子，郑袖关心她甚至超过我，这就是孝子侍奉父母，忠臣侍奉君王的方式啊！"

郑袖知道楚王认为自己没有嫉妒这位新来的妃子，因此对这位新来的妃子说："大王十分喜爱你的美貌。但是，有些讨厌你的鼻子。你下次见到大王时，一定要捂着你的鼻子。"这位妃子再见到楚王时，就捂着自己的鼻子。楚王问郑袖："那个新来的妃子见到我，就捂着自己的鼻子，这是怎么回事？"郑袖说："臣妾我知道。"楚王说："即使不好，也要说给我听。"郑袖说："她是厌恶大王您身上的气味啊。"楚王说："太可恶啦！"于是让人把新来妃子的鼻子割去，不准违抗自己的命令。

或谓黄齐曰

或谓黄齐曰①："人皆以谓公不善于富挚②。公不闻老莱子之教孔子事君乎③？示之其齿之坚也，六十而尽相靡也④。今富挚能⑤，而公重不相善也⑥，是两尽也⑦。谚曰：'见君之乘，下之；见杖，起之。'

今也王爱富挚，而公不善也，是不臣也。”

注释

①黄齐：或许是楚国大臣。

②富挚：楚国大臣。

③老莱子：老子。孔子：名丘，字仲尼，春秋时期鲁国人。是当时的大思想家、教育家和政治家，儒家学派的开创人物，其思想影响中国数千年。

④靡：同“摩”，磨损。

⑤能：姿容。意思是指富挚凭借阿谀谄媚得到楚王的宠幸。

⑥重：甚，很。

⑦两尽：两败俱伤。

译文

有人对黄齐说：“人们都说您十分讨厌富挚。您难道没听说过老莱子教导孔子侍奉君主的故事吗？老莱子先让孔子看自己的牙齿，很坚硬，但到了六十岁，牙齿就都没有了，这是因为牙齿经常互相磨损的缘故。如今富挚受到楚王的宠幸，而您和他关系很不好，这是两败俱伤的做法啊！俗语说：‘见到国君的车马，自己如果在车上，就下车；见到国君的木杖，自己如果坐着，就应该站起。’如今大王宠幸富挚，而您却不与他友善，这不是做人臣的本分啊！”

有献不死之药于荆王者

有献不死之药于荆王者[1]，谒者操以入[2]。中射之士问曰[3]："可食乎？"曰："可。"因夺而食之。王怒，使人杀中射之士。中射之士使人说王曰："臣问谒者，谒者曰可食，臣故食之。是臣无罪，而罪在谒者也。且客献不死之药，臣食之而王杀臣，是死药也。王杀无罪之臣，而明人之欺王。"王乃不杀。

注释

①荆王：因楚国又被称为荆楚，故楚王也被称为荆王。

②谒者：春秋战国时国君左右掌传达等事的近侍官员。

③中射之士：把守宫门，负责宫廷保卫的官吏。

译文

有人要献给楚王不死药，谒者拿着药走进来。中射之士问道："这可以吃吗？"谒者回答说："可以。"中射之士于是就夺过来吃了。楚王大怒，让人斩杀中射之士。中射之士让人对楚王说："我问谒者是不是可以吃，谒者说可以吃，所以我才吃了。我是没罪的，罪在谒者。而且方士献不死药，我吃了而大王您要杀我，这说明它是能够让人死的药。大王您杀我这个没罪的人，而表明献药者欺骗大王您。”楚王于是就没有杀他。

天下合从

天下合从[①]。赵使魏加见楚春申君曰[②]：“君有将乎？”曰：“有矣，仆欲将临武君[③]。”魏加曰：“臣少之时好射，臣愿以射譬之，可乎？”春申君曰：“可。”加曰：“异日者[④]，更羸与魏王处京台之下[⑤]，仰见飞鸟。更羸谓魏王曰：‘臣为王引弓虚发而下鸟。’魏王曰：‘然则射可至此乎？’更羸曰：‘可。’有间[⑥]，雁从东方来，更羸以虚发而下之。魏王曰：‘然则射可至此乎？’更羸曰：‘此孽也[⑦]。’王曰：‘先生何以知之？’对曰：‘其飞徐而鸣悲[⑧]。飞徐者，故疮痛也；鸣悲者，久失群也，故疮未息[⑨]，而惊心未去也。闻弦音，引而高飞，故疮裂而陨也[⑩]。’今临武君，尝为秦孽，不可为拒秦之将也。”

注释

①合从：即合纵，燕、赵、韩、魏、楚联合，抵抗秦国或者齐国，后专指山东六国对抗秦国。

②魏加：赵国大臣。春申君：姓黄，名歇，战国时期楚国王室大臣，战国四公子之一，曾任楚相，在战国后期执掌楚国政权。此时楚国在山东六国

中实力较强，因此为纵主，联军统帅也由楚国人担任，所以魏加才会问春申君任命谁担任统帅。

③仆：谦辞。将临武君：以临武君为将。将，以……为将。临武君，楚国将领，姓名不详，当封于临武。

④异日：从前。

⑤更羸 léi：应该是当时善射者的名字。此故事并非真事，而是魏加为了说服春申君而编造。京台：魏国的高台，供国君游玩。

⑥有间：片刻之后，过了一会儿。

⑦孽：病，隐伤。

⑧飞徐：飞得慢。

⑨息：痊愈。

⑩陨：坠落。

译文

天下诸侯合纵，准备伐秦。赵国派魏加去见楚国当政的春申君，说："您已经定下联军统帅的人选了吗？"春申君说："已经定下来了。我准备让临武君担任联军统帅。"魏加说："我年轻的时候喜欢射箭，我想用射箭的事来给您打个比方，可以吗？"春申君说："可以。"魏加说："从前，更羸和魏王一起站在京台下面，抬头看到了飞鸟，更羸对魏王说：'我为您表演一个拉弓不射箭就能射下飞鸟的技术吧。'魏王说：'那么你射箭的技术可以达到这种地步吗？'更羸说：'可以。'过了一会儿，有一只大雁从东方飞来，更羸拉弓，没有放箭，这只大雁就应声而落。魏王说：‘难道射箭真的可以达到这种地步吗？’更羸说：‘这是一只受过伤的大雁。’魏王说：‘那先生你是怎么知道的？’更羸回答说：‘我看它飞得很慢，而且叫声悲哀。飞得慢，是因为以前的伤口痛；叫声悲哀，是因为它长久失群。旧的伤口没有痊愈，心有余悸，因此听到弦声，就想着展翅高飞避开飞箭，结果导致以前的伤口破裂，掉了下来。’如今临武君曾被秦国打败，对秦国仍然心有余悸，不适合担任抗拒秦军的统帅。”

楚考烈王无子

楚考烈王无子[①]，春申君患之[②]，求妇人宜子者进之[③]，甚众，卒无子。

赵人李园持其女弟[④]，欲进之楚王，闻其不宜子[⑤]，恐又无宠[⑥]。李园求事春申君为舍人。已而谒归[⑦]，故失期[⑧]。还谒，春申君问状[⑨]。对曰：“齐王遣使求臣女弟，与其使者饮，故失期。”春申君曰：“聘入乎[⑩]？”对曰：“未也。”春申君曰：“可得见乎？”曰：“可。”于是园乃进其女弟，即幸于春申君。知其有身[⑪]，园乃与其女弟谋。

园女弟承间说春申君曰[⑫]：“楚王之贵幸君，虽兄弟不如。今君相楚王二十余年，而王无子，即百岁后[⑬]，将更立兄弟。即楚王更立，彼亦各贵其故所亲，君又安得长有宠乎？非徒然也[14]，君用事久，多失礼于王兄弟。兄弟诚立，祸且及身，奈何以保相印、江东之封乎[15]？今妾自知有身矣，而人莫知。妾之幸君未久，诚以君之重而进妾于楚王，王心幸妾。妾赖天而有男，则是君之子为王也，楚国封尽可得，孰与其临不测之罪乎？”春申君大然之。乃出园女弟，谨舍[16]，而言之楚王。楚王召入，幸之。遂生子男，立为太子，以李园女弟立为王后。

楚王贵李园，李园用事。李园既入其女弟为王后，子为太子，恐春申君语泄而益骄，阴养死士[17]，欲杀春申君以灭口，而国人颇有知之者。

注释

①楚考烈王：名完，前262—前238年在位。在位期间，楚国继续衰落，为了避免秦的侵扰，都城迁徙到了巨阳，后又迁徙到寿春。他在位期间，十分宠信春申君黄歇。

②患：忧虑。

③妇人宜子者：从身形等方面看有较强生育能力的女子。

④女弟：妹妹。

⑤不宜子：或许是指考烈王生育能力不强。

⑥无宠：因不能生育得不到宠幸。

⑦谒归：请假回家。

⑧故：故意。失期：未按规定时间返回。

⑨状：原因。

⑩聘入乎：下聘礼了吗。

⑪有身：怀孕。

⑫承间：找机会。

⑬即：假如。百岁后：死后。

⑭徒然：仅仅如此。

⑮江东之封：在江东地区的封地。长江在安徽境内向东北方向斜流，此段走向大致为南北方向，江东即江水东侧的长江南岸地区，大致范围为今天的安徽南部、江苏南部以及浙江地区。

⑯谨舍：谨慎地安排在别的馆舍。

⑰死士：刺客。

译文

楚考烈王没有子女，春申君对此事十分忧虑，为楚王寻求从身形等方面看有较强生育能力的女子，找了很多，但是楚王最终还是没有子女。

赵国人李园准备把他的妹妹进献给楚王，听说楚王生育能力不强，害怕妹妹也不能生子，得不到楚王的宠爱。李园请求侍奉春申君，担任春申君的舍人。过了一段时间，请假回家，故意晚回来。回来之后拜见春申君，春申君问他晚归的原因，李园回答说：“齐王派遣使者来要娶我的妹妹，和那个使者饮酒，因此耽误了回来的时间。”春申君说：“聘礼下了吗？”李园回答说：“还没有。”春申君说：“能不能让我看看你妹妹？”李园说可以，于是把妹妹进献给春申君，并得到了春申君的宠爱。当李园知道妹妹已经有了身孕的时候，就开始和妹妹一起谋划。

李园妹妹找机会对春申君说："楚王十分宠幸您，即使是楚王的亲兄弟也赶不上您。如今您担任楚国的相国已经二十多年了，而楚王没有子女，假如他去世以后，将会改立自己的弟弟为王。假如楚王换了人，他就会亲幸自己以前亲近的人，您又怎么能够再长期得到宠幸呢？还不止如此，您执政的时间长，对大王的兄弟有很多失礼的地方，如果楚王兄弟真被立为大王，祸患将会降临到您身上，怎么还能保住相国的职位和江东的封地呢？如今我知道我已经怀了孕，而其他人都不知道。我得到您宠幸的时间还不长，如果您能凭借您的地位把我进献给楚王，楚王一定宠幸我。我如果能够得到上天的保佑生下男孩，那这就是您的儿子做楚王了，到那时整个楚国还不尽在您的掌握之中吗？这和面对不可猜测的罪过相比，哪一个更好呢？"春申君认为很有道理。于是就把李园的妹妹迁出，谨慎地安排在别的馆舍，并向楚王说要进献李园妹妹。楚王把李园妹妹召进宫，非常喜欢她。后来果然生了一个男孩，而且被立为太子，李园的妹妹也被立为王后。

考烈王也很重用李园，因而李园开始参与掌握朝政。李园已经把自己妹妹送入宫，又被立为王后，所生的孩子也被立为太子，深恐春申君泄漏内情而更加骄纵，因此私下里养着刺客，想杀死春申君灭口，不过有很多人看出了李园的阴谋。

春申君相楚二十五年，考烈王病。朱英谓春申君曰："世有无妄之福[①]，又有无妄之祸。今君处无妄之世，以事无妄之主，安不有无妄之人乎？"春申君曰："何谓无妄之福？"曰："君相楚二十余年矣，虽名为相国，实楚王也。五子皆相诸侯。今王疾甚，旦暮且崩，太子衰弱。疾而不起，而君相少主，因而代立当国[②]，如伊尹、周公。王长而反政[③]，不即遂南面称孤[④]，因而有楚国。此所谓无妄之福也。"春申君曰："何谓无妄之祸？"曰："李园不治国，王之舅也，不为兵将，而阴养死士之日久矣。楚王崩，李园必先入，据本议制断君命[⑤]，秉权而杀君以灭口[⑥]。此所谓无妄之祸也。"春申君曰："何谓无妄之人？"曰："君先仕臣为郎中，君王崩，李园先入，臣请为君劓其胸杀之[⑦]。此所谓无妄之人也。"春申君曰："先生置之[⑧]，勿复言已。李园，软弱人也，仆又善之，又何至此？"朱英恐，乃亡去。

后十七日，楚考烈王崩，李园果先入，置死士，止于棘门之内[⑨]。春申君后入，止棘门。园死士夹刺春申君，斩其头，投之棘门外。于是使吏尽灭春申君之家。而李园女弟——初幸春申君有身，而入之王——所生子者，遂立为楚幽王也[⑩]。

注释

①无妄：意外的。

②代立当国：指楚王年幼不能理政，政归春申君。

③反政：楚王长大后亲政，春申君归还治国大权。

④不即：否则。即如果不把政权还给楚王的话，自己做国君。

⑤本议：早前的谋划。制断：专断擅权。

⑥秉权：掌握大权。

⑦剸 chōng：刺。

⑧置之：把这些谋划搁置起来，即不采纳。

⑨棘门：宫门。

⑩楚幽王：名悍，前 237—前 229 年在位。

译文

在春申君担任楚相国第二十五年时，考烈王生病了。这时候一个叫朱英的人对春申君说："世间有出人意料的福气，也有始料不及的横祸。现在您正处在无法预料的世界里，去侍奉无法预料的君主，怎能没有意想不到的人呢？"春申君说："什么叫出人意料的福呢？"朱英说："您当楚国的相国已经二十多年了，虽然名义上是楚国的相国，实际上却有着楚王的权力。五个儿子都当上了各封君的辅佐大臣。现在大王病得很重，随时都会驾崩，太子年幼体弱，一旦大王彻底病倒了，您就辅佐新王，执掌国政，就像伊尹和周公一样。新王长大之后，您可以归还政权，假如您不愿意，您也可以南面称王，趁机据有楚国。这就是所谓出人意料的福。”春申君问：“那什么叫始料不及的祸呢？”朱英说：“李园不是治理国家之人，是君王的大舅子。他不是领兵大将，却在暗中豢养刺客，这事已经很久了。楚王死后，李园必定抢先入宫，按照之前的谋划，假传君王命令，掌握大权，杀您灭口。这就是所谓始料不及的祸。”春申君说：“什么叫始料不及的人呢？”朱英说：“您先任命臣担任郎中官，大王驾崩后，李园一定先入宫，请让我替您以利剑刺入他的胸膛，杀死他。这就是所谓意想不到的人。”春申君说：“先生放弃这种想法，不要再提了。李园是个软弱的人，我又待他很好，他怎么可能这么对我呢？”朱英一看春申君不肯听他的话，心里便害怕起来，赶紧逃离楚国。

十七天以后，楚考烈王驾崩，李园果然抢先入宫，暗中在棘门内布置刺客。当春申君经过棘门时，李园的刺客从门两边跳出杀死他，然后将他的头割下丢到棘门外。李园又派官吏把春申君的家人全部杀光。而李园的妹妹——当初被春申君宠幸而有身孕，后被献给楚王——所生的孩子，于是就被立为楚王，即后来的楚幽王。

赵　策[①]

知伯帅赵韩魏而伐范中行氏

知伯帅赵、韩、魏而伐范、中行氏[②]，灭之。休数年[③]，使人请地于韩[④]，韩康子欲勿与[⑤]。段规谏曰：“不可。夫知伯之为人也，好利而鸷复[⑥]，来请地，不与，必加兵于韩矣。君其与之。与之，彼狃[⑦]，又将请地于他国，他国不听，必乡之以兵[⑧]。然则韩可以免于患难，而待事之变[⑨]。”康子曰：“善。”使使者致万家之邑一于知伯[⑩]，知伯说。

又使人请地于魏，魏宣子欲勿与[⑪]。赵葭谏曰[⑫]：“彼请地于韩，韩与之；请地于魏，魏弗与，则是魏内自强[⑬]，而外怒知伯也[⑭]。然则其错兵于魏必矣[⑮]！不如与之。”宣子曰：“诺。”因使人致万家之邑一于知伯，知伯说。

注释

①赵：赵国祖先造父原为周穆王养马，被赐予赵城，后为赵氏。至赵衰时，因追随晋文公逃亡有功，后被任以国政。至赵衰重孙赵武时，成为晋国正卿。由于赵氏族长的贤能，赵氏在晋国卿大夫之

间的激烈斗争中逐渐强大起来。公元前 458 年，赵氏与知氏、韩氏、魏氏一起灭掉另外两家卿大夫范氏和中行氏。前 453 年，赵氏又与韩、魏联合，灭掉知氏，三分晋国。最终在公元前 403 年赵烈侯时期，周王室正式承认韩、赵、魏三家为诸侯。至公元前 4 世纪末期时，赵国君主赵武灵王实行“胡服骑射”，进行军事改革，后占有了北部少数民族活动的大片地区，赵国也因此成为战国时期的军事强国。但是由于“沙丘之变”，赵武灵王被饿死，之后，赵国国力虽然没有太大衰落，但是君主已经没有了原来的远见卓识及开拓进取的精神。战国后期，由于赵王迁宠信奸臣郭开，赵国连损多员大将，公元前 228 年，秦军攻破赵都邯郸，擒获赵王迁。赵国公子嘉率领宗族逃到代地，称代王，继续延续赵国统治，直至前 222 年，秦军俘获代王嘉，赵国灭亡。

②知伯帅赵、韩、魏而伐范、中行氏：春秋末期，晋国范氏、中行氏、智氏、韩氏、赵氏、魏氏六个世袭卿族专政，六卿之间斗争也十分激烈。公元前 497 年，六卿间的矛盾最终爆发。首先是赵氏族长赵简子杀了支属邯郸大夫赵午，而赵午与中行氏、范氏交好，因此邯郸赵氏围攻赵氏。而韩氏、魏氏与范氏、中行氏不睦，智氏此时也想谋取利益，因此三家率兵帮助赵氏解围。范氏、中行氏不敌，逃往边邑。八年之后，中行氏和范

氏彻底灭亡。自此，六卿还剩四家，其中，智氏实力最强。知伯，即智伯。姬姓，智氏，名瑶，时人尊称智伯，史称知襄子，晋国著名的荀氏家族分支。

③休：指和平相处。

④请：请求，索取。

⑤韩康子：名虎，春秋末期晋国韩氏的族长。公元前453年，与赵、魏两家瓜分智伯的领地。

⑥鸷复：凶狠残暴。鸷，凶猛的鸟，此处指为人暴戾。

⑦狃：惯，纵容。

⑧乡：通“向”，进攻。

⑨待事之变：其他国家不给土地，知伯必定会挑起战争，这样韩国就可以伺机而动，要么联合知伯讨伐其他国家，要么联合其他国家灭掉知伯。

⑩万家之邑：有一万户人家的城邑，当是较大的城市。

⑪魏宣子：名驹，又名魏桓子，春秋末期晋国魏氏的族长。其子为魏文侯。

⑫赵葭：魏宣子谋臣。

⑬自强：自恃强大。

⑭怒知伯：使知伯发怒。

⑮错：通“措”，用。

译文

知伯率领赵、魏、韩三族军队讨伐范氏和中行氏，灭掉了他们。之后，和平了几年，知伯派人向韩氏索取土地，韩康子准备拒绝。段规向韩康子进谏说：“不可以这样做。知伯的为人，贪图利益而又凶狠残暴，他来索取土地，如果不给，他一定派兵来讨伐我们。大王您还是给他吧。满足了他的要求，惯坏了他的恶性，他又会贪得无厌，去向别家索取土地，其他国家不听从，知伯一定会派兵攻打。这样，韩国就可以免除祸患，等待事情向有利于我们的方向变化。”韩康子说：“好。”于是就派使者送给知伯一个拥有万户居民的城邑。知伯很高兴。

知伯又派人向魏氏索取土地，魏宣子也不准备给他。赵葭劝谏魏宣子说：“知伯向韩氏索取土地，韩氏给了他；现在向我们魏氏索取土地，如果不给的话，是我们自恃强大而在外面惹怒了知伯啊。他一定会举兵伐魏的。不如答应他，给他土地。”魏宣子说：“好。”因此派人献给知伯一个拥有万户人家的城邑。知伯很高兴。

又使人之赵，请蔺、皋狼之地[①]，赵襄子弗与[②]。知伯因阴结韩、魏，将以伐赵。赵襄子召张孟谈而告之曰[③]：“夫知伯之为人，阳亲而阴疏，三使韩、魏，而寡人弗与焉，其移兵寡人必矣。今吾安居而可？”张孟谈曰：“夫董安于[④]，简主之才臣也[⑤]，世治晋阳[⑥]，而尹泽循之[⑦]，其余政教犹存。君其定居晋阳。”君曰：“诺。”

乃使延陵生将车骑先之晋阳[8]，君因从之。至，行城郭[9]，案府库，视仓廪，召张孟谈曰："吾城郭之完，府库足用，仓廪实矣。无矢奈何[10]？"张孟谈曰："臣闻董子之治晋阳也，公宫之垣[11]，皆以狄蒿苦楚廧之[12]，其高至丈余，君发而用之[13]。"于是发而试之，其坚则箘簬之劲不能过也[14]。君曰："足矣，吾铜少[15]，若何？"张孟谈曰："臣闻董子之治晋阳也，公宫之室，皆以炼铜为柱质[16]。请发而用之，则有余铜矣。"君曰："善。"号令以定，备守以具。三国之兵乘晋阳城[17]，遂战。三月不能拔，因舒军而围之[18]，决晋水而灌之[19]。

注释

①蔺、皋狼：地名，故城在今山西省境内。二地此时均受赵氏控制。

②赵襄子：名毋恤，赵鞅之子，春秋末期晋国赵氏的族长，公元前475年即位。赵襄子在位时期，收复之前背叛赵氏的中牟地区，灭掉代国，瓜分中行氏、范氏及知伯的土地，赵氏领土得到空前的扩张。可以说，赵襄子是赵氏政权成长为赵国的最重要的一位君主。

③张孟谈：赵襄子谋臣，在联合韩、魏的过程中，起着重要的桥梁作用。

④董安于：春秋末期晋国人，赵简子时期的重要谋臣，曾经负责建设晋阳城池。公元前497年，赵简子处死邯郸大夫赵午，赵午之子赵稷联合范氏、

中行氏，准备进攻赵简子。董安于建议赵简子先发制人，赵简子不敢，最终退守晋阳。后来在范氏、韩氏、魏氏三家的救援下，赵氏才得以保存。但是董安于的智谋才能受到了其他家族的嫉恨，害怕他帮助赵氏强大，因此给赵简子施压，要求处死董安于。董安于为了保全赵氏，最终自杀。

⑤简主：即赵简子。春秋以来，大夫的家臣称大夫为主。才臣：才能出众的臣子。

⑥世治晋阳：治理晋阳一世。晋阳，当时赵氏所属城邑，故城在今山西省太原市，由董安于督造完工。赵国建立后，初都晋阳，后迁都中牟，最后定都邯郸。

⑦尹泽：赵简子家臣。循：遵循不改。

⑧延陵生：赵襄子家臣。

⑨行：巡行，巡查。

⑩矢：箭。

⑪垣：墙。

⑫狄蒿苦楚：均是植物名，可做箭杆。廧：同“墙”。

⑬发：揭开，取出。

⑭箘簬jùnlù：均是竹子，是制作箭杆的良材。

⑮铜少：缺少铜来做箭头。

⑯炼铜：冶炼过的铜，可以直接使用。柱质：柱子的根基。

⑰乘：迫近。

⑱舒：散开。

⑲晋水：晋水流经晋阳城南。

译文

知伯又派人到赵国，索取赵国的蔺和皋狼地区，赵襄子不给他。因此知伯私下里勾结韩、魏两家，准备讨伐赵氏。赵襄子召见张孟谈，告诉他说："知伯的为人，表面上跟人很亲近，但内心里却很疏远，他三次派人到韩、魏去结盟，而我一次都没有参加，他肯定要兴兵攻打我啊！我应该驻扎在哪里抵御他才好？"张孟谈说："董安于是先君赵简子时期的能臣，他一生都在治理晋阳，后来尹泽又遵循他的治理方法，他们教化的遗绩还在，您还是定居在晋阳防守比较好。"赵襄子说："好。"

于是赵襄子就派延陵生率领车马先到晋阳，赵襄子随后跟着。到了晋阳以后，巡行城郭，检查府库，巡视粮仓，然后召见张孟谈说："我看到晋阳城郭已经很完善，府库的物资足够使用，粮仓里面也装满了粮食，可是没有箭怎么办？"张孟谈说："我听说董安于当年建造晋阳城的时候，宫殿的墙壁，都是用荻蒿苦楚等材木累积而成，高达一丈多，您可以取出来用。"于是把这些东西取出来，试了试，发现它们比箘簬这些制作箭杆的竹子都要坚硬。赵襄子说："箭杆是足够了，可是我们还缺少铜做箭头怎么办？"张孟谈说："我听说董安于建造晋阳时，宫殿的房子，都是用炼好的铜来做柱子的根基。请您把它取出来用，这样就会有足够的铜了。"赵襄子说："好。"号令一经发出，防御的物资也已经完全具备。三国军队攻打晋阳城，双方就开始交战。三个月不能攻克，于是就把军队散开，包围晋阳城，挖开晋水的堤坝引水来灌进城中。

围晋阳三年，城中巢居而处[①]，悬釜而炊[②]，财食将尽，士卒病羸[③]。襄子谓张孟谈曰："粮食匮，财力尽，士大夫病，吾不能守矣，欲以城下，何如？"张孟谈曰："臣闻之，亡不能存，危不能安，则无为贵知士也[④]。君释此计[⑤]，勿复言也。臣请见韩、魏之君。"襄子曰："诺。"

张孟谈于是阴见韩、魏之君，曰："臣闻'唇亡则齿寒'[⑥]，今知伯帅二国之君伐赵，赵将亡矣，亡则二君为之次矣。"二君曰："我知其然。夫知伯之为人也，麄中而少亲[⑦]，我谋未遂而知[⑧]，则其祸必至，为之奈何？"张孟谈曰："谋出二君之口，入臣之耳，人莫之知也。"二君即与张孟谈阴约三军，与之期日；夜遣入晋阳，张孟谈以报襄子，襄子再拜之[⑨]。

注释

①巢居而处：因为被水淹没，所以城内居民都在树上筑巢而居。

②悬釜而炊：做饭的灶台被水淹没，所以就把锅吊起来煮饭。

③羸：瘦弱。

④贵知：尊重有才智的人。

⑤释：放弃。

⑥唇亡则齿寒：嘴唇没有了，那牙齿就会感到寒冷。

⑦麁中：内心粗暴。麁，同“粗”。

⑧遂：成功。知：知晓，发现。

⑨再拜：拜了两次，大礼，说明赵襄子对张孟谈十分感激。

译文

三家联军包围晋阳城三年，城中人都在高处居住，把锅吊起来煮饭，财物食品都将要耗完了，士兵们也都身体瘦弱。赵襄子对张孟谈说：“粮食缺乏，财物也将用完，士民生病，我坚守不住了，准备率领城中人马投降，你看怎么样？”张孟谈说：“我听说，国家将要灭亡，而不能去保存它；国家有危险，而不能使它安定，那何必尊重有智谋的人呢？请您放弃这个打算，不要再说了。我请求去拜见韩、魏两家的君主。”赵襄子说：“好。”

于是张孟谈就暗中拜见韩、魏两家的君主，说：“我听说‘唇亡则齿寒’，现如今知伯带着你们两位君主讨伐赵氏，赵氏将要灭亡了，赵氏灭亡以后就会轮到你们两家了。”韩、魏两家君主说：“我们也知道情况是这样的。知伯的为人，内心粗暴而很少亲近别人，如果我们的计谋没有成功而被他知晓，那么大祸一定会到来，您看怎么办呢？”张孟谈说：“计谋从两位君主的嘴里讲出来，进入到我的耳朵，没有其他人会知道。”韩、魏两家的君主就私下里和张孟谈约定三军的行动，定下日期，夜里，把他送回晋阳。张孟谈把情况报告给赵襄子，赵襄子拜了两拜，十分感激他。

张孟谈因朝知伯而出[①]，遇知过辕门之外[②]。知过入见知伯曰："二主殆将有变[③]。"君曰："何如？"对曰："臣遇张孟谈于辕门之外，其志矜[④]，其行高。"知伯曰："不然。吾与二主约谨矣[⑤]，破赵三分其地，寡人所亲之[⑥]，必不欺也。子释之，勿出于口。"知过出见二主，入说知伯曰："二主色动而意变[⑦]，必背君，不如令杀之。"知伯曰："兵箸晋阳三年矣[⑧]，旦暮当拔之[⑨]，而飨其利[⑩]，乃有他心？不可，子慎勿复言。"知过曰："不杀，则遂亲之。"知伯曰："亲之奈何？"知过曰："魏宣子之谋臣曰赵葭，康子之谋臣曰段规，是皆能移其君之计。君其与二君约，破赵则封二子者各万家之县一，如是则二主之心可不变，而君得其所欲矣。"知伯曰："破赵而三分其地，又封二子者各万家之县一，则吾所得者少，不可。"知过见君之不用也，言之不听，出，更其姓为辅氏，遂去不见。

注释

①张孟谈因朝知伯：张孟谈此时或许是假装来向知伯谈论投降事宜，以迷惑知伯。

②知过：即智果，智伯同族。辕门：即军营大门。古代行军，用车作为屏障，出入之处，放置两辆车子，使两辆车的辕相接，成为一个半圆形的门，称为“辕门”。

③殆：必，肯定。

④志矜：神情傲慢。矜，傲慢。

⑤约谨：结约。谨，通“结”。

⑥亲：亲近。

⑦色、意：神情。动、变：不正常。

⑧箸：通“著”，附，此指包围。

⑨旦暮：早晚，形容时间很短暂。

⑩飨其利：享受到他的利益。飨，同“享”。

译文

张孟谈拜见知伯之后出来，在辕门外遇见了知过。知过进去对知伯说：“韩、魏的君主恐怕要发动兵变。”知伯说：“为什么？”知过回答说：“我在辕门外遇到张孟谈，我看见他神情傲慢，趾高气扬。”知伯说：“这种情况不会出现的。我和韩、魏的君主已经订立盟约了，攻破赵氏之后三家平分赵氏的土地，这是我亲自与韩、魏订立的盟约，他们一定不会欺骗我。你不要再这样想了，而且也不要说出来。”知过出来正好遇见韩、魏的君主，又进去对知伯说：“我看到韩、魏两家的君主神色异常，一定会背叛您，不如现在把他们杀了。”知伯说：“军队包围晋阳已经三年了，随时就会把城攻破而享有利益，怎么会有其他的心思？这样不行，你千万不要再说什么了。”知过说：“如果不杀的话，那就请您亲近他们。”知伯说：“怎么亲近他们？”知过说：“魏宣子有个宠信的谋臣叫赵葭，韩康子有个宠信的谋臣叫段规，这都是能改变他们君主主意的人。您与他们二位约定，攻破赵氏之后就各封给他们一个万户的大县。如果这样的话，韩、魏两国君主的心思就不会改变，而您也能够得到您所期望的土地了。”知伯说：“攻破赵氏之后三分赵地，又给这两个人一人一个万户的大县。那么我得到的土地就少了，不能这样做。”知过看到知伯不用自己的计谋，说的话也不听，出来之后，就把自己的姓氏改为辅氏，于是就主动离开不再辅佐知伯了。

张孟谈闻之，入见襄子曰：“臣遇知过于辕门之外，其视有疑臣之心。入见知伯，出更其姓。今暮不击，必后之矣[①]。”襄子曰：“诺。”使张孟谈见韩、魏之君，曰：“夜期。”杀守堤之吏，而决水灌知伯军。知伯军救水而乱，韩、魏翼而击之，襄子将卒犯其前[②]，大败知伯军，而禽知伯[③]。

知伯身死，国亡地分，为天下笑，此贪欲无厌也[④]。夫不听知过，亦所以亡也。知氏尽灭，唯辅氏存焉。

注释

①必后之：过了今天，知伯可能会有所防备，就会失去偷袭良机。

②犯：进攻。

③禽：通“擒”。

④厌：满足。

译文

张孟谈听说了这件事，进宫拜见赵襄子说：“我在辕门外遇到知过，看他看我的眼神，对我似乎有所怀疑。他进去拜见知伯，出来之后就更改了自己的姓氏。今天夜里如果不偷袭知伯，那您一定会后悔的。”赵襄子说：“好。”于是就派张孟谈去见韩、魏两家君主，说：“今天夜里行动。”于是夜里就杀死守护堤坝的吏卒，并掘开晋水的堤岸，水淹知伯军队。知伯的军队因为被水淹而大乱，韩、魏的军队就从两边夹击知伯军队，赵襄子率领军队正面进攻，把知伯的军队打得大败，并活捉了知伯。

知伯被杀，家族破灭，土地被瓜分，被天下人所耻笑，这是他贪得无厌的缘故。没有听从知过的进谏，也是他灭亡的原因之一。知氏被灭族，唯有辅氏还存在。

晋毕阳之孙豫让

晋毕阳之孙豫让[①]，始事范、中行氏而不说，去而就知伯[2]，知伯宠之。及三晋分知氏，赵襄子最怨知伯[3]，而漆其头以为饮器[4]。豫让遁逃山中曰："嗟乎！士为知己者死，女为悦己者容。吾其报知氏之仇矣。"

乃变姓名，为刑人[5]，入宫涂厕，欲以刺襄子。襄子如厕，心动，执问涂者，则豫让也。刃其杇[6]，曰："欲为知伯报仇。"左右欲杀之。赵襄子曰："彼义士也，吾谨避之耳。且知伯已死，无后，而其臣至为报仇，此天下之贤人也。"卒释之。

注释

①毕阳：春秋时期晋国的义士，晋国贵族伯宗遭到迫害，毕阳帮助伯州犁逃往楚国。豫让：春秋战国时期有名的刺客，也是一个重情重义的侠义之士。

②去：离开。就：投靠，到。

③赵襄子最怨知伯：据《史记》记载，赵襄子还是太子的时候，曾经与知伯一起攻打郑国。期间，知伯喝醉了，曾用酒浇到赵襄子身上并打了他。知伯回国以后，又让赵简子废掉赵襄子。之后又率领韩、魏围攻晋阳，赵氏差点灭亡，因此赵襄子十分怨恨知伯。

④漆：将头骨髹漆。饮器：饮酒的器具。

⑤刑人：受刑之人，古代多用刑人来做劳役。

⑥刃其杇：在抹墙的泥抹子上面装上利刃。

译文

晋国毕阳的孙子豫让，刚开始时在范氏和中行氏手下做事，不能得到他们的欢心，就离开了，去投奔知伯，受到知伯的宠信。等到赵、魏、韩三家灭掉知伯，瓜分知氏的土地，由于赵襄子最怨恨知伯，就把知伯的头骨髅上漆制作成盛酒的器皿。豫让逃到深山之中，说："唉！义士当为赏识自己的人去死，女子当为喜欢自己的人去打扮。我一定要为知氏报仇。"

于是豫让就改名换姓，伪装成刑人，到赵襄子的宫中去粉刷厕所的墙壁，准备刺杀赵襄子。赵襄子上厕所，忽然心中一惊，于是就抓住粉刷厕所的人审问，原来是豫让。豫让在抹墙的泥抹子上装上利刃，说："我要为知伯报仇。"赵襄子身边的人都说要把豫让杀了。赵襄子说："这是个忠义之人，我小心躲避他就是了。况且知伯已经死了，没有后代，而他的家臣来为他报仇，这是天下的贤人啊！"最终把豫让释放了。

豫让又漆身为厉①，灭须去眉，自刑以变其容②，为乞人而往乞，其妻不识，曰："状貌不似吾夫，其音何类吾夫之甚也。"又吞炭为哑③，变其音。其友谓之曰："子之道甚难而无功④。谓子有志则然矣，谓子智则否。以子之才，而善事襄子，襄子必近幸子⑤。子之得近而行所欲，此甚易而功必成。"豫让乃笑而应之曰："是为先知报后知[6]，为故君贼新君[7]，大乱君臣之义者无此矣。凡吾所谓为此者，以明君臣之义，非从易也[8]。且夫委质而事人[9]，而求弑之，是怀二心以事君也。吾所为难，亦将以愧天下后世人臣怀二心者。"

注释

①厉：通"癞"，癣疥等皮肤病。

②刑：毁伤。

③吞炭为哑：吞烧热的木炭，会使嗓子变哑，声音会改变。

④道：方法。

⑤幸：宠幸。

⑥先知：先前的知己。

⑦贼：杀害。

⑧从易：挑选容易的方法。

⑨委质：古代臣子向君主献礼，表示愿意献身。

译文

豫让又用漆涂满全身，让皮肤生满癣，把眉毛和胡须剃掉，毁伤自己的容貌，装扮成乞丐去讨饭。他的妻子认不出他，说："这人的样貌不像我的丈夫，但是他的声音怎么那么像我丈夫啊！"于是豫让又吞下木炭，使声音嘶哑，改变了自己的声音。豫让的朋友对他说："你的方法太难而且不会有成效。你这样做，说你有志气是肯定的，但是说你聪明，那就不见得了。凭你的才华，去尽心辅佐赵襄子，赵襄子一定会亲近而宠幸你。你能够亲近赵襄子，就能随心所欲，这样的话很简单而且容易成功。”豫让笑着回答说：“这样做，是为了先前的知己来报复后来的知己，为以前的君主来伤害后来的君主，扰乱君臣之间的大义，没有比这更厉害的了。我之所以这样做，就是为了表明君臣之间的大义，并不是为了挑选容易的事情做。至于取信于他人，为他服务，然后再杀害他，这是胸怀二心去侍奉君主啊。我之所以做这比较难以办到的事，就是为了使后世做臣子却有二心的人感到羞愧啊！”

居顷之①，襄子当出②，豫让伏所当过桥下。襄子至桥而马惊，襄子曰：“此必豫让也。”与人问之，果豫让。于是赵襄子面数豫让曰③：“子不尝事范、中行氏乎？知伯灭范、中行氏，而子不为报仇，反委质事知伯。知伯已死，子独何为报仇之深也？”豫让曰：“臣事范、中行氏，范、中行氏以众人遇臣，臣故众人报之；知伯以国士遇臣④，臣故国士报之。”襄子乃喟然叹泣曰⑤：“嗟乎，豫子！豫子之为知伯，名既成矣，寡人舍子，亦以足矣。子自为计，寡人不舍子。”使兵环之。豫让曰：“臣闻明主不掩人之义⑥，忠臣不爱死以成名。君前已宽舍臣，天下莫不称君之贤。今日之事，臣故伏诛，然愿请君之衣而击之，虽死不恨。非所望也，敢布腹心[⑦]。”于是襄子义之，乃使使者持衣与豫让。豫让拔剑三跃[⑧]，呼天击之[⑨]，曰:“而可以报知伯矣。”遂伏剑而死。

死之日，赵国之士闻之，皆为涕泣。

注释

①居顷之：过了一段时间。

②当：将要。出：出行。

③面数：当面责备。

④国士：国中杰出的人才。

⑤喟然：叹息的样子。泣：流泪。

⑥掩：掩盖。

⑦布：表露，宣布。腹心：内心的想法。

⑧跃：跳跃。

⑨呼天：仰天大呼。

译文

过了一段时间，赵襄子将要外出，豫让埋伏在赵襄子将要经过的桥下。赵襄子走到桥边，马突然惊起。赵襄子说:“一定是豫让埋伏在这里。”派人前去查探，果然是豫让。于是赵襄子就当面责备豫让说:“你不是也曾经侍奉过范氏和中行氏吗？知伯灭掉范氏和中行氏，你不去为他们报仇，反而屈身侍奉知伯。如今知伯已经死了，你为什么偏偏那么拼命地为他报仇呢？”豫让说:“我侍奉范氏和中行氏，范氏和中行氏把我当作普通人来对待，所以我像普通人那样去报答他们；知伯像对待国士那样对待我，所以我像国士那样回报他。”赵襄子长叹一声，悲伤地说：“唉，豫让！你对待知伯，已经成就了你的名声，我释放你一次，也算是仁至义尽了。你自己考虑这次怎么办吧，我不会再放过你了。”于是派兵把豫让包围住。豫让说：“我听说贤明的君主不掩盖别人的大义，忠心的臣子不惜一死来成就名声。您以前已经放过我一次，天下臣民没有不称赞您的贤明的。今天的事情，我本来就应该受死，但是希望拿来您的衣服，让我用利剑刺它，以表明我已经努力地报仇雪恨，即使死了也没有什么怨恨。这不是我希望就能够办到的，只是冒昧地向您表达我的意愿。”赵襄子认为他是个有情有义之人，于是就让人拿衣服给豫让。豫让拔剑，跳起来三次，仰天大呼着刺向衣服，说：“这样我可以报答知伯了。”然后自刎而死。

豫让死的这一天，赵国的士人听了此事，都忍不住为他流泪。

魏文侯借道于赵攻中山

魏文侯借道于赵攻中山[①]，赵侯将不许[②]。赵利曰[③]：“过矣。魏攻中山，而不能取，则魏必罢[④]，罢则赵重[⑤]。魏拔中山，必不能越赵而有中山矣[⑥]。是用兵者，魏也；而得地者，赵也。君不如许之。许之大劝⑦，彼将知赵利之也，必辍。君不如借之道，而示之不得已。”

注释

①魏文侯：名斯，前445—前396年在位。中山：国名，在赵国北部，是由少数民族建立的国家。中山国在公元前404年曾被魏国所灭，但是由于魏与中山之间隔着赵国，魏国不能很好地控制中山，因此中山在公元前380年左右，趁魏和赵、楚混战的时候而复国。直至公元前296年，赵国彻底灭掉中山国。因中山在赵国北部，魏国灭中山不得不向赵国借道。

②赵侯：即赵烈侯，名籍，公元前408年即位。在位期间，赵国正式受封为诸侯。曾在相国公仲连的帮助下，进行一些改革，使赵国顺应了战国初期各国竞相变革的历史潮流。

③赵利：赵国大臣，或许出自赵国宗室。

④罢：通“疲”，疲劳。

⑤重：威重，意为强大。

⑥不能越赵而有中山：赵国在魏国和中山之间，魏国即使攻取了中山，因为中间隔了赵地，也不能进行实际的管理。如果赵国想要从魏国手里夺取中山土地的话，十分便利。

⑦劝：鼓励，尽力。

译文

魏文侯向赵国借道，攻打中山国，赵襄子准备拒绝。赵利说："您拒绝借道的话就错了。魏国攻打中山，如果不能攻取，那么魏国国力一定因此而受到削弱，魏国国力衰弱，那赵国的地位就会提高。如果魏国攻取中山国，肯定不能越过赵国而占有中山的土地。这就是说，用兵的是魏国，而实际取得土地的是赵国。大王您不如同意魏国的请求。如果同意得十分干脆，那么魏国将会明白赵国利用他们的用心，就一定会停止进攻中山的计划。大王您不如让魏军从境内通过，而且表现出不情愿的样子。"

腹击为室而钜

腹击为室而钜[①]，荆敢言之[②]。主谓腹子曰："何故为室之钜也？"腹击曰："臣，羁旅也[③]，爵高而禄轻，宫室小而帑不众[④]。主虽信臣，百姓皆曰：'国有大事[⑤]，击必不为用[⑥]。'今击之钜宫，将以取信于百姓也。"主君曰："善。"

注释

①腹击：赵国大臣，非赵国籍。为：建造。室：房屋，住宅。钜：大。

②荆敢：赵国大臣，或许是楚国人。

③羁旅：长期客居他乡的人。

④帑：通“孥”，妻子儿女。

⑤大事：指敌国侵犯等关系国家存亡的事情。

⑥用：任用。

译文

腹击建造的住宅十分庞大，荆敢把这事汇报给了赵王。赵王问腹击：“你为什么把住宅建造得那么气势恢宏？”腹击说：“我是别国来做官的人，爵位虽然高，但是俸禄低，住宅狭小而家人不多。您虽然信任我，但百姓都传言：‘国家有什么大事的时候，腹击一定不会受到重用。’如今我建造巨大的住宅，就是准备用它来取得百姓的信任。”赵王说：“你做得对。”

秦王谓公子他

秦王谓公子他曰[①]：“昔岁殽下之事[②]，韩为中军[③]，以与诸侯攻秦。韩与秦接境壤界[④]，其地不能千里[⑤]，展转不可约[⑥]。日者[⑦]，秦、楚战于蓝田[⑧]，韩出锐师以佐秦，秦战不利，因转与楚[⑨]，不固信盟[⑩]，唯便是从[⑪]。韩之在我，心腹之疾。吾将伐之，何如？”公子他曰：“王出兵韩，韩必惧，惧则可以不战而深取割。”王曰：“善。”乃起兵，一军临荧阳[⑫]，一军临太行。

韩恐，使阳城君入谢于秦，请效上党之地以为和。令韩阳告上党之守靳黈曰："秦起二军以临韩，韩不能有。今王令阳城君以上党入和于秦，使阳言之太守，太守其效之。"靳黈曰："人有言：'挈瓶之知[13]，不失守器。'王则有令，而臣太守，虽王与子，亦其猜焉[14]。臣请悉发守以应秦，若不能卒[15]，则死之。"韩阳趋以报王，王曰："吾始已诺于应侯矣，今不与，是欺之也。"乃使冯亭代靳黈。

注释

①秦王：秦昭襄王。此策讲述的是战国时期著名的长平之战的历史背景。范雎入秦后，为秦国制定了"远交近攻"的策略，而相邻的韩、魏则成了秦国进攻的主要对象。从公元前265年开始，秦国多次攻打韩国，并在公元前262年攻取了韩国的野王地区，切断了韩国上党郡与本土的联系。接着秦又加紧攻打韩国，迫使韩国进献土地。

②昔岁殽下之事：公元前298年，韩与齐、魏攻入函谷关。

③中军：主帅。古时行军分左、中、右三军，中军发号施令，是主帅所在之处。

④壤界：土地挨着。

⑤不能：不足。

⑥展转不可约：反复无常，不能和人结盟。展转，

反复无常。

⑦日者：以前。

⑧秦、楚战于蓝田：蓝田之战发生在公元前312年。据《史记·楚世家》记载，楚怀王十七年，秦楚大战，楚失汉中郡。楚王征集全国兵力，再次伐秦，在蓝田大战，又大败。韩、魏看到楚国战败，向南伐楚。《史记》记载与本文不同。

⑨转与楚：转而与楚国联合。

⑩固：坚守。

⑪便：利益。

⑫荥阳：即荥阳，是韩国中部重要的交通枢纽。秦攻荥阳在公元前263年。

⑬挈瓶之知：只有瓶子汲水那么多的智慧，比喻知识浅薄。

⑭猜：猜疑。

⑮卒：尽忠职守。

译文

秦王对公子他说："早年殽关的战事，韩国作为统帅，与诸侯联合起来讨伐秦国。韩国与秦国边境接壤，他们的国土不足千里，而且又反复无常不守盟约。从前秦国和楚国在蓝田大战，韩国派出精兵帮助秦军，看到秦国战斗不利，又与楚国联合，不坚守盟约，唯利是图。韩国对于我们来说，是心腹大患，我准备讨伐韩国，你看怎么样？"公子他说："大王出兵讨伐韩国，韩国一定恐惧，恐惧的话就可以不用打仗而多多地割取土地。”秦王说：“对啊。”于是就发兵，一路大军进攻荥阳，一路大军进逼太行。

韩王恐惧，派阳城君到秦国谢罪，请求献出上党地区来求和。又派韩阳告诉上党太守靳黈说：“秦国发动两路大军进逼韩国，韩国就要灭亡了。如今大王派阳城君把上党献给秦国求和，派我把这件事告诉上党太守你，希望太守把土地献给秦国。”靳黈说：“人们都说：‘有用瓶子汲水的小智慧，也不会把守着的瓶子借给别人。’大王虽然有命令，但我要尽太守的职责，即使是大王和你，我也不能不怀疑。我请求发动郡内的士兵，一起抵抗秦军，如果不能尽忠职守，保卫上党，那我就是为国牺牲，也在所不惜。”韩阳迅速把情况汇报给韩王，韩王说：“我开始的时候已经答应了应侯，同意了这件事，现在不给，是欺骗他啊。”于是就派冯亭取代靳黈担任上党太守。

冯亭守三十日，阴使人请赵王曰[①]：“韩不能守上党，且以与秦，其民皆不欲为秦，而愿为赵。今有城市之邑十七，愿拜内之于王[②]，唯王才之[③]。”

赵王喜，召平阳君而告之曰：“韩不能守上党，且以与秦，其吏民不欲为秦，而皆愿为赵。今冯亭令使者以与寡人，何如？”赵豹对曰：“臣闻圣人甚祸无故之利。”王曰：“人怀吾义，何谓‘无故’乎？”

对曰："秦蚕食韩氏之地，中绝不令相通[4]，故自以为坐受上党也[5]。且夫韩之所以内赵者，欲嫁其祸也。秦被其劳[6]，而赵受其利，虽强大不能得之于小弱，而小弱顾能得之强大乎[7]？今王取之，可谓有故乎？且秦以牛田水通粮[8]，其死士皆列之于上地[9]，令严政行，不可与战。王自图之！"王大怒曰："夫用百万之众，攻战踰年历岁，未得一城也。今不用兵而得城十七，何故不为？"赵豹出。

注释

①赵王：即赵孝成王，名丹，赵惠文王之子，前265—前245年在位。赵孝成王统治时期，由于才能有限，所用非人，赵国由盛转衰。

②内：通"纳"，献出。

③才：通"裁"，裁决。

④中绝不令相通：此时位于韩国都城新郑与上党中间的野王地区降秦，上党与韩国的交通断绝。

⑤坐受上党：安坐而得上党。

⑥被：通"披"，忍受。

⑦顾：岂。

⑧牛田水通粮：用牛耕田，用水路运输粮食，说明秦国当时的农业和水路运输很先进。

⑨上地：上党地区。

译文

冯亭坚守上党三十多天，私下里派人请求赵王说："韩国守不住上党了，韩王将要把上党割让给秦国，但是上党的百姓都不愿意做秦国的百姓，而愿意做大王您的百姓。如今上党有十七个城邑，希望能够献给大王您，请大王您裁决。"

赵王十分高兴，召见平阳君赵豹告诉他说："韩国不能坚守上党，韩王将要割让给秦国，但是上党的百姓不愿意做秦国的百姓，都愿意做赵国的百姓。如今冯亭派使者说把上党献给我，你看这事怎么处理？"平阳君回答说："我听说圣人认为没有缘由就享受利益是很大的祸患。"赵王说："上党百姓念及我的仁义，怎么能说是没有缘由呢？"平阳君回答说："秦国蚕食韩国的土地，上党与韩国中央的交通也被隔断，因此认为上党郡是自己的囊中之物。况且韩国之所以把上党献给赵国，是转嫁它的祸患。秦国忍受攻打上党的辛劳，赵国却享受得到上党的利益，即使是强大的国家也不能从小的国家获取这样的利益，而小的国家又怎么能从强大的国家手中获取呢？如今大王您接受上党，难道可以说是有缘由吗？况且秦国用牛耕田，用河道来运输粮食，秦国勇敢的战士都排列在上党前线，法令严明，政令畅通，不能和他们开战。大王您还是仔细考虑下吧！"赵王大怒，说："发动上百万军队，攻战几年，都不见得能攻取一座城池。如今不用兵，就能得到十七座城邑，为什么不接受呢？"赵豹退了出去。

王召赵胜、赵禹而告之曰："韩不能守上党，今其守以与寡人，有城市之邑十七。"二人对曰："用兵踰年，未得一城，今坐而得城，此大利也。"乃使赵胜往受地。

赵胜至曰："敝邑之王使使者臣胜，太守有诏，使臣胜谓曰：'请以三万户之都封太守，千户封县令，诸吏皆益爵三级，民能相集者，赐家六金。'"冯亭垂涕而勉曰①："是吾处三不义也：为主守地而不能死，而以与人，不义一也；主内之秦，不顺主命，不义二也；卖主之地而食之，不义三也。"辞封而入韩，谓韩王曰："赵闻韩不能守上党，今发兵已取之矣。"

韩告秦曰："赵起兵取上党。"秦王怒，令公孙起、王龁以兵遇赵于长平。

注释

①勉：通"免"，推辞。

译文

赵王召见赵胜、赵禹，把这件事告诉他们，说："韩国不能保住上党郡，如今上党太守把上党地区献给我，有十七座城邑。"二人回答说："用兵经年，也不能够取得一座城邑，现在不费一兵一卒就得到十七座城市，这是天大的喜事啊！"于是就派赵胜去接收土地。

赵胜到了上党郡说："我国大王派我赵胜来，太守以前有要求，赵王让我向您转告：‘将三万户的大城邑封给太守，千户的城邑封给县令，每个官吏都把爵位提升三级，民众能够聚集到一起的，每家赏赐黄金六斤。”冯亭流泪推辞说：“这是让我处在三项不义的境地啊：为国君守卫土地不能战死，而把它送给别人，这是第一项不义；国君让我把上党献给秦国，我没有听从国君的命令，这是第二项不义；出卖国君的土地而享有封邑，这是第三项不义。”于是就谢绝了赵国的封赏而回到韩国，对韩王说：“赵国听说韩国不能守住上党郡，如今已经发兵接收上党郡了。”

韩王告诉秦国说：“赵国发兵收取了上党郡。”秦王大怒，派公孙起、王龁率领军队与赵国的军队在长平地区交战。

苏秦为赵王使于秦

苏秦为赵王使于秦，反[①]，三日不得见。谓赵王曰:“秦乃者过柱山[②],有两木焉[③]。一盖呼侣,一盖哭。问其故，对曰：‘吾已大矣，年已长矣。吾苦夫匠人且以绳墨案规矩刻镂我[④]。’一盖曰：‘此非吾所苦也，是故吾事也[⑤]。吾所苦夫铁钻然[⑥]，自入而出夫人者[⑦]。’今臣使于秦，而三日不见，无有谓臣为铁钻者乎？”

注释

①反：同“返”，返回。

②乃者：以前。柱山：即砥柱山，在今河南省三门峡市东。

③木：树。

④绳墨：木工用来打直线的墨斗。规：画圆形的工具。矩：画直角或者方形的曲尺。

⑤是故吾事：这本来就是我的事情。

⑥铁钻：铁钻木。

⑦自入而出夫人者：苏秦为赵王出使秦国，归来之后赵王不见他。他认为肯定有人向赵王说了自己的坏话，因此用两个树的对话，把自己比作被铁钻钻出去的木屑，表达自己对赵王的不满。

译文

苏秦为赵王出使秦国，归来之后，等了三天赵王都没有接见他。苏秦（托人）对赵王说：“我以前经过砥柱山，看见那里有两棵树，一棵在呼唤自己的伙伴，一棵在哭泣。我问它们其中的缘故，哭泣的那棵树说：‘我已经长得很高大，树龄已经很长了。我害怕的是那些工匠将会用工具将我砍伐雕琢。’另外一棵说：‘这不是我所痛苦的事情，被砍伐雕刻本来就是我的分内之事。我所痛苦的是那铁钻一样的东西，他们自己钻进来，而将木屑钻出去。’如今微臣我出使秦国，归来后，大王三天不接见我，恐怕是有人成为我的铁钻吧？”

赵燕后胡服

赵燕后胡服[①]，王令让之曰[②]：“事主之行，竭意尽力，微谏而不哗[③]，应对而不怨[④]，不逆上以自伐[⑤]，不立私以为名[⑥]。子道顺而不拂[⑦]，臣行让而不争。子用私道者家必乱，臣用私义者国必危。反亲以为行，慈父不子；逆主以自成，惠主不臣也。寡人胡服，子独弗服，逆主罪莫大焉。以从政为累[⑧]，以逆主为高，行私莫大焉。故寡人恐亲犯刑戮之罪，以明有司之法[⑨]。”赵燕再拜稽首曰[⑩]：“前吏命胡服，施及贱臣[⑪]，臣以失令过期，更不用侵[⑫]，辱教[⑬]，王之惠也。臣敬修衣服，以待令甲[⑭]。”

注释

①赵燕：赵国宗室。后：晚，不及时。胡服：赵武灵王即位以后，为了提高军队战斗力，学习胡人穿着短装，推广骑射。但是由于守旧势力庞大，改革遇到强大阻力。其中反对最强烈的就是宗室贵族，因此武灵王就通过各种方式劝说他们改穿胡服，支持改革。

②王：即赵武灵王，名雍，公元前325年即位，前299年传位于幼子赵何，自称主父。赵武灵王是赵国历史上一位声名显赫的君主，他在位期间，赵

国进行胡服骑射的改革，灭掉中山国，向外开拓了数千里的领土，使赵国成为东方军事实力最为强大的国家，赵国历史进入最辉煌时期。但是由于其后期未能处理好继承人的问题，导致“沙丘之变”，自己也被饿死。让：责备。

③微谏而不哗：委婉劝谏而不宣扬。这样才能维护国君的威严。哗，大声吵闹。

④应：受到。对：怒斥。

⑤自伐：居功自傲。

⑥立：建立。私：私利。名：美名。

⑦顺：谦顺。不拂：不违背。

⑧从政：改穿胡服的政策。累：拖累，负担。

⑨有司：有关部门。

⑩稽首：古代跪拜礼。

⑪施及：通知到。

⑫更：却。

⑬辱教：承蒙对方屈尊赐教。

⑭以待令甲：敬承尊命。

译文

赵燕迟迟没有改穿胡服，赵武灵王派人责备他说：“侍奉君主，应该尽心竭力，委婉规劝而不宣扬，受到君王的斥责而不心生怨恨，不违背君主的意愿而居功自傲，不树立个人的威信来借此扬名。做儿子的应该谦顺而不违背父母的意愿，做臣子的应谦让而不与国君相争。

做儿子的一心为私，家庭必定混乱；做臣子的一心为私，国家必定陷入危难。违背父母而胡作非为，慈爱的父亲也不把他当作儿子；违背国君而另搞一套，仁惠的国君也不把他当作臣子。寡人提倡改穿胡服，唯独你一直不穿，你这是违背我的意愿，这是大罪。你把改穿胡服的事情当作负担，以违背国君的意愿为清高，私心之大莫过于此。所以我担心你要触犯刑法而遭到杀身之祸，以正国法。”赵燕拜了两拜跪地叩头说：“之前官吏传令让我改穿胡服，而且命令已下达给我。我知道我没有执行命令，超过了期限，您却没有惩罚我，又承蒙您屈尊赐教，这都是大王您的恩惠啊。我已恭敬地准备好胡服，敬承王命。”

王破原阳以为骑邑

王破原阳[①]，以为骑邑[②]。牛赞进谏曰[③]：“国有固籍[④]，兵有常经[⑤]。变籍则乱，失经则弱。今王破原阳以为骑邑，是变籍而弃经也。且习其兵者轻其敌，便其用者易其难。今民便其用，而王变之，是损君而弱国也。故‘利不百者不变俗，功不什者不易器’[⑥]。今王破卒散兵以奉骑射[⑦]，臣恐其攻获之利，不如所失之费也。”

王曰：“古今异利，远近易用。阴阳不同道，四时不一宜[⑧]。故贤人观时而不观于时，制兵而不制于兵。子知官府之籍，不知器械之利；知兵甲之用，不知阴阳之宜。故兵不当于用[9]，何兵之不可易？教不便于事，何俗之不可变？昔者先君襄主与代交地[10]，城境封之[11]，名曰‘无穷之门’，所以昭后而期远也[12]。今重甲修兵，不可以踰险[13]；仁义道德，不可以来朝[14]。吾闻信不弃功，知不遗时，今子以官府之籍，乱寡人之事，非子所知。”

牛赞再拜稽首曰：“臣敢不听令乎？”王遂胡服，率骑入胡，出于遗遗之门[15]，踰九限之固，绝五径之险[16]，至榆中[17]，辟地千里[18]。

注释

①王：即赵武灵王。赵武灵王二十年（公元前306年）攻克原阳。破：撤销。原阳：地名，故城在今内蒙古自治区呼和浩特市东南。赵武灵王推行胡服骑射，打破原阳地区军队的编制，以原阳作为训练基地，打算建立一支富于机动能力的精兵。春秋时期贵族都用马车作战，双方往往排成整齐的车阵，然后交战。进入战国时期以后，骑兵发展成为单独的部队，配合步兵作战。据学者研究，总的来看，战国时期的战争方式发生了很大变化，参加战争的军队人数剧增，军事行动范围扩大，战争方式也由车阵转变成为步、骑兵为主的野战和包围战了，战争时间也更为持久，动则经年累月。

②骑邑：骑兵训练的基地。

③牛赞：赵国大臣。

④固籍：固定的法令。

⑤常经：长久不变的准则。

⑥易器：更换器具。

⑦散：抛弃。兵：兵器。

⑧不一宜：各有所宜。

⑨当：适合。

⑩襄主：即赵襄子。交地：接壤。

⑪城境：在边境筑城。封之：加强防备。

⑫昭后：昭示后代。期远：期望他们开拓远方。

⑬踰险：跨过险要的地形。

⑭来朝：让远方之人来朝见，此处指仁义道德能感化胡人，让其来臣服。

⑮遗遗之门：即扞关。

⑯侄：通“陉”。

⑰榆中：地名，在今陕西省榆林市。

⑱辟地千里：在原阳建立骑邑之后，赵武灵王亲率骑兵，拓展了包括内蒙古乌拉特前旗以南的河套地区、陕西北部榆林地区和内蒙古以南的大片地区。

译文

赵武灵王撤销原阳地区军队的旧编制，改为骑兵，并把原阳作为骑兵训练的基地。牛赞进谏赵王说：“国家有固定的法令，军队有长久不变的准则。轻易改变法令，国家就会陷入混乱，抛弃固有兵制，战斗力就会遭到削弱。现在大王您撤销原阳旧有的兵制，建立骑兵，把原阳作为骑兵训练的基地，这是改变法令而抛弃固有的准则啊！另外，熟悉以前的兵制，就容易克敌制胜，用惯了之前的兵器，打仗时就不会有什么困难。如今民众用惯了之前的器物而大王您却改变了它，这是损害您的声誉并且削弱国家力量的做法啊。所以说'没有百倍的利益，就不改变习俗；没有十倍的功效，就不改换器具'。现在大王您抛弃本国的军事制度和兵器，推行胡人的骑射，我害怕用它攻战获得的利益，远远比不上损失的费用啊！"

武灵王说："古和今利益各有差异，远和近使用的器具也各不相同，阴阳变化有着不同的道理，四时气候也各不相宜。所以贤能的人根据客观条件而行动，但不受制于客观条件；操纵兵器，却不为兵器所操纵。你只知道官府的旧法典，却不知道兵器要便于使用；你知道一般的兵器、铠甲，却不知道随着天时人事的变化去改变兵器和铠甲。所以兵器不适合应用，为什么不能改换呢？教化如果不便于行事，什么风俗不能改变？从前先主赵襄子的边境和代国接壤，就在边境筑城加强防备，取名'无穷之门'，就是为了昭示后代子孙，希望他们开拓远地。如今穿着厚重的盔甲，拿着长长的兵器，不便于跨越险要地形；讲究仁义道德，也不能让胡人臣服。我听说讲信用不能抛弃功利，聪明人不会放弃机会。如今你用官府旧法令来破坏我胡服骑射的大事，这是你所不了解的。”

牛赞拜了两拜，叩头说：“我怎敢不听从您的命令呢？”于是赵武灵王就更换胡服，率领骑兵攻入胡地，从遗遗之门出发，越过了九原坚固的要塞，跨过了五陉的险地，到达榆中，开拓了上千里的疆土。

赵惠文王三十年

赵惠文王三十年[①]，齐相都平君田单问赵奢曰[②]：“吾非不说将军之兵法也。所以不服者，独将军之用众。用众者，使民不得耕作，粮食輓赁不可给也[③]。此坐而自破之道也，非单之所为也。单闻之，帝王之兵，所用者不过三万，而天下服矣。今将军必负十万、二十万之众乃用之，此单之所不服也。”

马服曰：“君非徒不达于兵也，又不明其时势。夫吴干之剑[④]，肉试则断牛马，金试则截盘匜[⑤]；薄之柱上而击之[⑥]，则折为三，质之石上而击之[⑦]，则碎为百。今以三万之众而应强国之兵,是‘薄柱’‘击石’之类也。

注释

①赵惠文王三十年：即公元前269年。赵惠文王，名何，赵武灵王幼子。赵武灵王即位之时，年纪尚小，先娶韩女为夫人，生长子赵章，后被立为

太子。后来赵武灵王游玩时梦到一位美女唱歌，大臣吴广听说后，献上自己的女儿娃嬴。娃嬴很受宠爱，并被立为王后。娃嬴生子赵何，不久去世。武灵王因为对幼子的偏爱，在二十七年（公元前299年），传位于何。长子章虽被封于代地，为安阳君，但仍然对武灵王传位幼子不满。惠文王四年，武灵王想把赵国一分为二，立章为代王，未及实施，导致赵国内乱。赵章等人虽被处死，但武灵王也被囚禁在沙丘，三月后饿死。赵武灵王死后，由于惠文王年幼，平定叛乱的公子成和李兑专权，但是由于武灵王奠定的基础，并且任用了乐毅、廉颇、蔺相如、赵奢等一批贤臣武将，赵国仍然能够在诸侯中有着较强的实力。

②都平君：即安平君田单。赵奢：赵国名将。曾在公元前269年秦、赵阏与之战中大败秦军，被赵惠文王赐以马服君的封号。其子赵括，只会纸上谈兵，曾指挥赵军在长平与秦兵作战，因策略失误，导致四十万赵军被活埋。

③輓赁：运输。

④吴干之剑：吴地出产的名剑干将。

⑤盘、匜：古代盥洗用具。洗手时把匜中的水倒在手上，下面用盘接着。

⑥薄：靠近。

⑦质：同"至"。

译文

赵惠文王三十年，齐相安平君田单与赵奢讨论军事，他说："我不是不同意将军您的用兵策略，我不能理解的是，将军您打仗时喜欢使用大量兵员。使用的兵员多，就会耽误百姓耕作，百姓就不能很好地耕种，粮食的运输也就跟不上。这是不攻自破、坐以待毙的办法，我不会这样做。我听说，古代帝王用兵不超过三万人，天下就能归服。现在将军您每次动辄使用十万乃至二十万的兵员才能打仗，这是我所不佩服的。"

马服君赵奢说："看来您不仅不通晓用兵之道，而且也不明了如今的军事形势。那吴国的干将之剑，用来砍肉可以砍断牛、马，用来砍金属可以割断盘、匜。如果用它来砍柱子，就会折为三段；用它来砍石头，就会碎为百片。现在用三万兵力去对付强大国家的军队，这就像是用宝剑砍柱子、石头一样。

"且夫吴干之剑材难[①]，夫毋脊之厚而锋不入[②]，无脾之薄而刃不断[③]，兼有是两者[④]，无钩罕镡蒙须之便[⑤]，操其刃而刺，则未入而手断。君无十万、二十万之众，而为此钩罕镡蒙须之便，而徒以三万行于天下，君焉能乎？且古者四海之内，分为万国。城虽大，无过三百丈者；人虽众，无过三千家者，而以集兵三万距此[⑥]，奚难哉？今取古之为万国者，分以为战国七，能具数十万之兵⑦，旷日持久，数岁，即君之齐已⑧。齐以二十万之众攻荆，五年乃罢。赵以二十万之众攻中山，五年乃归。今者齐、韩相方，而国围攻焉⑨，岂有敢曰‘我其以三万救是’者乎哉？今千丈之城、万家之邑相望也⑩，而索以三万之众，围千丈之城，不存其一角⑪，而野战不足用也。君将以此何之？”

都平君喟然大息曰：“单不至也⑫！”

注释

①剑材：铸剑的材料。难：难以寻觅。

②脊：剑的脊背。锋：剑锋。

③脾：接近剑刃的刀面。刃不断：剑刃不能砍断东西。

④是两者：这两种特点。

⑤钩罕：剑首和剑刃。罕，盖即“锷”之形讹。镡：剑格。蒙须：剑绳。

⑥距：同“据”，占有。

⑦具：征集。

⑧即君之齐已：即指齐国曾被燕军攻破一事。

⑨而：一作“两”。

⑩相望：相互怨恨，结仇。

⑪不存其一角：不能包围城的一个角。

⑫不至：没考虑到这些。

译文

“况且那吴国的干将之剑虽然锋利，但是如果剑脊不足够厚，剑锋就容易卷；剑叶不足够轻薄，剑刃就无法断物。如果同时具备了这样的剑脊和剑叶，但是没有剑环、剑刃、剑格、缠绳等辅助之物，那就只好用手握着剑刃去刺杀了。这样的话，剑还没有刺到别人，自己的手指就先被割断了。您如果没有十万、二十万的兵力作为像剑环、剑格这样的配合部分，只想凭借三万名精英横行于天下，怎么能做到呢？何况，古时候天下有上万个诸侯国，即使是大城邑，城墙也没有超过三百丈的；人口即使多，也没有超过三千家的。如果用训练有素的三万军队去攻打这样的城邑，还有什么困难呢？如今，古代众多的诸侯国已经归并成为战国七雄，它们可以召集数十万的兵力，打起仗来，旷日持久。如果这样持续几个年头，恐怕就会出现像你们齐国那样的状况。从前齐国动用二十万兵力攻楚，五年才结束战争。赵国出动二十万兵力灭中山，战争也整整打了五年。假如说，现在齐、韩两国势均力敌，又相互围攻，有谁敢对我夸下海口，说‘我能用三万兵力去援救这两国’呢？现在，方圆千丈的大城，户口上万的大邑相互对峙，如果想用三万的兵力去包围千丈的大城，恐怕连城的一角都围不住，至于进行野战就更加不够了，您能拿这点兵力去干什么呢？”

安平君田单长叹了一口气，说：“我确实比不上您的高明呀！”

魏使人因平原君请从于赵

魏使人因平原君请从于赵[①]。三言之，赵王不听。出遇虞卿，曰："为入[②]，必语从。"

虞卿入，王曰："今者平原君为魏请从，寡人不听。其于子何如[③]？"虞卿曰："魏过矣。"王曰："然，故寡人不听。"虞卿曰："王亦过矣。"王曰："何也？"曰："凡强弱之举事[④]，强受其利，弱受其害。今魏求从，而王不听，是魏求害，而王辞利也。臣故曰，魏过，王亦过矣。"

注释

①请从于赵：长平之战后的次年，即公元前 259 年，秦王不顾国家虚弱，发秦兵包围邯郸，期望一举灭赵。前 257 年，邯郸被围三年之后，赵平原君到楚国求救。楚虽愿意，但是赵、楚之间的魏国亲近秦国，害怕秦国攻打自己，不愿救赵。赵平原君夫人为魏信陵君的姐姐，多次写信向魏求救。魏国最终派晋鄙率十万人救赵，但在中途停滞不前。信陵君偷出魏王发兵虎符，椎杀晋鄙，同楚军一起解了邯郸之围。此策之事发生在公元前 255 年前后，由于魏对赵有恩惠，且赵、秦有仇，因此魏派人通过平原君请求合纵抗秦。因：通过。

②为：如果。

③其：代词，指代与魏国合纵这件事。

④举：谋划。

译文

魏国派人通过平原君说服赵王参加合纵。平原君向赵王说了多次，赵王都没有答应。平原君出来，遇到虞卿，说："如果你进去见赵王，一定要支持合纵的主张。"

虞卿入见赵王，赵王说："刚才平原君为魏国请求合纵，我没有答应。这件事你有什么看法？"虞卿说："魏国做错了。"赵王说："是啊，所以我没有答应。"虞卿说："大王您做得也不对。"赵王说："为什么？"虞卿说："凡是强国和弱国一起谋划事情，都是强国得利，弱国吃亏。如今魏国请求合纵，然而大王不答应，这对魏国来说是自求其害，而大王您这么做却是推掉好处啊！所以我才说，魏国错了，大王您也错了。"

秦攻赵于长平

秦攻赵于长平[①]，大破之，引兵而归。因使人索六城于赵而讲。赵计未定。楼缓新从秦来，赵王与楼缓计之曰："与秦城何如？不与何如？"楼缓辞让曰："此非人臣之所能知也[②]。"王曰："虽然，试言公之私[3]。"楼缓曰："王亦闻夫公甫文伯母乎[4]？公甫文伯官于鲁，病死。妇人为之自杀于房中者二八[5]。其母闻之，不肯哭也。相室曰[6]：'焉有子死而不哭者乎？'其母曰：'孔子，贤人也，逐于鲁[7]，是人不随[8]。今死，而妇人为死者十六人。若是者，其于长者薄，而于妇人厚。'故从母言之，之为贤母也；从妇言之，必不免为妒妇也。故其言一也，言者异，则人心变矣。今臣新从秦来，而言'勿与'，则非计也；言'与之'，则恐王以臣之为秦也，故不敢对。使臣得为王计之，不如予之。"王曰："诺。"

注释

①秦攻赵于长平：公元前262年，秦攻赵，与赵军在长平对峙。由于赵军统帅廉颇依靠地形，坚守不出，秦、赵两军在长平相持了三年。两国国内经济也都到了即将崩溃的边缘。最后，赵孝成王中了秦国的反间计，撤换了廉颇，任用赵国名将赵奢的儿子赵括为赵军统帅。赵括没有实战经验，只知纸上谈兵，一到前线，就大举出兵进攻秦军。此时秦国也暗地里更换名将白起为统帅，白起采取迂回包抄的战略，包围了赵军。赵军坚守待援，秦王亲自赶到河内，把十五岁以上的壮丁全部征发，支援前线，以堵截赵军后援及粮草供应。赵军受困四十六日之后，粮草匮乏，突围不出。后来赵括亲自率军突围，被射死。赵军四十多万人全被俘虏，

除了二百多名年幼赵兵外，其余全被活埋。经过此战，赵军损失近四十五万人，但秦军也死伤过半。之后，秦王不顾国家虚弱，围攻邯郸。

②非人臣之所能知：楼缓刚从秦国回来，因为害怕赵国人说他卖国，因此说自己不便于发表意见。

③私：私意。

④公甫文伯：即公父歜，春秋时期鲁国大夫。甫，同“父”。

⑤妇人：公甫文伯的妻妾。

⑥相室：随嫁的妇女。

⑦逐于鲁：孔子曾担任鲁国司寇，但鲁国政权掌握在三桓手中，因此孔子与三桓的矛盾比较尖锐。鲁定公十三年，齐国献给鲁公八十名美女，鲁国君迷恋舞乐，多日不理朝政，孔子非常失望。后来鲁国举行郊祭，祭祀后应该分祭肉给大臣们，但是孔子没有得到，这表明当政的季孙氏不想再任用孔子了，于是孔子不得已离开鲁国，带领学生，开始周游列国。

⑧是人不随：公甫文伯母认为孔子是个贤人，孔子离开鲁国，公甫文伯却不追随，说明公甫文伯不是一个贤明的人。用“是人”称呼自己的儿子，有一定的贬义。

译文

秦军与赵军在长平交战，大败赵军，于是退兵回国。

之后秦国就派人向赵国索取六座城邑作为讲和的条件。赵王拿不定主意。楼缓刚从秦国回来，赵王就与楼缓谋划说:“给秦国城邑怎么样？如果不给，会有什么后果？”楼缓推辞说:“这不是我能够知道的事情。”赵王说:“即使是这样，还是请你试着说说自己的意见。”楼缓说:“大王听说过公甫文伯母亲的故事吗？公甫文伯在鲁国做官，病死了。他的妻妾有十六人为他在房中自杀殉情。他母亲听说了这件事，不肯哭泣。他母亲随嫁的妇女说:‘哪里有儿子死了而不哭泣的人呢？’他母亲回答:‘孔子是个贤能的人，被鲁国驱逐，他不跟随。如今他死了，有十六个妻妾为他殉情而死。像这样的人，说明他对待长者情薄，对待妻妾情厚啊！’所以从他母亲的话来看，她是一位贤明的母亲；如果从妻妾嘴里讲出这话，一定免不了被人认为是喜欢嫉妒的妇人。因此同样的话，由于说话人的身份不同，别人的看法也就不一样了。如今我刚从秦国回来，说不给秦国城池，这不是好的计策；如果说给秦国城池，那么恐怕大王会认为我是为秦国说话，所以我不敢回答。假如让我为大王谋划这件事，我认为不如给秦国城池。”赵王说:“好吧。”

虞卿闻之[①]，入见王，王以楼缓言告之。虞卿曰:“此饰说也[②]。”王曰:“何谓也？”虞卿曰:“秦之攻赵也，倦而归乎？王以其力尚能进，爱王而不攻乎[③]？”王曰:“秦之攻我也，不遗余力矣，必以倦而归也。”虞卿曰：“秦以其力攻其所不能取，倦而归，王又以其力之所不能攻以资之[4]，是助秦自攻也。来年，秦复攻王，王无以救矣。”

注释

①之：代词，此处指虞卿听说赵王准备给秦国城池这件事情。

②饰说：掩饰的说法，托词。

③爱：爱护。

④资：资助。

译文

虞卿听说了赵王准备割地这件事，入宫觐见赵王，赵王把楼缓的话告诉了他。虞卿说：“这都是托词啊。”赵王说：“为什么这么说？”虞卿说：“秦国攻打赵国，大王认为是因为他们疲倦而退兵的呢？还是他们还尚进攻能力，只是因为爱护大王才没有继续进兵？”赵王说：“秦国攻打我国，可以说是倾尽全力了，必然是因为疲倦了才退兵。”虞卿说：“秦国倾尽全力进攻其不能攻取的城邑，疲倦之后才退兵。现在大王又把其倾尽全力不能攻取的城池割让出去，这是在帮助秦国攻打自己。明年，秦国再来攻打大王，大王就没有什么办法挽救了。”

王又以虞卿之言告楼缓。楼缓曰："虞卿能尽知秦力之所至乎[①]？诚知秦力之不至，此弹丸之地，犹不予也，令秦来年复攻[②]，王得无割其内而媾乎？"王曰："诚听子割矣[③]，子能必来年秦之不复攻我乎？"楼缓对曰："此非臣之所敢任也[④]。昔者三晋之交于秦[⑤]，相善也。今秦释韩、魏而独攻王，王之所以事秦，必不如韩、魏也。今臣为足下解负亲之攻[⑥]，启关通敝[⑦]，齐交韩、魏[⑧]。至来年而王独不取于秦[⑨]，王之所以事秦者，必在韩、魏之后也。此非臣之所敢任也。"

注释

①所至：所能达到的极限。

②令：假如。

③诚：确实。

④任：承担。

⑤三晋：因赵、魏、韩三国瓜分晋国，所以把三国合称为三晋。

⑥负亲之攻：赵国曾经亲秦，后来又背叛秦国，故而受到秦国攻击。

⑦启关通敝：打开关塞，修礼通好。

⑧齐交韩、魏：像韩、魏一样和秦国交好。齐，等同。

⑨取：同"趋"，接近，友好。

译文

赵王又把虞卿的话告诉楼缓，楼缓说："虞卿难道完全知道秦军能打到哪里吗？如果确实不知道秦军能够打到哪里，秦国要求的六城只是弹丸一样狭小的土地，连这都不给，假如秦国明年再来攻打，大王您岂不是要割让更多的领土讲和吗？"赵王说："如果确实听了你的计策，同意割地，那你能保证明年秦国一定不会再来攻打我们吗？"楼缓说："这不是我能够保证的事情。以前赵、魏、韩三国都跟秦国交好，互相亲善。现在秦国不打韩、魏，偏偏攻打大王，看来大王您侍奉秦国一定不如韩国和魏国。如今我替您解除由于辜负秦国而招致的进攻，开放关塞，修礼通好，像韩、魏一样与秦国交好。到了来年，假如大王还是不取悦于秦国，那么大王对待秦国的态度一定不如韩、魏两国好。这可不是我所能担保的事情了。"

王以楼缓之言告虞卿，虞卿曰："楼缓言不媾，来年秦复攻王，得无更割其内而媾。今媾，楼缓又不能必秦之不复攻也，虽割何益？来年复攻，又割其力之所不能取而媾也，此自尽之术也[①]。不如无媾。秦虽善攻，不能取六城；赵虽不能守，而不至失六城。秦倦而归，兵必罢。我以五城收天下以攻罢秦，是我失之于天下，而取偿于秦也，吾国尚利。孰与坐而割地，自弱以强秦？今楼缓曰：'秦善韩、魏而攻赵者，必王之事秦不如韩、魏也。’是使王岁以六城事秦也，即坐而地尽矣。来年秦复求割地，王将予之乎？不与，则是弃前贵而挑秦祸也；与之，则无地而给之。语曰：‘强者善攻，而弱者不能自守。’今坐而听秦，秦兵不敝，而多得地，是强秦而弱赵也。以益愈强之秦，而割愈弱之赵，其计固不止矣[②]。且秦虎狼之国也，无礼义之心，其求无已，而王之地有尽。以有尽之地，给无已之求，其势必无赵矣。故曰‘此饰说也’。王必勿与。”王曰：“诺。”

注释

①自尽之术：自取灭亡的方法。

②计固不止：秦国侵略的计谋一定不会停止。

译文

赵王又把楼缓的话告诉虞卿，虞卿说：“楼缓说如果不与秦国讲和，来年秦国会再次攻打大王，大王要割让更多的土地来求和。如果现在讲和，楼缓又不能保证秦国不会再来进攻赵国，那现在割让土地又有什么用呢？来年秦国再次攻打赵国，又割让秦国力不能取的土地与它讲和，这是自取灭亡的方法啊。不如不讲和。秦国虽然善于攻城，但也不能一下子攻取六城；赵国虽然不善于防守，但也不会一下子失去六城。秦军劳累而退兵，士兵一定很疲惫。我用五座城邑收买其他诸侯去攻打劳累的秦国，这样的话，是我损失于诸侯，却能从秦国得到补偿，我们国家还是得利的。这与白白割地给秦国，使我们国家削弱的计策，哪个好？现在楼缓说：‘秦国与韩、魏两国友善而攻打大王的原因，是大王侍奉秦国不如韩、魏两国。’这是让大王每年都用六城来侍奉秦国，那么眼看着赵国的土地就要丢光啊。来年秦国再要求割地，大王还给它吗？不给，那么这是抛弃以前付出的代价，而给赵国引来祸患；给它，那么就没有土地可给了。俗话说：‘强大的善于进攻，弱小的不能自卫防守。’如今无故听从秦国要求，秦军不受任何损伤就能多得土地，这是使秦国富强而削弱赵国啊。去增强更加强大的秦国，而削弱越来越弱小的赵国，秦国侵略的阴谋一定会没完没了。况且秦国是个虎狼之国，不讲究礼仪，没有羞耻之心。它的贪欲一定没有止境，而大王您的土地却有送尽的时候。用能够用尽的土地，去满足永无止境的贪欲，那形势发展的最终结果一定是不存在赵国了。所以我说楼缓的话都是托词。大王您一定不要割给秦国城池。”赵王说：“好。”

楼缓闻之，入见于王，王又以虞卿言告之。楼缓曰：“不然，虞卿得其一，未知其二也。夫秦、赵构难，而天下皆说，何也？曰：‘我将因强而乘弱’。今赵兵困于秦，天下之贺战胜者，则必尽在于秦矣。故不若亟割地求和以疑天下[①]，慰秦心。不然，天下将因秦之怒，乘赵之敝，而瓜分之。赵且亡，何秦之图？王以此断之，勿复计也。”

虞卿闻之，又入见王曰：“危矣，楼子之为秦也！夫赵兵困于秦，又割地为和，是愈疑天下，而何慰秦心哉？是不亦大示天下弱乎？且臣曰‘勿予’者，非固勿予而已也。秦索六城于王，王以五城赂齐。齐，秦之深仇也，得王五城，并立而西击秦也，齐之听王，不待辞之毕也[②]。是王失于齐而取偿于秦，一举结三国之亲，而与秦易道也[③]。”赵王曰：“善。”因发虞卿，东见齐王，与之谋秦。

虞卿未反，秦之使者已在赵矣。楼缓闻之，逃去。

注释

①亟割地求和以疑天下：赵国割地求和，诸侯害怕赵国有秦国支持而不敢图谋攻赵。亟，尽快。

②不待辞之毕：不等到话说完。说明齐王认为有利可图。

③与秦易道：秦军与赵军在长平对峙了好几年，秦国经济也即将崩溃，虽然胜利，但短时间内也失去了与其他国家抗衡的能力。因此，如果赵国联合其他国家攻秦，秦国的境遇将十分困窘。

译文

楼缓听说赵王又不准备割地，进宫去见赵王。赵王又把虞卿的话告诉楼缓。楼缓说：“事情并非如此。

虞卿只知道其中的一方面，没有看到事情的另一方面。现在秦、赵两国交战，而其他的诸侯都很高兴，为什么呢？他们说：‘我将要依靠强大的国家去欺凌弱小的国家。’现在赵军为秦国所困，天下诸侯去祝贺战胜国的人，一定都在秦国了。因此不如赶紧割地求和，以此来让天下诸侯心生疑惑，不敢图谋攻赵，并以此来安抚秦国。如果不这样，天下诸侯将会借着秦国的怒火，趁赵国破败而瓜分赵国。赵国就要灭亡了，还能对秦国怎么样呢？大王您就这样决定，不要再打其他的主意了。”

虞卿听说楼缓对赵王说的话之后，又立刻进宫见赵王，说：“赵国危险了，楼缓这是在为秦国谋划啊。赵军被秦兵所困，现在又去秦国割地求和，这越发使天下诸侯疑心了，又怎么能够谈得上安抚秦国呢？这岂不是大肆地向诸侯展示赵国的衰弱吗？再说我主张拒绝割让城池，并不是一定不拿出土地。秦国向您索取六城，大王您可以用五城来贿赂齐国。齐国，和秦国有着深仇大恨，得到您的五座城池，就会和我们同心协力向西攻打秦国了。用不着您把话说完，齐国就一定会听从您的。这是大王在齐国有所损失，而从秦国取得补偿。这样一举就可以使我们与韩、魏、齐三国交好，改变了现在的处境。”赵王说：“好。”于是就派虞卿向东求见齐王，和齐国一起图谋攻打秦国。

虞卿还没有从齐国回来，秦国派出的使者就已经来到赵国讲和了。楼缓听到这个消息，就从赵国逃走。

赵使赵庄合从

赵使赵庄合从[①]，欲伐齐。齐请效地[②]，赵因贱赵庄[③]。

齐明为谓赵王曰[④]："齐畏从人之合也，故效地。今闻赵庄贱，张懃贵[⑤]，齐必不效地矣。"赵王曰："善。"乃召赵庄而贵之。

注释

①赵庄：赵国将领。公元前314年，齐宣王趁燕国内乱，攻破燕国。诸侯此时合纵伐齐救燕，因此，赵派赵庄为将，联合楚、魏伐齐。

②效：贡献。齐国害怕诸侯联合攻打自己，因此献土地贿赂赵国，请求息兵。

③贱赵庄：齐国既然臣服，就不需要联合他国进行合纵，因此赵庄在国内的地位就下降了。

④齐明：东周大臣。

⑤张懃：赵国反对合纵的大臣。

译文

赵王让赵庄联络韩、魏、楚、燕等国，准备出兵伐齐。齐王献给赵王土地，请求息兵，赵王因此就冷落了赵庄。

齐明替赵庄对赵王说："齐国害怕各国合纵攻齐，

因此才献土地求和。现在听说赵庄在赵国被轻视，反对合纵的张懃地位显贵，一定不会再把土地献给您了。”赵王说：“你说得有道理。”于是就召见赵庄，恢复他在赵国尊贵的地位。

客见赵王曰

客见赵王曰[①]：“臣闻王之使人买马也，有之乎？”王曰：“有之。”“何故至今不遣[②]？”王曰：“未得相马之工也[③]。”对曰：“王何不遣建信君乎[④]？”王曰：“建信君有国事，又不知相马。”曰：“王何不遣纪姬乎？”王曰：“纪姬，妇人也，不知相马。”对曰：“买马而善，何补于国[⑤]？”王曰：“无补于国。”“买马而恶，何危于国[⑥]？”王曰：“无危于国。”对曰：“然则买马善而若恶[⑦]，皆无危、补于国。然而王之买马也，必将待工。今治天下，举错非也[⑧]，国家为虚戾[⑨]，而社稷不血食[⑩]，然而王不待工而与建信君，何也？”赵王未之应也。

客曰：“郭偃之法[⑪]，有所谓‘柔痈’者[⑫]，王知之乎？”王曰：“未之闻也。”“所谓‘柔痈’者，便辟左右之近者[⑬]，及夫人优爱孺子也。此皆能乘王之醉昏，而求所欲于王者也。是能得之乎内，则大臣为之枉法于外矣。故日月晖于外[⑭]，其贼在于内[⑮]。谨备其所憎，而祸在于所爱。”

注释

①赵王：即赵孝成王。

②遣：派遣出去。

③相马之工：善于评判马的优劣的人。

④建信君：当是赵王的宠臣。

⑤补：好处。

⑥危：损害。

⑦而若：或者。

⑧举错：即举措，治国的措施。

⑨虚戾：废墟。形容田舍荒芜，人民灭绝。

⑩血食：祭祀祖先的食品。不能血食指祖先得不到祭祀，国家灭绝。

⑪郭偃：春秋晋国掌管卜筮的大夫。

⑫柔雍：即柔痈，此处把美女等比喻成毒疮。

⑬便辟：亲近宠爱者。辟，通“嬖”。

⑭晖：光晕。

⑮贼：害，此处指日月中黑暗的部分。

译文

有人拜见赵王说：“我听说大王您准备派人去买良马，有这回事么？”赵王说：“有这样的事。”“那为什么到现在还没有看到您派人去采购呢？”赵王说：“没有找到善于相马的人。”这个人问：“为什么不派建信君去呢？”赵王说：“建信君要处理国家大事，而且他也不懂得如何相马。”这人又说：“大王为什么不派遣纪姬去呢？”赵王说：“纪姬是个妇道人家，也不懂得相马。”这人继续问：“如果买到了良马，对国家有什么好处么？”赵王说：“对国家没有什么好处。”这人说：“如果买到了劣马，对国家有什么坏处么？”赵王回答说：“对国家没有什么坏处。”这人说：“既然无论买来的马是良马还是劣马，对国家都没有坏处或者好处，而您还一定要等待一个善相马的人。如今大王您治理天下，措施不当，国家衰败，就会亡国，可是大王您却不等待善于治理国家的人，却把国家大权交给建信君，这是为什么？”赵王不能够回答。

这人又说：“郭偃治国的方法中，有所谓的‘柔痈’之说，大王您听说过吗？”赵王说：“没听说过。”“所谓的‘柔痈’，就是指您身边那些献媚的人和左右亲幸的大臣，以及夫人、宠爱的少年美女。这些都是能趁大王您酒醉之时向您提出自己非分之想的人。这些人如果能够在大王您身边满足自己的欲望，那么大臣们就会在外面帮助他们贪赃枉法了。所以日月的光晕在外面，可是它内部仍然有黑暗的部分。人们一般都十分谨慎地防备着自己憎恶的人，但祸患却往往发生在自己溺爱的人身上。”

秦使王翦攻赵

秦使王翦攻赵[1]，赵使李牧、司马尚御之[2]。李牧数破走秦军[3]，杀秦将桓齮[4]。王翦恶之，乃多与赵王宠臣郭开等金[5]，使为反间，曰："李牧、司马尚欲与秦反赵[6]，以多取封于秦。"赵王疑之，使赵葱及颜聚代将[7]，斩李牧，废司马尚[8]。后三月，王翦因急击，大破赵，杀赵葱，虏赵王迁及其将颜最，遂灭赵[9]。

注释

①王翦：秦国名将，攻破赵国都城邯郸，消灭燕、赵；以秦国绝大部分兵力消灭楚国。与其子王贲一并成为秦始皇兼并六国的最大功臣。

②李牧：赵国名将，曾在赵国北境抵抗匈奴，后来指挥对秦作战，多次大败秦军，于公元前233年被封为武安君。廉颇逃到魏国之后，李牧是赵国最重要的军事将领。司马尚：赵国将领。

③破走：败退。

④桓齮：战国末期秦国将领。

⑤郭开：赵王迁的宠臣，跟廉颇有仇，陷害廉颇，使廉颇不能回到赵国。后来又收取秦国贿赂，陷害李牧，导致李牧被杀。

⑥与：勾结。

⑦赵葱、颜聚：赵国将领。

⑧废：罢免。

⑨灭赵：公元前228年，秦将王翦攻破邯郸，俘虏了赵王迁。赵公子嘉逃到代地，在大臣拥护下，称代王，前222年秦军灭代，俘虏代王嘉，赵国正式灭亡。

译文

秦国派王翦攻赵，赵国派李牧、司马尚率军抵抗。李牧多次大败秦军，杀掉了秦军将领桓齮。王翦很痛恨他，于是就多给赵王的宠臣郭开等人金钱，让他们为自己搞离间活动，对赵王说：“李牧、司马尚勾结秦国背叛赵国，以此来从秦国获得更多的封地。”赵王怀疑李牧和司马尚，让赵葱和颜聚代替他们为将，处死了李牧，罢免了司马尚。三个月以后，王翦趁机加紧攻打赵国，大败赵军，杀了赵葱，俘虏了赵王迁和颜聚，于是就把赵国灭掉了。

魏　策[1]

韩赵相难

韩赵相难。韩索兵于魏曰[2]："愿得借师以伐赵。"魏文侯曰[3]："寡人与赵兄弟，不敢从。"赵又索兵以攻韩，文侯曰："寡人与韩兄弟，不敢从。"二国不得兵，怒而反。已[4]，乃知文侯以讲与己也，皆朝魏[5]。

注释

①魏：晋献公时，魏国先祖毕万因有功，被封于魏，后为魏氏。毕万之子魏犨曾辅佐重耳，一起流亡在外，重耳归国即位后，魏犨也被立为大夫。由于晋国在晋献公时期灭掉群公子，因此晋国一般是卿大夫执政。魏犨被立为大夫之后，魏氏逐渐强大。到了魏桓子时，与赵、韩两家灭知氏，三分知氏领地。到公元前403年魏文侯斯时，赵、魏、韩三家正式获得周王的承认，被封为诸侯。三家瓜分晋国领地时，魏国占有的是原晋国的核心地区，开发程度较高，再加上魏文侯任用李悝进行变法，最先确立封建制度，因此，战国初期，魏国是当时中原地区的霸主，实力最强。但是到了

魏文侯的孙子魏惠王时期，由于其他国家也经过了变法，而魏国又四面受敌，经过桂陵之战和马陵之战，魏国逐渐衰落。魏国都城原在安邑，后来因为受到秦国的侵扰，并且为了方便对东方领土的控制，都城迁到大梁（即今河南省开封市）。

②索兵：索求援助。

③魏文侯：名斯，战国初期魏国统治者，前445—前396年在位。魏文侯是魏国杰出的领袖，他十分好学，身边聚集了子夏、田子方、段干木等一批被他称作老师的贤人，此外，他任人唯贤，重用乐羊、吴起、西门豹、翟璜等一批良将能臣，任用法家代表人物李悝进行变法改革，重视农业，制定法典，使魏国成为战国初期的强国。因此，魏文侯是战国时期一位杰出的政治家。

④已：事情过后。

⑤朝：朝拜。

译文

韩、赵两国交恶。韩国向魏国索求援助，说："希望能够借兵给我去讨伐赵国。"魏文侯说："我和赵家情同兄弟，不敢从命。"赵国也来索求援兵去进攻韩国，魏文侯说："我和韩家情同兄弟，不能从命。"两国都没有借到兵，都很生气地返回本国。等到事情过后才知道文侯这是在为自己讲和，于是都去朝见魏文侯。

乐羊为魏将而攻中山

乐羊为魏将而攻中山①。其子在中山，中山之君烹其子而遗之羹②。乐羊坐于幕下而啜之③，尽一盃④。

文侯谓睹师赞曰⑤："乐羊以我之故，食其子之肉。"赞对曰："其子之肉尚食之，其谁不食⑥！"

乐羊既罢中山⑦，文侯赏其功而疑其心。

注释

①乐羊：人名，魏国将领，宋国乐喜的后代。中山：国名，在今河北省定州、平山一带。

②烹 pēng：即煮。羹：肉粥。

③幕下：帐幕之下，军帐中。啜：饮，喝。

④盃 bēi：同"杯"。

⑤文侯：名斯，战国初期魏国的君主。他在位期间，任用贤能，进行变法，使魏国成为战国初期的军事强国。三家分晋之后，一直未得到诸侯的承认。公元前 403 年，文侯率领韩、赵朝见周天子，魏国与韩、赵一起被周天子正式封为诸侯。睹师赞：人名，魏臣，姓睹师，名赞。

⑥其谁不食：睹师赞认为乐羊吃自己儿子的肉不符合人情，一定是有所图谋。

⑦罢中山：攻克中山。公元前 408 年，魏国派乐羊进攻中山，公元前 406 年攻下。罢，除掉。

译文

乐羊担任魏军统帅去攻打中山国。当时他的儿子在中山国，中山国的国君烹杀了他的儿子，并送给他一杯人肉羹。乐羊坐在军帐内喝，把一杯肉羹全喝完了。

魏文侯听说了这件事，对睹师赞说："乐羊因为效忠我的缘故，竟然吃了自己儿子的肉。"睹师赞回答说："他连儿子的肉都吃，还有谁的肉不敢吃！"

乐羊攻取了中山国之后，魏文侯奖赏了他的战功，却怀疑起他的忠心。

西门豹为邺令

西门豹为邺令①，而辞乎魏文侯。文侯曰："子往矣，必就子之功②，而成子之名。"西门豹曰："敢问就功成名，亦有术乎③？"文侯曰："有之。夫乡邑老者而先受坐之④，士子入而问其贤良之士而师事之，求其好掩人之美而扬人之丑者而参验之⑤。夫物多相类而非也⑥，幽莠之幼也似禾⑦，骊牛之黄也似虎⑧，白骨疑象⑨，碔砆类玉⑩，此皆似之而非者也。"

注释

①西门豹：复姓西门，名豹，魏国大臣。邺：地名，在今河北省临漳县西南。

②就：成就。

③术：方法。

④乡邑老者而先受坐之：乡邑中的老者让他们先于众人而入座，即尊敬老人。

⑤参验：检验。

⑥相类：相似。

⑦幽莠之幼：莠草的幼苗。莠，杂草。

⑧骊牛：毛色黄黑相杂的牛。

⑨象：象牙。

⑩武夫：即珷玞，一种像玉的石头。

译文

西门豹被任命为邺令，向魏文侯辞行。魏文侯说：“你去吧，一定能成就你的功业，获得美名。”西门豹说：“请问成就功名也有方法吗？”魏文侯说：“有方法。对乡邑中的老年人，要让他们先坐；对于入境的士人，要选择德才兼备的人尊为老师；对那些喜欢掩盖别人优点，宣扬别人缺点的人，要根据实际情况进行考察。事物总是似是而非的，莠草的幼苗像禾苗，骊牛因身上有黄色而像老虎，白骨像象牙，武夫像玉石。这些都是所谓的似是而非的事物啊！”

魏文侯与田子方饮酒而称乐

魏文侯与田子方饮酒而称乐[①]。文侯曰："钟声不比乎[②]？左高。"田子方笑。文侯曰："奚笑[③]？"子方曰："臣闻之，君明则乐官[④]，不明则乐音。今君审于声[⑤]，臣恐君之聋于官也[⑥]。"文侯曰："善，敬闻命[⑦]。"

注释

①田子方：名无择，是孔子弟子子贡的学生，魏文侯的老师。称：谈论。

②比：和谐，协调。

③奚：为什么。

④乐yào：喜好。官：国家政事。

⑤审：了解。声：音乐。

⑥聋：不清楚，不知道。

⑦命：指教，教诲。

译文

魏文侯和田子方一边饮酒，一边谈论音乐。魏文侯说："钟的声音不协调吧？左边的声音高。"田子方笑了。魏文侯说："你笑什么？"田子方说："我听说，英明的国君关心国家政事，不英明的国君则关心音乐。现在您对音乐很了解，我担心您对政事不清楚啊！”魏文侯说：“您说得有道理，我敬遵您的指教。”

魏公叔痤病

魏公叔痤病，惠王往问之[①]，曰：“公叔病，即不可讳[②]，将奈社稷何？”公叔痤对曰：“痤有御庶子公孙鞅[③]，愿王以国事听之也。为弗能听[④]，勿使出竟[⑤]。”王弗应，出而谓左右曰：“岂不悲哉！以公叔之贤，而谓寡人必以国事听鞅，不亦悖乎[⑥]！”

公孙痤死，公孙鞅闻之，已葬，西之秦，孝公受而用之。秦果日以强，魏日以削。此非公叔之悖也，惠王之悖也。悖者之患，固以不悖者为悖。

注释

①惠王：即魏惠王，战国时魏国国君，魏武侯之子，名罃，前369—前319年在位。问：探视，探望。

②即：如果。不可讳：即言“死”。

③公孙鞅：即商鞅。

④为：如果。弗：不。

⑤竟：通“境”，国境。

⑥悖：糊涂。

译文

魏国公叔痤病重，魏惠王去探望他，说："公叔您病重，万一您要是有什么不幸，那么国家社稷怎么办啊？"公叔痤回答说："我手下有一个御庶子公孙鞅，希望大王您能把国事交给他处理。如果您不愿意，一定不能让他离开魏国。"魏王没有回应，出来之后对左右大臣说："太可悲了！凭公叔痤那么贤明的人，竟然让我把国政托付给公孙鞅，这也太糊涂了吧！"

公叔痤死了，公孙鞅听说后，在公叔痤下葬之后，向西逃到秦国，秦孝公接纳并重用了他。之后，秦国果然开始日益强大，而魏国日益衰弱下去。这不是公叔痤糊涂，而是魏惠王糊涂。糊涂之人的祸害，本来就是把不糊涂的人当作糊涂的人造成的啊！

苏子为赵合从说魏王

苏子为赵合从[①]，说魏王曰[②]："大王之埊[③]，南有鸿沟、陈、汝南、许、鄢、昆阳、邵陵、舞阳、新郪[④]；东有淮、颍、沂、黄、煮枣、海盐、无疏[⑤]；西有长城之界[⑥]；北有河外、卷、衍、燕、酸枣[⑦]，地方千里。埊名虽小，然而庐田庑舍[⑧]，曾无所刍牧牛马之地[⑨]。人民之众，车马之多，日夜行不休已，无以异于三军之众[⑩]。臣窃料之[⑪]，大王之国，不下于楚。然横人谋王，外交强虎狼之秦，以侵天下，卒有国患，不被其祸。夫挟强秦之势[12]，以内劫其主，罪无过此者。且魏，天下之强国也；大王，天下之贤主也。今乃有意西面而事秦，称东藩[13]，筑帝宫[14]，受冠带[15]，祠春秋[16]，臣窃为大王媿之[17]。

注释

①苏子：即苏秦，字季子，战国时期洛阳人，纵横家。

②魏王：即魏惠王。

③埊dì：同“地”。

④鸿沟：古运河，故道自今河南省荥阳东南至淮阳入颍河。陈：古地名，在今河南省淮阳县。汝阳：郡名，在今河南省南部汝水中游一带。许：地名，在今河南省许昌市东。鄢：地名，在今河南省鄢陵县。昆阳：地名，在今河南省叶县北。邵陵：地名，在今河南省漯河市郾城东。舞阳：地名，在今河南省舞阳县西。新郪：地名，在今河南省商丘东。

⑤淮：淮水。颍：颍水，源于河南省登封市嵩山西南，经河南省东入安徽省与淮水会合。沂：沂河，源于山东省沂源县鲁山。黄：即外黄，魏邑名。煮枣：地名，在今山东省菏泽市东南。海盐、无疏：皆地名，今地不详。

⑥西有长城之界：指魏国西面有长城作为边界。

⑦河外：地区名，指魏国境内黄河以南的地方。卷：地名，在今河南省原阳县西。衍：地名，在今河

南省郑州市北。酸枣：地名，在今河南省延津县西南。

⑧庐田庑舍：言田舍相间，房舍多。

⑨曾：竟。刍：割草。

⑩无以异于三军之众：与三军士卒的行军没什么不同。

⑪窃：私下。料：估计，估量。

⑫挟：凭借，依靠。

⑬藩：藩国，臣服于他国的国家叫藩国。

⑭筑帝宫：为秦王修建宫室，作为秦王视察游玩时的行宫。

⑮受冠带：接受秦王赐予的服饰，指接受秦国的制度。

⑯祠春秋：春秋两季给秦国纳贡，以助秦国祭祀之用。

⑰媿：通“愧”，惭愧。

译文

苏秦为了替赵国合纵，游说魏王说：“大王的国土，南边有鸿沟、陈、汝南、许、鄢、昆阳、召陵、舞阳、新郪；东边有淮水、颍水、沂水、外黄、煮枣、海盐、无疏；西边有长城为边界；北边有河外、卷、衍、燕、酸枣，国土纵横千里。国土名义上虽然狭小，但房屋田舍相间，十分密集，竟然没有割草放牧牛马的地方。百姓众多，车马成群，日夜往来奔驰，络绎不绝，其声势和三军士兵行军相比没有什么区别。我私下里估计，大王的国家并不比楚国差。然而那些主张连横的人却给大王出谋划策，对外结交像虎狼一样凶残的秦国，来侵犯天下。如果国家因此遭受祸患，他们又不会遭受祸害。他们倚仗强秦的势力，在国内胁迫自己的君主，罪过没有比这再大的了。而且魏国是天下的强国，大王是天下贤明的君主。现在竟然有意向西方而侍奉秦国，成为秦国东方的属国，建筑秦王行宫，接受秦国的冠带制度，春秋两季向秦国供奉祭祀，我私下里替大王您感到惭愧。

"臣闻越王勾践以散卒三千[①]，禽夫差于干遂[②]；武王卒三千人[③]，革车三百乘，斩纣于牧之野[④]。岂其士卒众哉？诚能振其威也。今窃闻大王之卒，武力二十余万[⑤]，苍头二十万[⑥]，奋击二十万[⑦]，厮徒十万[⑧]，车六百乘，骑五千疋[⑨]。此其过越王勾践、武王远矣！今乃劫于辟臣之说[⑩]，而欲臣事秦。夫事秦必割地效质，故兵未用而国已亏矣。凡群臣之言事秦者，皆奸臣，非忠臣也。夫为人臣，割其主之壑以求外交，偷取一旦之功[⑪]，而不顾其后，破公家而成私门[⑫]，外挟强秦之势以内劫其主，以求割地，愿大王之熟察之也。

注释

①勾践：又作"句践"，春秋末越国国君。

②禽：通"擒"。夫差：春秋末吴国国君。干遂：地名，在今江苏省苏州市西北。

③武王：指周武王。

④牧之野：即牧野，地名，在今河南省卫辉市南。

⑤武力：武士，指精锐的士兵。

⑥苍头：用青巾裹头的士兵，指普通士卒。

⑦奋击：能奋勇杀敌的战士，指冲锋队。

⑧厮徒：杂役。

⑨疋：通“匹”。

⑩辟臣：邪僻的臣子。辟，通“僻”，邪僻。

⑪偷：苟且。一旦：一时。

⑫公家：指国家。私门：指个人的功绩。

译文

“我听说越王勾践靠三千残兵败将，在干遂擒获了吴王夫差；周武王凭三千名士兵，三百辆战车，在牧野斩了商纣王的头。难道是因为他们的士兵众多吗？实在是因为他们能够振奋士气，发挥威力啊。现在我听说大王的兵力有精锐部队二十多万，普通士卒二十万，冲锋部队二十万，勤杂部队十万，还有战车六百辆，骑兵五千骑。这些就远远超过了越王勾践和周武王。如今您却被谗臣的邪说所迫，打算臣服于秦国。要臣服于秦国，必然得割让土地派出人质，因此还没出兵而国家就已经遭受损失了。大凡群臣中主张事奉秦国的人，都是奸臣，不是忠臣。作为臣子，割让自己国家的土地来与外国勾结，窃取一时的功绩，不顾后果，损害国家的利益，而满足个人的利益，在国外倚仗强秦的势力以在国内胁迫自己的君主，要求割让土地，希望大王慎重考虑。

"《周书》曰[①]:'绵绵不绝[②],缦缦奈何[③];毫毛不拔,将成斧柯[④]。'前虑不定,后有大患,将奈之何?大王诚能听臣,六国从亲[⑤],专心并力,则必无强秦之患。故敝邑赵王使使臣献愚计,奉明约[⑥],在大王诏之[⑦]。"

魏王曰:"寡人不肖,未尝得闻明教。今主君以赵王之诏诏之[⑧],敬以国从。"

注释

①《周书》:即《逸周书》,我国古代历史文献汇编。

②绵绵:细软的样子。

③缦缦:蔓延的样子。缦,通"蔓"。

④斧柯:斧头。

⑤六国:指楚、燕、韩、齐、赵、魏。从亲:结成合纵联盟。

⑥奉明约:遵守盟约。

⑦在:任凭。

⑧主君:对苏秦的敬称。

译文

"《周书》上说:'草木微弱时如不除掉,等到枝叶蔓延就无法消灭了;幼小的时候如不及早铲除,等将来长大了就得用斧头砍了。'事前不当机立断,事后必有大祸，到那时将要怎么办呢？大王如果真能听从我的意见，六国结成合纵联盟，友好相亲，齐心合力，就一定不会遭受强秦的祸患。所以赵王派我来向您进献愚计，进献盟约，听凭大王的决定。”

魏王说：“我没有才德，以前没有听到过这样高明的指教。现在您用赵王的诏令来教导我，我愿意率领魏国民众跟从您参加合纵联盟。”

张仪为秦连横说魏王

张仪为秦连横，说魏王曰：“魏地方不至千里，卒不过三十万人。地四平[①]，诸侯四通，条达辐凑[②]，无有名山大川之阻。从郑至梁[③]，不过百里；从陈至梁[④]，二百余里。马驰人趋，不待倦而至梁。南与楚境[⑤]，西与韩境，北与赵境，东与齐境，卒戍四方[⑥]，守亭障者参列[⑦]。粟粮漕庾[⑧]，不下十万。魏之埊势，故战场也。魏南与楚而不与齐，则齐攻其东；东与齐而不与赵，则赵攻其北；不合于韩，则韩攻其西；不亲于楚，则楚攻其南。此所谓四分五裂之道也。

注释

①地四平：土地平坦。

②条达辐辏：像车条集中在车毂上一样，比喻人或物集中于一处，此言各诸侯国像树枝一样分布在

魏国的周围。

③郑：韩国国都新郑，在今河南省新郑市。梁：魏国国都大梁，在今河南省开封市。

④陈：楚国的首都。

⑤境：动词，接壤，接界。

⑥卒戍四方：士卒戍守四方的边界。

⑦亭障：古代在边境要塞设置的供瞭望和防守用的堡垒。参列：排列。

⑧漕庾：储存水路运输的粮仓。漕，水路运输。庾，露天的粮仓。

译文

张仪为秦国连横的事，游说魏襄王说："魏国的领土方圆不到千里，士卒不超过三十万人。土地平坦，与四方诸侯四通八达，好像车轮辐条都集聚在车轴上一般，没有高山大河的阻隔。从韩国国都新郑到魏国国都大梁，不超过百里；从楚国国都陈到大梁，只有二百余里。人奔马跑，还没有疲倦就到了魏国。魏国南边与楚国接界，西边与韩国接界，北边与赵国接界，东边与齐国接界，魏国士兵要戍守四方的边界。守卫边境堡垒的兵士接连排列，储存从运河转运的粮食的粮仓，不少于十万。魏国的地势，本来就是一个战场。如果魏国向南联合楚国而不联合齐国，那么齐国就会从东面进攻；向东联合齐国而不联合赵国，那么赵国就会从北面来进攻；不和韩国联合，那么韩国就会从西面进攻；不和楚国亲近，那么楚国就会从南面进攻。这就是人们所说的四分五裂的地理位置啊！

“且夫诸侯之为从者，以安社稷、尊主、强兵、显名也。合从者，一天下，约为兄弟，刑白马以盟于洹水之上①，以相坚也②。夫亲昆弟同父母③，尚有争钱财，而欲恃诈伪反覆苏秦之余谋④，其不可以成亦明矣。大王不事秦，秦下兵攻河外，拔卷、衍、燕、酸枣，劫卫取阳晋⑤，则赵不南；赵不南，则魏不北；魏不北，则从道绝⑥；从道绝，则大王之国欲求无危，不可得也。秦挟韩而攻魏，韩劫于秦，不敢不听。秦、韩为一国，魏之亡可立而须也⑦，此臣之所以为大王患也。为大王计，莫如事秦，事秦则楚、韩必不敢动；无楚、韩之患，则大王高枕而卧，国必无忧矣。

注释

①刑白马：春秋战国时期，诸侯之间举行盟会时，都会杀一些牲畜，饮牲畜之血，或者涂在嘴上，表示诚意，又称歃血为盟。刑，杀。洹水：水名，今名安阳河，发源于河南省林州市林虑山，向东流经河南省安阳市至内黄县，入卫河向北流去，最后汇入海河，经天津，从塘沽入渤海。

②坚：坚守。

③昆弟：兄弟。

④苏秦之余谋：苏秦留下的计谋，指苏秦的合纵主张。

⑤阳晋：卫地，在今山东省郓城县。是通往齐国的要道。

⑥从道绝：合纵国家之间的道路被隔断，无法传递消息。

⑦须：待。

译文

“况且诸侯结成合纵联盟，是为了国家安定，君主尊贵，军队强大，名声显赫。现在各合纵的国家想要联合诸侯，彼此结为兄弟，在洹水之滨杀白马，歃血为盟，来表示彼此坚守盟约。然而同一父母所生的亲兄弟之间，尚且有为了争夺钱财互相争斗的，而要依靠欺诈虚伪、反复无常的苏秦留下的策谋，这不可能成功是很明显的。大王要是不臣服于秦国，秦国就会发兵进攻河外，攻占卷、衍、燕、酸枣等地，胁迫卫国夺取阳晋，那么赵国就不能南下支援魏国；赵国不能南下，那么魏国也就不能北上联合赵国；魏国不能联合赵国，那么合纵各国的通道就断绝了。合纵各国的通道一断，那么大王的国家要想没有危险就不可能了。秦国挟制韩国进攻魏国，韩国受秦国所迫，一定不敢不听从。秦国、韩国联合为一体，那么魏国的灭亡就不远了，这就是我为大王担心的原因。为大王考虑，不如归顺秦国，归顺秦国，那么楚国、韩国必定不敢轻举妄动；没了楚国、韩国的祸患，大王您就可以高枕无忧，国家一定没有忧患。

"且夫秦之所欲弱莫如楚，而能弱楚者莫若魏。楚虽有富大之名，其实空虚；其卒虽众，多然而轻走[①]，易北[②]，不敢坚战。魏之兵，南面而伐，胜楚必矣。夫亏楚而益魏，攻楚而适秦[③]，嫁祸安国[④]，此善事也。大王不听臣，秦甲出而东，虽欲事秦，而不可得也。

注释

①轻走：容易逃走。走，逃。

②北：败北，失败。

③适：归附

④嫁祸安国：嫁祸指"亏楚""攻楚"，安国指"益魏""适秦"。

译文

"况且秦国想要削弱的国家莫过于楚国，而能够削弱楚国的没有比得上魏国。楚国虽然有富饶强大的名声，但实际上却很空虚；它的士兵虽然众多，但大多容易逃跑，容易败退，不敢打硬仗。出动魏国的全部军队向南攻打楚国，一定能战胜楚国。损害楚国而让魏国得到好处，攻打楚国而取悦秦国，转嫁灾祸来安定国家，这是件好事啊。大王如果不听取我的意见，秦国出兵向东攻打魏国，那时即使想归顺秦国也不可能了。

"且夫从人多奋辞[①]，而寡可信，说一诸侯之王，出而乘其车，约一国而反，成而封侯之基[②]。是故天下之游士，莫不日夜搤腕[③]，瞋目切齿[④]，以言从之便，以说人主。人主览其辞，牵其说[⑤]，恶得无眩哉[⑥]？臣闻：积羽沈舟[⑦]，群轻折轴[⑧]，众口铄金[⑨]。故愿大王之熟计之也。"

魏王曰："寡人蠢愚，前计失之。请称东藩，筑帝宫，受冠带，祠春秋，效河外[⑩]。"

注释

①从人：指主张合纵的人。奋辞：夸夸其谈。

②基：资本。

③搤è腕：用手握腕。形容情绪激奋。

④瞋目切齿：发怒而激愤的样子。

⑤牵：牵制。

⑥恶wū：怎么能。眩：迷惑。

⑦积羽沈舟：羽毛虽然轻，但堆积多了也能把船压沉。比喻坏事虽然小，但积多也可以酿成大祸。沈，通"沉"。

⑧群轻折轴：东西虽然轻，但堆积过多，也能把车轴压断。比喻坏事虽小，任其滋长，也能造成重大的恶果。

⑨众口铄金：众人的言论能够熔化金属。比喻众口

同声可混淆视听。

⑩效河外：献出河外的土地。河外，即黄河以西的魏国领土。

译文

“况且那些主张合纵的人大都夸大其词，很少可以信赖，他们游说了一个诸侯国的君主，外出就能乘坐君主赏赐的车子，与一个诸侯国订立了盟约而成功返回本国，这就成了他们封侯的资本。所以天下的游说之士，无不日日夜夜都捏着手腕，瞪着眼睛，咬牙切齿地宣扬合纵的好处，以游说国君。国君们觉得他们说得好，被他们的花言巧语所牵制，怎么能不迷惑呢？我听说羽毛堆积多了也可以压沉船只，轻的东西堆积多了也可以压断车轴，众口一词足以熔化金属，所以希望大王要深思熟虑啊。”

魏王说：“我愚蠢无知，以前的策略失算了。我愿意做秦国东方的藩臣，为秦王修建行宫，接受秦国的封赏，春、秋两季给秦国贡献祭品，并献上河外的土地。”

史举非犀首于王

史举非犀首于王[①]，犀首欲穷之[②]，谓张仪曰：“请令王让先生以国，王为尧、舜矣；而先生弗受，亦许由也[③]。衍请因令王致万户邑于先生。”张仪说，因令史举数见犀首。王闻之而弗任也，史举不辞而去。

注释

①史举：人名。做过楚国上蔡的门监，是甘茂的老师。非：指责，说坏话。犀首：即公孙衍，魏国阴晋（今陕西省华阴市东）人，战国时期纵横家，主张诸国合纵抗秦。王：魏惠王。

②穷：使失去宠信，困窘。

③许由：人名。相传是尧时的隐士，尧曾经要让位给他，他不肯接受，隐居到箕山。

译文

史举在魏惠王面前说公孙衍的坏话，公孙衍想要使史举失去宠信，就对魏相张仪说："我愿让魏王把魏国禅让给先生，魏王就成为尧、舜一样的贤君了；如果先生不接受，也就成为许由这样的人了。我因此请魏王给先生一座万户的城邑。"张仪非常高兴，就让史举多次去拜见公孙衍。魏王听说后，不再信任史举，史举便不辞而别了。

魏惠王起境内众

魏惠王起境内众[①]，将太子申而攻齐。客谓公子理之傅曰[②]："何不令公子泣王太后[③]，止太子之行？

事成则树德[④]，不成则为王矣。太子年少，不习于兵。田盼宿将也[⑤]，而孙子善用兵[⑥]。战必不胜，不胜必禽。公子争之于王，王听公子，公子必封；不听公子，太子必败；败，公子必立；立，必为王也。”

注释

①魏惠王起境内众：据《史记》记载，魏惠王三十年，魏伐赵，赵向齐国告急，齐宣王用孙膑的计谋，围魏救赵，魏以庞涓为将，以太子申为上将军，与齐国交战。

②公子理：人名，太子申之弟。

③王太后：到王太后面前哭诉请求。王太后，魏惠王的母亲。

④事成则树德：如果魏王及王后采纳了公子理的话，不派太子出征，那么太子将会感激公子理。

⑤田盼：齐国大将，一作“田肦”。宿将：久经战场的老将。

⑥孙子：即孙膑，战国时期军事家，兵家代表人物。据说孙膑与庞涓一同学艺，后来庞涓在魏国为将，孙膑投奔庞涓，庞涓害怕孙膑受到魏王宠幸，自己就会失势，于是就陷害孙膑，挖掉了他的膝盖骨。孙膑后来逃到齐国。

译文

魏惠王发动全国的军队，任命太子申为帅去进攻齐国。有人对公子理的老师说："您为何不让公子理到王太后面前去哭诉请求，以阻止太子出征呢？如果事情办成了，太子申就会感激公子理；如果阻止不成，那么公子理可立为王。太子申年轻，不熟悉用兵。而田盼是齐国久经战场的老将，孙膑又善于用兵。太子这次出战必定不能取胜，不能取胜必定被擒获。公子理在魏王面前力争太子申不能率兵进攻齐国，如果魏王听从了公子理，公子理一定会受封赏；魏王如果不听从公子理，太子申一定会吃败仗；太子申打败了，公子理一定会被立为太子；立为太子后，一定会继承王位。"

齐魏战于马陵

齐、魏战于马陵①，齐大胜魏，杀太子申，覆十万之军。魏王召惠施而告之曰②："夫齐，寡人之雠也，怨之至死不忘。国虽小，吾常欲悉起兵而攻之，何如？"对曰："不可。臣闻之，王者得度③，而霸者知计④。今王所以告臣者，疏于度而远于计。王固先属怨于赵⑤，而后与齐战⑥。今战不胜，国无守战之备，王又欲悉起而攻齐，此非臣之所谓也。王若欲报齐乎，则不如因变服⑦，折节而朝齐，楚王必怒矣。王游人而合其斗⑧，则楚必伐齐。以休楚而伐罢齐，则必为楚禽矣。是王以楚毁齐也。"魏王曰："善。"乃使人报于齐，愿臣畜而朝⑨。

注释

①齐、魏战于马陵：公元前 342 年，魏国攻打韩国，韩国向齐国求救。齐国派田忌、孙膑率师救援。公元前 341 年，魏派太子申、庞涓为将，率师十万迎战。孙膑采用逐日减灶的计策，让魏军以为齐军大量逃亡。魏军因此驱兵深入，在马陵中了齐军埋伏，魏军主力被全歼，太子申被俘，庞涓自杀。经过马陵之战，魏国元气大伤，周边国家也趁机伐魏以捞取好处。马陵，地名，在今河北省大名县东南。

②惠施：战国中期宋国人，著名的政治家、辩客和哲学家，是名家思想的开山鼻祖和主要代表人物。此时惠施在魏国为官。

③度：法度。

④计：计谋。

⑤属怨于赵：与赵国结下仇怨。指魏惠王二十八年(公元前 342 年)，魏国和宋国、韩国兴兵伐赵，围困邯郸。

⑥与齐战：指的是魏惠王二十九年（公元前 341 年)，齐国为了救赵国而派遣田忌和孙膑领兵攻打魏国，败魏于桂陵。

⑦变服：更换君主的服饰。

⑧游人：派人。合其斗：让楚国和齐国相斗。

⑨臣畜而朝：以人臣的身份朝拜齐王。

译文

齐、魏两国在马陵作战，齐军大败魏军，杀死了魏太子申，歼灭魏国十万大军。魏惠王召来惠施说："齐国是我的仇敌，我对它的怨恨至死都不会忘记。魏国虽然小，但是我想动员全国的兵力攻打齐国，怎么样？"惠施回答说："不可以。臣听说，以王道治天下的要守法度，以霸道治天下的要懂得计谋。现在大王告诉臣下的，既不合法度，又不合计谋。大王本来先和赵国结怨，然后又和齐国交战。如今没有战胜，国家没有防御的准备措施，大王又打算动员全国的兵力攻打齐国，这不是臣所说的守法度和用计谋。大王如果想报复齐国，还不如变换服装，卑躬屈膝去朝见齐国，楚王一定大怒。大王再派人到齐、楚两国游说，促使它们交战，那么楚国一定会攻打齐国，以安定的楚国来攻打动乱的齐国，齐国必然被楚国打败，这就是大王用楚国来毁灭齐国。"魏惠王说："好计策！"于是就派人向齐国报告，表示愿意称臣朝贡。

田婴许诺。张丑曰："不可。战不胜魏，而得朝礼，与魏和而下楚[①]，此可以大胜也。今战胜魏，覆十万之军而禽太子申，臣万乘之魏而卑秦、楚，此其暴于戾定矣，且楚王之为人也，好用兵而甚务名，终为齐患者必楚也。"田婴不听，遂内魏王[②]，而与之并朝齐侯再三[3]。

赵氏丑之[4]。楚王怒，自将而伐齐，赵应之，大败齐于徐州。

注释

①下楚：攻打楚国。

②内魏王：接受魏王的朝拜。

③齐侯：指齐威王。

④丑：羞耻，羞辱。

译文

齐相田婴同意了。张丑说："不可以。如果没有打赢魏国，互相朝见，与魏国讲和而共同攻打楚国，那必然可以大败楚国。现在齐国已经打败了魏国，击溃了魏国十万大军，擒获了魏太子申，使拥有万辆兵车的魏国臣服，使秦、楚两国屈居齐国之下，这样的话齐王必然会暴戾。况且楚王的为人，喜好用兵而又追求名声，最后成为齐国忧患的一定是楚国。"田婴没有听从，于是接纳了魏王，并和他一起多次朝见齐威王。

赵国感到很羞耻。楚王大怒，亲自率兵攻打齐国，赵国响应，在徐州大败齐军。

田需贵于魏王

田需贵于魏王[1],惠子曰:“子必善左右[2]。今夫杨，横树之则生[3]，倒树之则生，折而树之又生。然使十人树杨，一人拔之，则无生杨矣。故以十人之众，树易生之物，然而不胜一人者，何也?树之难而去之易也。今子虽自树于王，而欲去子者众，则子必危矣。”

注释

①田需：齐人，凭借楚国的支持，在魏国为相。

②善左右：善待魏王身边的人。以免他们在魏王面前说坏话。

③树：种植。

译文

田需很受魏王宠信，惠施对田需说：“您一定要善待大王身边的人。您看那杨树，横着种植能活，倒着种植能活，折断了种植也能活。然而让十个人来种杨树，一个人来拔它，那么就没有一棵活的杨树了。因此用十个人来种植容易成活的东西，却敌不过一个人的毁坏，为什么呢?这是因为种树困难而毁掉容易啊!现在您虽然在魏王面前取得了信任，但是想除掉您的人太多，那么您就危险了。”

秦楚攻魏

秦、楚攻魏，围皮氏[①]。为魏谓楚王曰："秦、楚胜魏，魏王之恐也见亡矣[②]，必合于秦。王何不倍秦而与魏王[③]？魏王喜，必内太子[④]。秦恐失楚，必效城地于王，王虽复与之攻魏，可也。"楚王曰："善。"乃倍秦而与魏。魏内太子于楚。

秦恐，许楚城地，欲与之复攻魏。樗里疾怒，欲与魏攻楚，恐魏之以太子在楚不肯也。为疾谓楚王曰："外臣疾使臣谒之，曰：'敝邑之王欲效城地，而为魏太子之尚在楚也，是以未敢。王出魏质，臣请效之，而复固秦、楚之交，以疾攻魏。'"楚王曰："诺。"乃出魏太子，秦因合魏以攻楚。

注释

①皮氏：地名，在今山西省河津市。

②魏王：指魏襄王。

③倍：通"背"，背弃。

④内太子：指把太子送到楚国做人质。即与楚国结盟。

译文

秦、楚两国进攻魏国，包围了皮氏。有人替魏国对楚王说："秦、楚两国战胜了魏国，魏王害怕国家被灭亡，一定会和秦国联合，大王为什么不背弃秦国而联合魏国呢？魏王一高兴，一定会把太子送到楚国去做人质。秦国害怕失去楚国的支持，也一定会割地献给大王，大王再和秦国一起攻打魏国也是可以的啊。”楚王说：“好。”于是楚国就背弃了秦国而与魏国联合。魏国把太子送到楚国去做人质。

秦国恐惧了，答应割给楚国城邑和土地，希望和楚国一起再次攻打魏国。大将樗里疾很生气，想联合魏国一起攻打楚国，又担心魏国因为太子在楚国而不肯。有人替樗里疾对楚王说：“外臣樗里疾派臣下来拜见大王您：‘敝国的国君打算献城割城，可是因为魏太子还在楚国，所以不敢献地，大王放回魏太子，我就请求献上城邑和土地，恢复秦、楚两国原来的邦交，以便迅速攻打魏国。’”楚王说：“好吧。”于是就放回了魏太子。秦国于是联合魏国攻打楚国。

庞葱与太子质于邯郸

庞葱与太子质于邯郸[①]，谓魏王曰：“今一人言市有虎，王信之乎？”王曰：“否。”“二人言市有虎，王信之乎？”王曰：“寡人疑之矣。”“三人言市有虎，王信之乎？”王曰：“寡人信之矣。”庞葱曰：“夫市之无虎明矣，然而三人言而成虎。今邯郸去大梁也远于市，而议臣者过于三人矣[②]。愿王察之矣[③]。”王曰："寡人自为知[④]。"

于是辞行，而谗言先至。后太子罢质[⑤]，果不得见。

注释

①庞葱：魏臣。太子：指魏太子。邯郸：战国时赵国国都。

②议：议论。此指说坏话。

③察：明辨。

④自为知：自己能够判断。

⑤罢质：指魏太子从赵国归国。

译文

庞葱和太子要到邯郸去做人质，庞葱对魏王说："现在有一个人说街市上有老虎，大王您相信吗？"魏王说："不相信。"庞葱又说："有两个人说街市上有老虎，大王您相信吗？"魏王说："我就要有些怀疑了。"庞葱又说："有三个人说街市上有老虎，大王您相信吗？"魏王说："我相信了。"庞葱说："街市上不会有老虎是很明显的事，但是三个人说有老虎，就变成真的有老虎了。现在邯郸离大梁比王宫到街市的距离远得多，而议论我的人要远远超过三个。希望大王您能明辨。"魏王说："我自己能够判断。"

于是庞葱告辞而去。庞葱还在途中，而毁谤他的话已经传到魏王那里，后来魏太子归国后，庞葱果然没有得到魏王召见。

秦败魏于华走芒卯

秦败魏于华[①]，走芒卯而围大梁[②]。须贾为魏谓穰侯曰："臣闻魏氏大臣父兄皆谓魏王曰[③]：'初时惠王伐赵[④]，战胜乎三梁[⑤]，十万之军拔邯郸。赵氏不割，而邯郸复归[⑥]。齐人攻燕[⑦]，杀子之，破故国。燕不割，而燕国复归。燕、赵之所以国全兵劲而地不并乎诸侯者，以其能忍难而重出地也。宋、中山数伐数割，而随以亡。臣以为燕、赵可法，而宋、中山可无为也。夫秦贪戾之国而无亲，蚕食魏，尽晋国[⑧]，战胜暴子[⑨]，割八县，地未毕入而兵复出矣。夫秦何厌之有哉？今又走芒卯，入北宅，此非但攻梁也[⑩]，且劫王以多割也，王必勿听也。今王循楚、赵而讲[⑪]，楚、赵怒而与王争事秦，秦必受之。秦挟楚、赵之兵以复攻，则国救亡不可得也已。愿王之必无讲也！王若欲讲，必少割而有质。不然必欺。'是臣之所闻于魏也，愿君之以是虑事也。

"《周书》曰：'维命不于常[⑫]。'此言幸之不可数也[⑬]。夫战胜暴子而割八县，此非兵力之精，非计之工也，天幸为多矣。今又走芒卯，入北宅，以攻大梁，是以天幸自为常也，知者不然。

注释

①华：即华阳，在今河南省新郑市北。华阳之战发生在周赧王四十二年（公元前273年）。

②芒卯：华之战时的魏军主将。

③父兄：魏王家族的长辈和兄弟。

④惠王伐赵：公元前354年魏攻赵，围邯郸，次年攻入邯郸。

⑤三梁：赵国地名。

⑥邯郸复归：把邯郸归还给赵国。

⑦齐人攻燕：公元前316年燕王哙把王位让给相国子之，导致公元前314年的燕国内乱。同年，齐宣王趁机出兵攻燕。

⑧尽晋国：进入战国以后，秦多次攻打魏国，几乎将魏国分得的河东、河西、河内等晋国故地，蚕食殆尽。

⑨暴子：指韩国大将暴鸢。暴子救魏，为秦所败。

⑩但：仅，只是。

⑪循：此处有欺骗的意思。

⑫维命不于常：天命没有常规。

⑬幸之不可数shuò：幸运不能经常获得。数，屡次。

译文

秦国在华阳打败魏军，打跑了魏军主将芒卯，并围困了魏都大梁城。须贾替魏国对穰侯说："我听说魏国的大臣、长者兄弟等人都对魏王说：'以前惠王攻打赵国，在三梁打败了赵国，十万大军攻克了邯郸城。赵国并没有因为战败就割地，最后邯郸仍然重新归还赵国。齐国人攻打燕国，杀掉燕相子之，攻破了燕国都城。燕国坚持不割地讲和，而燕国最终复国。燕国、赵国之所以能够保全国家、兵力强劲而不被其他诸侯兼并，就是因为他们能够承受艰难困境而看重土地的缘故。宋国和中山国几次被攻打，攻打之后就多次割让土地，而国家最终也随着土地的割让而灭亡了。我认为燕、赵的行为可以效法，而宋和中山国的方式不能够效法。那秦国是个贪婪暴戾的国家，没有它所亲近的国家，蚕食我们魏国，基本上把我们从晋国分得的土地都吞并殆尽了，战胜了暴鸢的援军，我们割让了八个县给它，土地还没有全部交接，秦国的军队又开始出兵攻打我们了。秦国的贪欲哪有满足的时候呢？如今又打败芒卯，攻入北宅。这不只是要攻打大梁，而且是要胁迫大王您来多求得土地。大王您一定不要上当。现在大王您欺骗楚国和赵国而与秦国讲和，楚国和赵国大怒而与大王您争着侍奉秦国，秦国一定会接受他们。秦国与楚、赵的军队联合来进攻我们，那国家想要不破灭都不能够了。所以希望大王您不要割地讲和。大王您要是想讲和，一定要少割地而且一定要有秦国的人质。不然一定会受到秦国的欺骗。’这是我在魏国听到的传言，希望您能以此来考虑国事。

“《周书》里面说：‘维命不于常。’这句话是说幸运不能够经常获得。战胜暴鸢，而得到八县的割地，并不是因为军队精良，也不是由于计谋精细，而是因为上天的宠幸太多了。如今又打败芒卯，进入北宅，来攻打大梁城，因此自认为得到上天的宠幸是正常的，可是智者却不认同这一说法。

“臣闻魏氏悉其百县胜兵①，以上戍大梁，臣以为不下三十万。以三十万之众，守十仞之城②，臣以为虽汤、武复生，弗易攻也。夫轻倍楚、赵之兵，陵十仞之城，战三十万之众，而志必举之③，臣以为自天地之始分以至于今，未尝有之也。攻而不能拔，秦兵必罢，陶必亡④，则前功必弃矣。今魏方疑，可以少割收也。愿君及楚、赵之兵未莅于大梁也⑤，亟以少割收魏。魏方疑，而得以少割为和，必欲之，则君得所欲矣。楚、赵怒于魏之先己讲也，必争事秦。从是以散，而君后择焉。且君之尝割晋国取地也⑥，何必以兵哉？夫兵不用，而魏效绛、安邑，又为陶启两机⑦，尽故宋，卫效尤单父。秦兵已全，而君制之，何求而不得？何为而不成？臣愿君之熟计而无行危也⑧。”

穰侯曰：“善。”乃罢梁围。

注释

①胜兵：精兵强将。

②十仞之城：形容城小而戍守的军队多。

③志：希望。

④陶：穰侯的封地。秦军攻大梁失败，一定疲惫，魏国会趁机攻占陶地，这是穰侯不愿意看到的。

⑤莅：降临。

⑥晋国：此处指魏国。

⑦启两机：开辟两条道路，即秦国通向陶地的道路。

⑧行危：冒险行事。

译文

“我听说魏国发动了上百个县的所有精兵，戍守大梁城，在我看来，兵力不下三十万。以三十万的兵力，戍守十仞高的城墙，我认为即使是商汤、周武王复生，也不容易攻下。轻率背离楚国、赵国的军队，越过十仞高的城墙，去与三十万的军队作战，而且志在必得，我认为从天下初分的时候到现在，都没有过这样的事情。进攻而不能够攻克大梁城，秦军一定很疲惫，陶地一定会被攻占，那么您就前功尽弃了。现在魏王还在疑惑是否采纳大臣以及父老兄弟的建议，您可以让魏国少割地而收拢魏国。希望您趁楚国、赵国的军队还没有赶到大梁，赶紧用让魏少割让土地的条件来拉拢魏国。魏王刚刚对是否讲和难以决定，此时用少割地来讲和，一定希望这么做，那么您也就得到您所期望得到的了。楚国、赵国恼怒魏国在自己之前与秦国讲和，一定争相侍奉秦国。合纵也就会因此而解散，而您在这之后就可以从楚国、赵国、魏国中间从容地选择盟国了。而且您曾经割取过魏国的土地而不用军队，此时何必一定要使用武力呢？不用军队，而魏国献出绛和安邑，又为陶邑开辟了两条道路，几乎尽得昔日宋国的土地，卫国也献上单父。秦国军队不受损失，而您就掌控了这些地方，有什么想要的得不到呢？又有什么想做的做不到呢？我希望您仔细考虑而不要冒险行事。”

穰侯说：“好。”于是就解去了秦军对大梁的包围。

秦败魏于华魏王且入朝

秦败魏于华，魏王且入朝于秦[①]。

周䜣谓王曰[②]：“宋人有学者，三年反而名其母[③]。其母曰：‘子学三年，反而名我者何也？’其子曰：‘吾所贤者，无过尧、舜，尧、舜名。吾所大者，无大天地，天地名。今母贤不过尧、舜，母大不过天地，是以名母也。’其母曰：‘子之于学者，将尽行之乎？愿子之有以易名母也[④]。子之于学也，将有所不行乎？愿子之且以名母为后也。’今王之事秦，尚有可以易入朝者乎？愿王之有以易之，而以入朝为后。”

魏王曰：“子患寡人入而不出邪？许绾为我祝曰[⑤]：‘入而不出，请殉寡人以头。’”周䜣对曰：“如臣之贱也，今人有谓臣曰，‘入不测之渊而必出[⑥]。不出，请以一鼠首为女殉’者，臣必不为也。今秦不可知之国也。犹不测之渊也；而许绾之首，犹鼠首也。内王于不可知之秦，而殉王以鼠首，臣窃为王不取也。且无梁孰与无河内急？”王曰：“梁急。”“无梁孰与无身急？”王曰：“身急。”曰：“以三者，身，上也；河内，其下也。秦未索其下⑦，而王效其上，可乎？”

注释

①入朝于秦：到秦国去朝拜秦王，即向秦国俯首称臣。

②周䜣：魏国大臣。

③名其母：直接称呼自己母亲的名字。

④易名母：更换名称来称呼自己的母亲。

⑤许绾：魏国大臣，当是亲近秦国者。祝：发誓。

⑥不测之渊：不能测量深度的深渊，指去秦国朝拜的风险很大。

⑦索：索求。

译文

秦国在华阳大败魏国，魏王将要到秦国去朝拜秦王。

周䜣劝谏魏王说：“宋国有个外出求学的人，三年之后学成归来，直接称呼自己母亲的名字。他的母亲说：‘你求学三年，反而直接称呼我的名字，这是为什么啊？’这人说：‘我认为贤明的人，没有超过尧、舜的，尧、舜被直接称呼名字。我认为大的事物，没有超过天地的，天地也是被直接称呼名字。如今母亲贤明比不过尧、舜，大不过天地，所以直接称呼母亲的名字。’他母亲说：‘你所学的东西，准备都要实行吗？那希望你换一种方式来称呼我。你所学的东西，准备有些地方暂时还不实行吗？

那希望你暂且把直接称呼我名字的事情缓缓。’如今大王侍奉秦国，还有可以代替入朝拜见的方式么？希望大王能够换一种方式，而把亲自朝见秦王放在最后考虑。”

魏王说：“你是不是害怕我到秦国朝见秦王而不能够安全返回？许绾对我发誓说：‘如果您去秦国而不能回来，请以我的人头来为您殉葬。’”周䜣回答说：“像我这样低贱的人，如果有人对我说：‘你跳入深不可测的深渊，一定能出来。如果出不来，我就用一只老鼠脑袋为您殉葬。’我一定不干。秦国是不能猜到他们想法的国家，就像不可测量的深渊；而许绾的脑袋就好比是老鼠的脑袋。让大王进入不可预知的秦国，却用一只老鼠的脑袋为您担保，我私下里认为大王不能这样做。再说，大王您觉得失掉大梁和失掉河内地区哪个更紧急？”魏王说：“失掉大梁紧急。”周䜣又说：“失掉大梁和丢掉性命哪个更要紧？”魏王说：“性命更要紧。”周䜣说：“河内、大梁、性命这三者，其中性命是最重要的，河内是最不重要的。秦国还没有索取最不重要的，而大王却主动送上最要紧的，这能行吗？”

王尚未听也。支期曰[①]：“王视楚王。楚王入秦，王以三乘先之；楚王不入，楚、魏为一，尚足以捍秦。”王乃止，王谓支期曰：“吾始已诺于应侯矣[②]。今不行者，欺之矣。”支期曰：“王勿忧也，臣使长信侯请无内王[③]。王待臣也。”

支期说于长信侯曰：“王命召相国。”长信侯曰：“王何以臣为？”支期曰：“臣不知也，王急召君。”长信侯曰：“吾内王于秦者，宁以为秦邪？吾以为魏也。”支期曰：“君无为魏计，君其自为计，且安死乎？安生乎？安穷乎？安贵乎？君其先自为计，后为魏计。”长信侯曰：“楼公将入矣[④]，臣今从。”支期曰：“王急召君，君不行，血溅君襟矣。”

长信侯行，支期随其后。且见王，支期先入，谓王曰：“伪病者乎而见之，臣已恐之矣。”长信侯入见王，王曰：“病甚，奈何？吾始已诺于应侯矣，意虽道死，行乎？”长信侯曰：“王毋行矣，臣能得之于应侯。愿王无忧！”

注释

①支期：魏王身边宠幸的臣子。

②应侯：华阳之战在公元前 273 年，范雎被封为应侯是在公元前 266 年，此时不当为应侯，或许应是穰侯。

③长信侯：魏国与秦国穰侯关系好的人。

④楼公：不详何人，或许是楼缓。

译文

魏王没有采纳周䜣的谋划。支期又来劝说：“大王可以静观楚王怎么做，如果他要去秦国，大王就率三辆战车抢先入秦；如果楚王不去，那您也不去，楚、魏就联合为一，还能抗拒秦军。”魏王这才没有动身。魏王对支期说：“我当初已经答应秦国的应侯了。如今不去，这是欺骗了人家。”支期说：“大王不用担心，我让长信侯去应侯处，可让大王不去秦国。大王请等着我的消息。”

支期对长信侯说：“大王下令召见你。”长信侯问：“您知道大王因为什么事召见我呢？”支期说：“我不知道，反正大王急着要见您。”长信侯说：“我让大王去秦国，难道是为了秦国吗？我这是为了魏国啊。”支期说：“您不要替魏国谋划了，您还是先替自己打算吧。您是乐意死呢，还是乐意活？乐意穷困呢？还是希望富贵？您还是先为自己考虑，然后再替魏国打算吧。”长信侯说：“楼缓将要来了，请让我等他一同去见大王。”支期说：“大王紧急召见您，您如果不去，恐怕大王将会诛杀您！”

长信侯这才去见魏王，支期跟在他后面。将要见到魏王时，支期先走进去，对魏王说：“您装成有病的样子来接见长信侯，我已经吓唬过他了。”长信侯进来拜见魏王。魏王说：“我病得这么重，怎么办呢？我当初已经答应应侯了，所以我即使死在路上也还是要去秦国。”长信侯说：“大王不要去了！我能让应侯免召您入秦。请大王您不必担忧。”

华阳之战

华阳之战，魏不胜秦。明年[①]，将使段干崇割地而讲[②]。

孙臣谓魏王曰[③]："魏不以败之上割[④]，可谓善用不胜矣。而秦不以胜之上割，可谓不能用胜矣。今处期年乃欲割[⑤]，是群臣之私而王不知也。且夫欲玺者[⑥]，段干子也，王因使之割地。欲地者，秦也，而王因使之受玺。夫欲玺者制地，而欲地者制玺，其势必无魏矣！且夫奸臣固皆欲以地事秦。以地事秦，譬犹抱薪而救火也，薪不尽则火不止。今王之地有尽，而秦之求无穷，是薪火之说也。"魏王曰："善。虽然，吾已许秦矣，不可以革也[⑦]。"对曰："王独不见夫博者之用枭邪？欲食则食，欲握则握。今君劫于群臣而许秦[⑧]，因曰不可革，何用智之不若枭也！"魏王曰："善。"乃案其行[⑨]。

注释

①明年：第二年。

②段干崇：姓段干，名崇。

③孙臣：不详何人。

④上：当时。

⑤期jī年：一周年。

⑥玺：玺印，即秦国的封赏。

⑦革：改变。

⑧劫于群臣：被大臣的意愿劫持。

⑨案：停止。

译文

华阳之战，魏国不能够战胜秦国。第二年，魏国准备派遣段干崇向秦国割地请和。

孙臣对魏王说："魏国没有在刚战败的时候割地请和，可谓善于应对战败这种劣势了。而秦国不在战胜之初要求魏国割地，这算是不善于运用战胜这种优势啊。如今过了一年才想着割地，这是因为大臣为自己打算而大王您不知道啊。而且希望得到秦国封赏的，是段干崇，大王您现在派他去负责割地讲和。希望得到土地的，是秦国，而大王却制造秦国封赏段干崇的机会。希望得到封赏的掌管土地，希望得到土地的掌管封赏，这种形势发展下去，一定会导致国家灭亡的。况且奸臣们都希望用土地来讨好秦国。用土地来讨好秦国，就好像抱着柴火去扑灭大火，柴火烧不完，火就不会熄灭。如今大王的土地有割尽的时候，而秦国的贪欲却没有止境，这如同抱薪救火的举动。"魏王说："你说得有道理。但即使是这样，我已经答应秦国，不能更改了。"孙臣说："大王您难道没有看过赌博的人使用枭子吗？看到形势有利就吃子，看到形势不利就把子握在手中。现在您受到群臣的胁迫而答应秦国，就说事情已经不可更改，怎么运用智谋还不如赌博时候运用枭骰呢？”魏王说：“你说得好。”于是就取消了派段干崇去秦国割地求和的举动。

齐欲伐魏

齐欲伐魏，魏使人谓淳于髡曰：“齐欲伐魏，能解魏患，唯先生也。敝邑有宝璧二双、文马二驷[①]，请致之先生。”淳于髡曰：“诺。”

入说齐王曰[②]：“楚，齐之仇敌也；魏，齐之与国也。夫伐与国[③]，使仇敌制其余敝，名丑而实危，为王弗取也。”齐王曰：“善。”乃不伐魏。

客谓齐王曰：“淳于髡言不伐魏者，受魏之璧、马也。”王以谓淳于髡曰：“闻先生受魏之璧、马，有诸[④]？”曰：“有之。”“然则先生之为寡人计之何如？”淳于髡曰：“伐魏之事不便，魏虽刺髡[⑤]，于王何益？若诚便，魏虽封髡，于王何损？且夫王无伐与国之诽[⑥]，魏无见亡之危，百姓无被兵之患，髡有璧、马之宝，于王何伤乎？”

注释

①驷：古代驾一辆车的四匹马。

②齐王：指齐威王。

③与国：盟国。

④有诸：有这样的事吗？

⑤刺：刺杀。

⑥诽：诽谤，非议。

译文

齐国要攻打魏国，魏国派人对淳于髡说："齐国要攻打魏国，能够解除魏国战祸的，只有先生了。敝国有宝璧两对、两辆四马拉的有纹饰的马车，请允许我把这些送给先生。"淳于髡说："好吧。"

淳于髡就入宫对齐王说："楚国，是齐国的仇敌；魏国，是齐国的盟国。攻打盟国，让仇敌楚国乘我国疲惫的时候来进攻我们，这样名声很坏，实际上也很危险，我认为大王不该这样做。"齐王说："好。"于是就没有攻打魏国。

有人对齐王说："淳于髡之所以劝说您不攻打魏国，是因为他收受了魏国的璧玉、宝马。"齐王于是问淳于髡说："听说先生收受了魏国的璧玉、宝马，有这样的事吗？"淳于髡回答说："有这回事。"齐王说："既然如此，那么先生为我怎么考虑的呢？"淳于髡说："如果攻打魏国对齐国不利，魏国即使杀了我，对于大王来说，有什么好处呢？如果大王真的认识到攻魏国不利，魏国即使封赏我，对大王来说，又有什么损害呢？况且大王不会受到攻打盟国的非议，魏国没有被灭亡的危险，百姓没有遭受战争的祸患，我淳于髡得到璧玉、宝马这些宝物，对大王有什么损害呢？"

秦使赵攻魏

秦使赵攻魏。魏谓赵王曰："攻魏者，亡赵之始也。昔者晋人欲亡虞而伐虢①，伐虢者，亡虞之始也。故荀息以马与璧假道于虞②，宫之奇谏而不听③，卒假晋道。晋人伐虢④，反而取虞。故《春秋》书之，以罪虞公。今国莫强于赵，而并齐、秦，王贤而有声者相之，所以为腹心之疾者，赵也。魏者，赵之虢也；赵者，魏之虞也。听秦而攻魏者，虞之为也。愿王之熟计之也。"

注释

①虞：西周分封的诸侯国，在今山西省南部，公元前655年被晋国所灭。虢：此指北虢，在今山西省平陆北。

②荀息：晋国大夫。《左传》僖公二年，荀息用屈产地方出产的良马和垂棘地方出产的美玉，献给虞公，请求借道。晋国攻取了虢国的要地下阳。

③宫之奇：虞国大夫。

④晋人伐虢：僖公五年，晋国再次向虞国借道，灭掉虢国，在回国的途中，把虞国也给灭掉了。

译文

秦国要赵国攻打魏国，魏国派人对赵王说："攻打魏国，这是赵国灭亡的开始。从前，晋国想要灭掉虞国就先攻打虢国，攻打虢国就是灭掉虞国的开始。所以在晋国大夫荀息拿出宝马和玉璧向虞国借道的时候，虞国大夫宫之奇劝谏而虞公不听，最后借道给晋国。晋国灭掉虢国后，返回的时候又灭掉了虞国。所以《春秋》记载了这件事，责备了虞公。现在没有哪个国家比赵国强大，而能与齐、秦并驾齐驱的，赵王既贤明又得到了有声望的人辅佐，所以秦国认为心腹之患就是赵国。魏国，就如同赵国的虢国；赵国，就如同魏国的虞国。听从秦国而攻打魏国，就同从前虞国借道给晋国攻打虢国是一样的行为，希望大王仔细考虑这件事。"

魏王问张旄曰

魏王问张旄曰①："吾欲与秦攻韩，何如？"张旄对曰："韩且坐而胥亡乎②？且割而从天下乎？"王曰："韩且割而从天下。"张旄曰："韩怨魏乎？怨秦乎？"王曰："怨魏。"张旄曰："韩强秦乎③？强魏乎？"王曰："强秦。"张旄曰："韩且割而从其所强与所不怨乎？且割而从其所不强与其所怨乎？"王曰："韩将割而从其所强与其所不怨。"张旄曰："攻韩之事，王自知矣。"

注释

①魏王：指魏安釐王。张旄：战国时魏国大臣。

②胥：等待。

③强：以……为强。

译文

魏王问张旄说："我想和秦国一起攻打韩国，怎么样？"张旄回答说："韩国是坐以待毙呢？还是割地与诸侯结盟呢？"魏王说："韩国准备割地与诸侯结盟。"张旄说："韩国是怨恨魏国呢？还是怨恨秦国呢？"魏王说："怨恨魏国。"张旄说："韩国认为秦国强？还是魏国强呢？"魏王说："认为秦国强。"张旄说："韩国是准备与他认为的强国和无怨恨的国家割地结盟呢？还是与他认为的不强大和有怨恨的国家割地结盟呢？"魏王说："韩国准备与他认为的强国和无怨恨的国家割地结盟。"张旄说："那么攻打韩国的大事，大王自己应该明白了。"

穰侯攻大梁

穰侯攻大梁，乘北郢[①]，魏王且从。谓穰侯曰："君攻楚，得宛、穰以广陶[②]；攻齐，得刚、寿以广陶；攻魏，得许、鄢陵以广陶，秦王不问者，何也？以大梁之未亡也。今日大梁亡，许、鄢陵必议，议则君必穷。为君计者，勿攻便。”

注释

①北郢：魏国城邑，不详何地。

②广陶：魏冉的封地在陶地，因此想攻取诸侯的土地以扩张自己的封地。

译文

秦国的穰侯攻打魏都大梁，攻进了北郢，魏王打算投降。有人对穰侯说：“您攻打楚国，得到了宛邑和穰邑，来扩大您的封地陶邑；攻打齐国，得到了刚邑和寿邑，来扩大您的封地陶邑；攻打魏国，得到了许和鄢陵，来扩大您的封地陶邑，秦王一直没有过问，为什么呢？因为魏都大梁还没有被灭亡。现在大梁如果被攻下，您私占许和鄢陵一定会受到非议，遭到非议，您就会陷入困境。为您考虑，不攻打大梁对您有利。”

白珪谓新城君曰

白珪谓新城君曰[①]：“夜行者能无为奸[②]，不能禁狗使无吠己也[③]。故臣能无议君于王，不能禁人议臣于君也。”

注释

①白珪：人名，又作"白圭"，一说魏人，一说周人，此时在秦国为官。新城君：即芈戎，秦昭王之舅，秦封君，初封华阳，号华阳君，后又封新城，号新城君。

②奸：坏事，邪恶的事。

③吠己：朝自己嘶叫。

译文

白珪对新城君说："走夜路的人能不做奸邪的事，却不能禁止狗对自己狂叫。所以我能在大王面前不议论您，却不能禁止别人在您面前议论我。"

长平之役平都君

长平之役，平都君说魏王曰①："王胡不为从②？"魏王曰："秦许吾以垣雍③。"平都君曰："臣以垣雍为空割也。"魏王曰："何谓也？"平都君曰："秦、赵久相持于长平之下而无决，天下合于秦，则无赵；合于赵，则无秦。秦恐王之变也，故以垣雍饵王也。秦战胜赵，王敢责垣雍之割乎？王曰：'不敢。'秦战不胜赵，王能令韩出垣雍之割乎？王曰：'不能。'臣故曰'垣雍空割也'。"魏王曰："善。"

注释

①平都君：赵悼襄王偃的封君。魏王：指魏安釐王。

②为从：诸侯合纵，救赵抗秦。

③垣雍：地名，在今河南省原阳县西南，原为魏邑，后属韩。

译文

长平战役中，赵国的平都君劝魏王说："大王为什么不组织合纵联盟呢？"魏王说："秦国答应把垣雍归还给我。"平都君说："我认为归还垣雍只是一句空话。"魏王说："为什么这么说？"平都君说："秦、赵两国长时间在长平城下相持，不分胜负，诸侯与秦国联合，就会灭掉赵国；如果与赵国联合，就会灭掉秦国。秦国担心大王改变主意，所以用垣雍来引诱大王。秦国战胜了赵国，大王敢要求割让垣雍吗？大王会说：'不敢。'秦国不能战胜赵国，大王能让韩国交出垣雍吗？大王会说：'不能。'所以我说归还垣雍只是一句空话。"魏王说："说得对。"

芮宋欲绝秦赵之交

芮宋欲绝秦、赵之交[①]，故令魏氏收秦太后之养地[②]，秦王怒。芮宋谓秦王曰："魏委国于王[③]，而王不受，故委国于赵也。李郝谓臣曰[④]：'子言无秦[⑤]，而养秦太后以地，是欺我也。’故敝邑收之。”秦王怒，遂绝赵也。

注释

①芮宋：魏国大臣。

②秦太后：指秦宣太后。养地：供养之地，所出收入归私人所有。此指魏国献出的供养秦太后的土地。

③委：托付。

④李郝：赵国大臣。

⑤无秦：与秦国不通好。

译文

芮宋打算断绝秦国和赵国的邦交，所以让魏国收回了曾经供给秦太后的土地。秦王大怒。芮宋对秦王说：“魏国把国家委托给大王，而大王却不接受，所以只好委托给赵国了。李郝对我说：‘您说魏国与秦国不友好，可是却用土地供养秦太后，这是欺骗我。’所以敝国才收回了秦太后的养地。”秦王大怒，于是断绝了与赵国的邦交。

秦拔宁邑

秦拔宁邑[①]，魏王令人谓秦王曰：“王归宁邑，吾请先天下构。”魏冉曰：“王无听。魏王见天下之不足恃也，故欲先构。夫亡宁者，宜割二宁以求构；夫得宁者，安能归宁乎？”

注释

①宁邑：魏邑，在今河南省修武县东。

译文

秦国攻克了魏国的宁邑，魏王派人对秦王说：“如果大王归还宁邑，魏国将请求先于其他诸侯国与秦国讲和。”魏冉说：“大王不要听信他的。魏王见诸侯不能依靠，所以想要先与我们讲和。失掉宁邑的国家，应该割让两倍于宁邑的土地来求和；得到宁邑的国家，怎么能归还宁邑呢？”

秦罢邯郸攻魏

秦罢邯郸[①]，攻魏，取宁邑。吴庆恐魏王之构于秦也[②]，谓魏王曰：“秦之攻王也，王知其故乎？天下皆曰王近也[③]。王不近秦，秦之所去[④]。皆曰王弱也。王不弱二周[⑤]。秦人去邯郸，过二周而攻王者，以王为易制也。王亦知弱之召攻乎？”

注释

①秦罢邯郸：公元前 257 年，秦国攻打赵国的邯郸

而不下，于是撤军。

②吴庆：魏国大臣。魏王：指魏安釐王。

③近：亲近。

④去：除掉。

⑤王不弱二周：大王并不比东、西二周弱。

译文

秦国停止攻打邯郸，去进攻魏国，攻下了魏国的宁邑。吴庆担心魏王与秦国讲和，就对魏王说："秦国进攻大王，大王知道其中的原因吗？天下诸侯都说大王亲近秦国。其实大王并不亲近秦国，秦国的目标是要除掉魏国。天下诸侯都说大王国力弱小。其实大王并不比东、西二周弱。秦军离开邯郸后，经过东周、西周而进攻大王，是认为大王容易被控制。大王也知道软弱是会招来进攻的吧？"

信陵君杀晋鄙

信陵君杀晋鄙[①]，救邯郸，破秦人，存赵国，赵王自郊迎[②]。唐且谓信陵君曰[③]："臣闻之曰，事有不可知者，有不可不知者；有不可忘者，有不可不忘者。"信陵君曰："何谓也？"对曰："人之憎我也，不可不知也。吾憎人也，不可得而知也。人之有德于我也，不可忘也。吾有德于人也，不可不忘也。今君杀晋鄙，救邯郸，破秦人，存赵国，此大德也。今赵王自郊迎，卒然见赵王[④]，臣愿君之忘之也。”信陵君曰：“无忌谨受教。”

注释

①信陵君：即魏无忌，魏昭王少子，因封于信陵（今河南省商丘市宁陵县）而称信陵君，“战国四君子”之一，战国时著名的军事家、政治家。晋鄙：战国时魏国将领。公元前257年，晋鄙奉魏王命令领兵救赵，后魏王惧怕秦国的干涉而下令阻止晋鄙进军，信陵君通过魏王的爱妃如姬盗取兵符，杀掉了晋鄙，引兵救赵，在邯郸大破秦军。

②赵王：指赵孝成王。郊迎：到郊外迎接，以示尊重。

③唐且：战国时魏国谋士。

④卒然：猝然。卒，通“猝”。

译文

信陵君杀了魏将晋鄙，挽救邯郸，打败秦军，保全了赵国，赵王亲自到郊外迎接信陵君。唐且对信陵君说：“我听说，事情有不可以知道的，有不可以不知道的；有不可以忘记的，有不可以不忘记的。”信陵君说：“这话是什么意思？”唐且回答说：“别人憎恨我，不可以不知道；我憎恨别人，不可以让人知道。别人对自己有恩惠，不可以忘记；我对别人有恩惠，不可以不忘记。现在您杀了晋鄙，挽救了邯郸，打败了秦军，保全了赵国，这对赵国是很大的恩惠。现在赵王亲自到郊外迎接您，突然见到赵王，我希望您忘掉救赵的事。”信陵君说：“我恭敬地接受您的教诲。”

魏王与龙阳君共船而钓

魏王与龙阳君共船而钓[①]，龙阳君得十余鱼而涕下[②]。王曰：“有所不安乎？如是，何不相告也？”对曰：“臣无敢不安也。”王曰：“然则何为涕出？”曰：“臣为王之所得鱼也。”王曰：“何谓也？”对曰：“臣之始得鱼也，臣甚喜，后得又益大，今臣直欲弃臣前之所得矣。今以臣凶恶[③]，而得为王拂枕席[④]。今臣爵至人君，走人于庭[⑤]，辟人于途[⑥]。四海之内，美人亦甚多矣，闻臣之得幸于王也，必褰裳而趋王[⑦]。臣亦犹曩臣之前所得鱼也[⑧]，臣亦将弃矣，臣安能无涕出乎？”魏王曰：“诶！有是心也，何不相告也？”于是布令于四境之内曰：“有敢言美人者族。”

由是观之，近习之人，其挚谄也固矣，其自纂繁也完矣。今由千里之外，欲进美人，所效者庸必得幸乎？假之得幸，庸必为我用乎？而近习之人相与怨，我见有祸，未见有福；见有怨，未见有德，非用知之术也。

注释

①龙阳君：魏王的宠臣。

②涕：眼泪。

③凶恶：指面貌丑陋。

④为王拂枕席：与魏王同吃同睡，即受到魏王的宠幸。

⑤走人于庭：朝廷大臣都趋附龙阳君。

⑥辟：通“避”，让道。

⑦褰：提起，撩起。趋：趋附。

⑧曩：以往，从前。

译文

魏王与宠臣龙阳君同坐在一条船上钓鱼，龙阳君钓到了十几条鱼便流泪了。魏王说：“你有什么不高兴的事吗？如果有，为什么不告诉我呢？”龙阳君回答说：“我没有什么不高兴的事。”魏王说：“那为什么要流泪呢？”龙阳君回答说：“我为我所钓到的鱼而流泪。”魏王说：“这是什么意思？”龙阳君回答说：“我刚开始钓到鱼的时候，很高兴，后来钓到的鱼更大，现在我只想把以前钓到的鱼扔掉。如今凭我这丑陋的面貌，却能有机会侍奉在大王的左右。现在我的爵位被封为龙阳君，在朝廷中，大臣们都趋附我，在路上，人们见了我也为我让道。天下的美人很多，知道我得到大王的宠信，一定会提起衣裙到大王这里来。到时候，臣下就像我先前钓到的鱼一样，会被扔掉的，我怎能不流泪呢？”魏王说：“你错了！你有这种心思，为什么不早告诉我呢？”于是下令全国说："有谁敢谈论美人的，罪灭全族。"

由此看来，君王身边所宠信的人，他们藏匿自身的手段是很在行的，他们掩护自己的办法是非常完备的。现在从千里之外有人想进献美人，进献来的美人难道一定能够得到宠幸吗？假如能够得到君王的宠幸，难道君王就一定听信那些进献美人的人吗？而国君身边受宠幸的人，都抱怨那个进献美人的人，我只见到有祸，而没有见到有福；只见到有怨恨，而没有看到恩惠，这并不是运用智谋的办法啊。

韩　策[1]

三晋已破智氏

三晋已破智氏，将分其地。段规谓韩王曰[2]："分地必取成皋[3]。"韩王曰："成皋，石溜之地也[4]，寡人无所用之。"段规曰："不然。臣闻一里之厚，而动千里之权者，地利也。万人之众而破三军者，不意也[5]。王用臣言，则韩必取郑矣[6]。"王曰："善。"果取成皋，至韩之取郑也，果从成皋始。

注释

①韩：韩氏与赵、魏同在公元前403年受封为诸侯，定都于阳翟。公元前375年，韩哀侯灭掉郑国，迁都新郑。由于韩国位于中原腹地，被其他强国环绕，发展空间狭小，因此是赵、魏、韩三家中势力最为弱小的一个。韩国在整个战国时期表现一般，只有在韩昭侯时期，任用申不害变法，曾经有过一段时间的富强。但是由于申不害讲究统治之"术"，侧重君主如何通过驾驭臣子而加强中央集权统治，未能从根本上提高韩国的经济生产以及军事实力，因此成效不大。公元前230年，

韩国被秦国所灭。

②韩王：即韩康子，当时韩国还不是诸侯，这里是追尊为王。

③成皋：地名，在今河南省荥阳市汜水镇西北，是山地和平原的交汇点，地理位置十分重要。

④石溜：水流石地而不贮存，意即贫瘠之地。

⑤不意：不能意料，即出其不意。

⑥韩必取郑：韩哀侯二年，即公元前375年，韩国趁魏国与楚国在榆关交战的时候，发兵灭掉郑国。

译文

韩、赵、魏三家已经打败智伯，正准备瓜分他的土地。段规对韩康子说道："分地时一定要得到成皋。"韩王说："成皋那个地方很贫瘠，我要了没有什么用。"段规说："并非如此。我听说，凭借一里大小的地方，就能牵动方圆千里的敌国政权，是由于占有有利地形的缘故。凭借一万人的军队就能战胜敌人上、中、下三军，在于能够出其不意。大王如能采用臣下的意见，那么韩国将来一定能够攻取郑国。"韩王说："好。"因此真的取了成皋。后来韩国灭掉郑国，果然是从成皋开始的。

魏之围邯郸也

魏之围邯郸也，申不害始合于韩王[①]，然未知王之所欲也，恐言而未必中于王也[②]。

王问申子曰："吾谁与而可[③]？"对曰："此安危之要[④]，国家之大事也。臣请深惟而苦思之[⑤]。"乃微谓赵卓、韩晁曰[⑥]："子皆国之辩士也。夫为人臣者，言可必用[⑦]？尽忠而已矣。"二人各进议于王以事。申子微视王之所说以言于王，王大说之。

注释

①申不害：亦称申子（约前 385—前 337 年），战国时期韩国国相，法家代表人物。曾帮助韩昭侯进行变法，主张中央集权的君主专制体制，认为国君要掌握统治之"术"，学会控制手下各级官员，确立权威。合：接触，联合。韩王：即韩昭侯。

②中：切中，指适合韩昭侯意愿。

③谁与：即与谁，同谁联合，这里指与魏国联合，还是同赵国联合。可：合适。

④要：关键。

⑤惟：想，思考。

⑥微：暗中，背地里。赵卓、韩晁 cháo：皆韩国大臣。

⑦可：岂，岂可。

译文

魏国包围赵国邯郸之时，申不害刚开始想让韩国与一方联盟，然而不知道韩昭侯的想法，担心所说的话不能切中韩昭侯的心意。

韩昭侯对申不害说："魏国和赵国，我与谁联合比较合适？"申不害回答道："这是社稷安危的关键，是国家的大事。请让我好好思考一下这件事情。"于是暗地里对赵卓、韩晁说："你们都是韩国能言善辩之人，做臣子的，所说的话哪就一定能得到采用呢？不过是尽忠罢了。"于是两人各自就国家大事在韩昭侯面前议论。申不害则暗中观察韩昭侯喜欢什么主张，然后将其进谏给韩昭侯，韩昭侯由此非常喜欢他。

申子请仕其从兄官

申子请仕其从兄官①，昭侯不许也。申子有怨色。昭侯曰："非所谓学于子者也。听子之谒②，而废子之道乎？又亡其行子之术③，而废子之谒乎？子尝教寡人循功劳④，视次第⑤。今有所求此，我将奚听乎？"申子乃辟舍请罪⑥，曰："君真其人也⑦！"

注释

①仕：任命，任职。从兄：即堂兄。

②谒：陈述，禀告。

③亡其：抑或，还是。亡，同"无"。

④循：遵循，依据。

⑤视：看。次第：官职次序。

⑥辟舍：离开殿堂而处于外面，犹言离开席位。

⑦君真其人也：您真就是那个人了，指理想中的君王。

译文

申不害为他的堂兄向韩昭侯求官，韩昭侯没有同意。申不害因此面有埋怨之色。韩昭侯说：“这种做法并不是我从您那里所学到的治国之策。（如果我）听从您所提出的请求，现在不就放弃了您的主张吗？又或者，（是应该）施行您的主张，而拒绝您的请求呢？您曾经教导我要依据功劳大小来安排相应等次的官职。今天您有这样的请求，那我该听从哪种意见呢？”申不害于是离席向韩昭侯请罪，说道：“您真的就是我理想中的君王了！”

苏秦为楚合从说韩王

苏秦为楚合从说韩王曰[1]：“韩北有巩、洛、成皋之固[2]，西有宜阳、常阪之塞，东有宛、穰、洧水[3]，南有陉山[4]，地方千里，带甲数十万。天下之强弓劲弩，皆自韩出。谿子、少府、时力、距来[5]，皆射六百步之外。韩卒超足而射[6]，百发不暇止，远者达胸[7]，近者掩心[8]。韩卒之剑戟，皆出于冥山、棠谿、墨阳、合伯[9]。邓师、宛冯、龙渊、大阿[10]，皆陆断马牛[11]，水击鹄雁[12]，当敌即斩。坚甲、盾、鞮、鍪、铁幕、革抉、吠芮[13]，无不毕具[14]。以韩卒之勇，被坚甲[15]，蹠劲弩[16]，带利剑，一人当百，不足言也。夫以韩之劲与大王之贤[17]，乃欲西面事秦，称东藩，筑帝宫，受冠带，祠春秋，交臂而服焉[18]。夫羞社稷而为天下笑[19]，无过此者矣。是故愿大王之熟计之也。

注释

①韩王：即韩桓惠王，前 332—前 312 年在位。

②巩：地名，在今河南巩义市西南。洛：地名，今河南洛阳市。成皋：地名，今河南荥阳市东北。固：特指地势险要，城郭坚固。

③宛：地名，今河南南阳市。穰 ráng：地名，在今河南邓州市。洧 wěi 水：古代河名，源出今河南省登封市阳城山，流经新密、新郑、鄢陵、扶沟等地而从西华县西入颍水，即今河南双洎河。

④陉 xíng 山：山名，在今河南新郑市。

⑤谿子：即南方少数民族所制弓箭。谿，同“溪”。少府：官府名，这里引申为少府所制的弓弩。时力：弓弩制作合乎时机，力量能够倍增，因而称时力。距来：即矩黍，古良弓名。

⑥超足：举足踏弩，以便发射。

⑦达胸：射中胸部。

⑧掩心：箭透心脏。

⑨冥山：山名，即今石城山，在今河南信阳东南。棠谿：地名，在今河南舞阳县西南。墨阳：地名，在今河南淅川县。合伯：地名，在今河南西平县西。

⑩邓师、宛冯、龙渊、大阿：四者皆剑名。邓地有著名铸剑师，故名邓师；宛人在今荥阳冯池铸剑，故名宛冯；吴人干将、越人欧冶善铸剑，二人所造的剑，一叫龙渊，一叫太阿。大阿，即太阿。

⑪断：斩断。

⑫鹄：天鹅。

⑬甲、盾、鞮dī、鍪móu、铁幕、革抉、吠fá芮：皆防御之器。甲，即铠甲。盾，即盾牌。鞮，兽皮制的鞋子。鍪，头盔。铁幕，铁制的护臂。革抉，革制的射抉，戴于右手拇指上钩弦发箭。吠，盾牌。芮，系盾牌的带子。

⑭毕具：全部具备。

⑮被：同“披”，装备。

⑯蹠zhí：人的足底，引申为踏。

⑰劲：强劲的实力。

⑱交臂：交叉双臂，指拱手。服：服从。

⑲羞：使……蒙羞。笑：嘲笑。

译文

苏秦为了楚国的合纵政策而向韩王游说道：“韩国北面有巩城、洛城、成皋这样险要坚固的要塞，东面有宛地、穰地、洧水，南面有陉山，土地方圆千里，披甲的士兵有数十万。天下的强弓劲弩都产自韩国。有溪子、少府、时力、矩黍这样的良弓，全能射到六百步开外。韩国的士兵举足踏弩，能连续发箭上百枚而无需停歇。

远距离发射能达于胸部，近距离发射能力穿心脏。韩国士兵的剑戟都产自于冥山、棠溪、墨阳、合伯等地。邓师、宛冯、龙渊、太阿等宝剑在陆地能砍断马牛，在水里能截击天鹅、大雁，遇见敌人也能立即斩杀。坚韧的铠甲、盾牌、皮鞋、头盔、铁制的护臂、革制的射抉、系盾的绶带，无不完全齐备。凭着韩国士兵的勇敢，穿上坚韧的铠甲，踏着强劲的弓弩，身带锋利的宝剑，以一挡百，不在话下。凭借韩国的强劲实力以及大王您的贤德，却想要投向西方服侍秦国，做它在东方的属国，为秦国建造帝王宫室，接受秦国赐予的服饰冠带，向秦国供奉春秋两季祭祀的祭品，拱手臣服，使得国家社稷蒙羞而被天下人耻笑，没有什么比这更严重的了。因此，希望大王认真考虑这个问题。

“大王事秦，秦必求宜阳、成皋。今兹效之[①]，明年又益求割地。与之，即无地以给之；不与，则弃前功，而后更受其祸。且夫大王之地有尽，而秦之求无已。夫以有尽之地，而逆无已之求[②]，此所谓市怨而买祸者也[③]，不战而地已削矣。臣闻鄙语曰[④]：‘宁为鸡口，无为牛后[⑤]。’今大王西面交臂而臣事秦，何以异于牛后乎？夫以大王之贤，挟强韩之兵，而有‘牛后’之名，臣窃为大王羞之。”

韩王忿然作色[⑥]，攘臂按剑[⑦]，仰天太息曰[⑧]：“寡人虽死，必不能事秦。今主君以楚王之教诏之[⑨]，敬奉社稷以从。”

注释

①今兹效之：这次这样献出土地。兹，这样。效，献出，尽力。

②逆：迎，应对。

③市：购买，交换。

④鄙语：俗语。

⑤宁为鸡口，无为牛后：宁愿做鸡的嘴巴，不做牛的肛门。牛后，指牛的肛门。鸡口虽小，是进食之处；牛肛虽大，是出粪之所。

⑥忿然作色：气愤得变了脸色。

⑦攘臂：捋起衣袖。攘，捋。

⑧太息：叹息，感慨良多的意思。太，同“叹”。

⑨主君：对苏秦的尊称。诏：告诉，告诫。

译文

“大王您如果侍奉秦国，秦国必然再索求宜阳和成皋。这次这样献出土地，明年又进一步要求割地。如果将土地给秦国，那么将没有多少土地好割让；不给的话，便前功尽弃而遭受更多来自秦国的祸患。况且，大王您的土地是有穷尽的，而秦国的欲求却是没有止境的。凭借终有穷尽的土地来迎合没有止境的欲求，这就是所谓的招怨买祸啊，还没有开战土地便已削减了。臣下曾听民间俗语说：‘宁为鸡口，不为牛后。’现在大王如果面西向秦国拱手称臣，与做牛屁股有什么差别呢？凭借大王您的贤明，挟有韩国强大的军队，却背负牛屁股的名声，我私下为大王感到羞愧。”

韩王气得变了脸色，捋起衣袖，手按宝剑，仰天叹息道：“我即使死了，也一定不会去服侍秦国。现今请先生您将楚王的教诲告诉我，我将恭敬地带领国家来听从您。”

张仪为秦连横说韩王

张仪为秦连横说韩王曰[①]：“韩地险恶，山居[②]，五谷所生，非麦而豆[③]。民之所食，大抵豆饭藿羹[④]。一岁不收[⑤]，民不厌糟糠[⑥]。地方不满九百里，无二岁之所食。料大王之卒，悉之不过三十万，而斯徒负养在其中矣[⑦]。为除守徼亭鄣塞[⑧]，见卒不过二十万而已矣[⑨]。秦带甲百余万，车千乘，骑万匹，虎挚之士[⑩]，跿跔科头[⑪]，贯颐奋戟者[⑫]，不可胜计也。秦马之良，戎兵之众，探前趹后[⑬]，蹄间三寻者[⑭]，不可称数也。山东之卒[⑮]，被甲冒胄以会战[⑯]，秦人捐甲徒裎以趋敌[⑰]，左挈人头[⑱]，右挟生虏[⑲]。夫秦卒之与山东之卒也，犹孟贲之与怯夫也[⑳]，以重力相压[㉑]，犹乌获之与婴儿也[㉒]。夫战孟贲、乌获之士，以攻不服之弱国[㉓]，无以异于堕千钧之重[㉔]，集于鸟卵之上，必无幸矣[㉕]。诸侯不料兵之弱[㉖]，食之寡，而听从人之甘言好辞[27]，比周以相饰也[28]，皆言曰：'听吾计则可以强霸天下。'夫不顾社稷之长利，而听须臾之说[29]，诖误人主者[30]，无过于此者矣。

注释

①韩王：指韩襄王。

②山居：位于大山之间。

③而：就是。

④大抵：大多是。豆饭：以豆为饭，豆食。藿羹：豆叶做的羹汤。藿，豆叶，嫩时可吃。

⑤不收：不能收获，指歉收。

⑥厌：同"餍"，饱，满足。糟糠：酒糟和谷糠所制的粗劣食物。

⑦厮徒：指杂役这样的低贱之人。负养：承担运输和饲养等役的人。

⑧为：如果，表假设关系。除：除去，减去。徼亭：边境之上的瞭望亭。鄣塞：屏障要塞。鄣，同"障"。

⑨见：现有的，实有的。见，同"现"。

⑩虎挚之士：像猛虎和鹰鸷一样的士兵。

⑪跿跔 tújū 科头：光着双脚、不戴头盔的士兵。跿跔，光着脚。科头，光着头，指不戴头盔。

⑫贯颐奋戟者：被箭贯穿脸颊还奋不顾身挥戟前进的士兵。贯，贯穿。颐，脸颊，腮。

⑬探前趹 jué 后：马前足前伸，后足趹地，指马速度快。探，伸。趹，骡马类动物用后脚踢。

⑭蹄间三寻者：一步能跳八尺的马，极言马速度快。寻，古代的长度单位。

⑮山东：崤山以东。秦国在崤山以西，其他六国皆在崤山以东。

⑯被甲冒胄：披着铠甲，戴着头盔。

⑰捐甲徒裎 chéng 以趋敌：丢掉铠甲，赤裸身体冲向敌人。捐，丢弃。徒，光着。裎，赤裸着身体。趋，赴。

⑱挈：用手提着。

⑲挟：用胳膊夹着。生虏：活捉的俘虏。

⑳孟贲：战国时卫国勇士。

㉑以重力相压：用重兵来施加压力。

㉒乌获：战国时秦国大力士。

㉓服：臣服。

㉔堕：掉下来，坠落。钧：古代重量单位，一钧合三十斤。

㉕幸：幸免于难。

㉖料：预料。

㉗从人：合纵之人。从，同“纵”。

㉘比周：结党营私。相饰：相互粉饰。

㉙须臾之说：只见眼前利益的说辞。须臾，极短的时间，片刻，引申为眼前利益。

㉚诖 guà 误：贻误，连累。诖，失误。

译文

张仪为替秦国实现连横政策而游说韩王说：“韩国

地理环境险恶，山地多，所产的粮食，不是麦子就是豆子；民众所吃的食物，大多是豆饭和豆叶羹汤。哪一年歉收，老百姓就会连糟糠都吃不饱。韩国土地方圆不过九百里，所储存的粮食连两年都不够吃。估计大王您的军队，全部加上也不过三十万，而且还得算上后勤杂役。如果除去守卫边亭要塞的士兵，现有的士兵最多不过二十万罢了。秦国身披铠甲的士兵有一百多万，战车千辆，战马万匹，勇猛的士兵光着头、赤着脚，不带头盔而奋勇厮杀，弯弓射箭，持戟冲杀的，多得不可胜数。秦国战马精良，兵士众多，战马前足探，后足蹬，一跃就能跨过三寻的，无法计数。崤山以东六国的士兵，披上铠甲，戴着头盔参加战斗，秦国人却丢掉铠甲、赤膊冲向敌人，左手提着人头，右手夹着活捉的俘虏。秦国的士兵与六国的士兵相比，就犹如勇士孟贲与懦夫相比一样；以重兵对六国施加压力，就像大力士乌获对付婴儿一样。用孟贲、乌获这样的勇士作战，来攻打不肯降服的弱国，这与坠千斤的重物在鸟卵之上没有什么差别，肯定是不能幸免于难的。各个诸侯国不能估计到自己兵力的弱小，食物的匮乏，却听从合纵之人的甜言蜜语，结为朋党，互相粉饰，都说：‘听从我的计策就会强大并雄霸天下。’不顾国家社稷的长远利益，却听取只见眼前利益的说辞，贻误君主，没有比这更过分了。

“大王不事秦，秦下甲据宜阳①，断绝韩之上地②；

东取成皋、荥阳，则鸿台之宫、桑林之苑[3]，非王之有已[4]。夫塞成皋[5]，绝上地[6]，则王之国分矣[7]。先事秦则安矣，不事秦则危矣。夫造祸而求福[8]，计浅而怨深[9]，逆秦而顺楚，虽欲无亡，不可得也。故为大王计，莫如事秦。秦之所欲，莫如弱楚，而能弱楚者莫如韩。非以韩能强于楚也，其地势然也[10]。今王西面而事秦以攻楚，为敝邑[11]，秦王必喜。夫攻楚而私其地[12]，转祸而说秦[13]，计无便于此者也[14]。是故秦王使使臣献书大王御史[15]，须以决事[16]。”

韩王曰：“客幸而教之[17]，请比郡县[18]，筑帝宫，祠春秋，称东藩，效宜阳。”

注释

①下甲：出兵。据：占据，攻占。

②上地：上党之地，在今山西东南部。

③鸿台之宫、桑林之苑：都是韩国的宫苑。

④已：同“矣”，文言助词，了。

⑤塞：堵塞。

⑥绝：断绝。

⑦分：遭到分裂。

⑧造祸而求福：到灾祸中去求取幸福。造，去，到。

⑨计浅而怨深：计谋短浅以致结怨太深。

⑩其地势然也：这是它的地理形势造成的。然，形成，造成。

⑪为敝邑：帮助秦国攻打楚国。为，帮助。敝邑，

对秦国的谦称。

⑫私：使动用法，使……私有，即占有。

⑬说：同“悦”，此处指讨好秦国。

⑭便：便利，有利。

⑮御史：负责记录的史官、秘书官，别国使臣献国书，常由御史接收。

⑯须以决事：等待大王裁决。须，等待。

⑰幸：表敬副词，表明对方的行为使自己感到幸运。

⑱比郡县：将韩国纳为秦国的郡县。比，等同。

译文

“大王您如果不侍奉秦国，秦国就会出兵占据宜阳，隔断韩国的上党地区；向东夺取成皋、荥阳，那么鸿台宫、桑林苑，就不再是大王所有了。堵塞成皋，绝断上党，那么大王您的国家就被分裂了。先侍奉秦国就可以安宁，不侍奉秦国就导致危难。到灾祸中去求取幸福，计谋短浅以致结怨太深，违逆秦国而顺从楚国，即使想不灭亡，也不可能了。所以为大王您考虑，不如事奉秦国。秦国所想的，莫过于削弱楚国，而能削弱楚国的国家莫过于韩国。并不是因为韩国比楚国强大，而是韩国的地理形势造成的。现在大王您面向西方来事奉秦国，并攻打楚国，帮助秦国，秦王一定非常高兴。攻打楚国并占有其土地，转移了祸患又取悦了秦国，没有比这更有利的计策了。因此，秦王派遣使臣向大王您的御史呈上国书，等待大王您裁决此事。”

韩王说道："幸蒙您的教诲，请将韩国纳为秦国的郡县，为秦国修筑帝王宫殿，春秋两季供奉祭祀的贡品，做秦在东方的属国，并将宜阳献给秦国。"

楚围雍氏五月

楚围雍氏五月[①]。韩令使者求救于秦，冠盖相望也[②]，秦师不下殽[③]。韩又令尚靳使秦[④]，谓秦王曰[⑤]："韩之于秦也，居为隐蔽[⑥]，出为雁行[⑦]。今韩已病矣[⑧]，秦师不下殽。臣闻之：唇揭者其齿寒[⑨]。愿大王之熟计之。"宣太后曰："使者来者众矣，独尚子之言是。"召尚子入。

宣太后谓尚子曰[⑩]："妾事先王也，先王以其髀加妾之身[⑪]，妾困不疲也[⑫]；尽置其身妾之上，而妾弗重也[⑬]。何也？以其少有利焉[⑭]。今佐韩，兵不众，粮不多，则不足以救韩。夫救韩之危[⑮]，日费千金，独不可使妾少有利焉[⑯]。"

注释

①楚围雍氏五月：楚国围攻雍氏长达五个月。楚围雍氏前人说法不一，根据《史记·秦本纪》，及今人杨宽《战国史》的说法，公元前312年，楚国大举发兵进攻秦、韩，派将军屈丐进攻商於之地，又使上柱国景翠围攻韩的雍氏。雍氏，韩邑，在

今河南禹州市东北。

②冠盖相望：使者一路上往来不绝。冠盖，古代官吏的帽子和车盖，引申为使官。

③殽 xiáo：山名，也作“崤”“肴”，在今河南洛宁县北。

④尚靳 jìn：人名，韩国臣子。

⑤秦王：指秦昭襄王。

⑥居：平时。隐蔽：犹言屏障。

⑦出：出兵，指在战时。雁行：先锋。

⑧病：困难，不利，指陷入困境。

⑨揭：揭开，掀起。

⑩宣太后：秦惠文王后，昭襄王母。

⑪先王：指秦惠王。髀 bì：大腿。加：放，压。

⑫困：疲乏。不：发语词，本身无意义。

⑬重：认为……重。

⑭少：稍微。有利：有好处，指舒服。

⑮危：危难。

⑯独：唯独。

译文

楚国围困雍氏，已经长达五个月。韩国派遣使臣向秦国求救，使者络绎不绝，而秦国军队就是不肯东出崤山，派兵救援。韩国又派尚靳出使秦国，对秦王说道：“韩国对于秦国来说，平时是秦国的屏障，战时是秦国先锋。如今韩国陷入危难，秦国军队却不出崤山救援。我听说，嘴唇掀开，牙齿就会受寒，希望大王您仔细考虑这个问题。”宣太后说：“使者来的很多，只有尚先生的话讲得对。”于是召尚靳入宫。

宣太后对尚靳说：“我侍奉先王的时候，先王将他的大腿放在我的身上，我感到疲累而难以支撑。先王将整个身体压在我身上的时候，我却不感到沉重，为什么呢？因为那样我会稍微舒服点。如今帮助韩国，士兵不多，粮食不多，就不能够援救韩国。援救韩国的危难，每天要耗费上千金，唯独不能让我得到一点好处。”

尚靳归书报韩王[①]，韩王遣张翠[②]。张翠称病[③]，日行一县。张翠至，甘茂曰[④]：“韩急矣，先生病而来。”张翠曰：“韩未急也，且急矣[⑤]。”甘茂曰：“秦重国知王也[⑥]，韩之急缓莫不知。今先生言不急，可乎？”张翠曰：“韩急则折而入于楚矣，臣安敢来？”甘茂曰：“先生毋复言也。”

甘茂入言秦王曰：“公仲柄得秦师[⑦]，故敢捍楚[⑧]。今雍氏围而秦师不下殽，是无韩也。公仲且抑首而不朝[⑨]，公叔且以国南合于楚[⑩]。楚、韩为一，魏氏不敢不听，是楚以三国谋秦也，如此则伐秦之形成矣[⑪]。不识坐而待伐，孰与伐人之利？”秦王曰：“善。”果下师于殽以救韩。

注释

①韩王：指韩襄王。

②张翠：人名，韩国臣子。

③称病：声称有病。

④甘茂：人名，秦国名将，任左相。

⑤且：将要。

⑥重国：大国。知：同“智”，明智。

⑦公仲：指公仲侈，韩相。柄：权柄，这里作动词，掌握权柄。

⑧捍：抵御。

⑨抑首：俯首，低头。不朝：不来朝贡。

⑩公叔：韩国公族。且：将会。

⑪形：形势。

译文

尚靳回信报告韩王，韩王派遣张翠出使。张翠声称有病，每天只走一县的路程。张翠到了秦国后，甘茂说：“目前韩国的形势危急吗？先生您竟带病而来。”张翠说道：“韩国尚未危急，只是快要危急了。”甘茂说：“秦国是强大的国家，又兼有明智的君主，韩国形势安危与否没有不知道的。现今先生您说不危急，可能吗？”张翠道：“韩国危急就反过来追随楚国了，我怎么还敢来呢？”甘茂说道：“先生您不用再说了。”

甘茂入宫对秦王说道：“公仲侈执掌韩国权柄，又得到秦国军队的支持，所以敢于抵御楚国。如今雍氏被围困，而秦国军队却不下崤山相救，这样就等于放弃韩国。公仲侈将会低头无语而不来朝贡，公叔就会将韩国向南与楚国联合起来。楚国、韩国合一，魏国就不敢不听从，这样楚国就会带领三国来图谋秦国了。果真如此，那么进攻秦国的形势就形成了。不知道坐等被攻伐，与主动攻伐他人哪个更加有利呢？”秦王回道：“好。”于是秦军果真派兵东出崤山去援救韩国了。

公仲为韩魏易地

公仲为韩、魏易地[①]，公叔争之而不听，且亡[②]。史惕谓公叔曰[③]：“公亡，则易必可成矣。公无辞以后反，且示天下轻公[④]，公不若顺之。夫韩地易于上[⑤]，则害于赵；魏地易于下[⑥]，则害于楚。公不如告楚、赵，楚、赵恶之。赵闻之，起兵临羊肠，楚闻之，发兵临方城，而易必败矣。”

注释

①易地：此策之事发生在公元前321年，公仲此时担任韩相，亲近秦国。公仲支持易地，其原因是有利于秦国攻取楚、赵的土地。

②且亡：将要逃亡。

③史惕：韩国史官。

④示天下轻公：让天下诸侯知道韩国轻视您。

⑤易于上：即指韩国得到魏国的上党，因为上党地区在北部，故称上。

⑥易于下：指魏国得到韩国的南阳、郑地、三川，这些地方在魏国的南边，因此称为下。

译文

公仲为韩国和魏国谋划交换土地，公叔劝阻而公仲不听，公叔准备逃亡他国。史惕对公叔说："你要是出走他国，那么交换土地这件事一定会实施。那时您再想回来，也没有借口了，而且会让天下诸侯知道韩国轻视您，您不如顺从公仲。如果韩国得到了北部的土地，就会对赵国产生威胁，魏国得到了韩国在南边的土地，就会威胁到楚国。您不如告诉楚国和赵国韩、魏换地这件事，楚、赵会很厌恶这样做。因此，赵国听说了，就会发兵守卫羊肠；楚国听说了，就会派兵守卫方城。韩、魏换地的事情就必定会失败。"

韩公叔与几瑟争国

韩公叔与几瑟争国①。郑强为楚王使于韩②，矫以新城、阳人合世子③，以与公叔争国。楚怒，将罪之。郑强曰："臣之矫与之，以为国也。臣曰：世子得新城、阳人，以与公叔争国而得全④，魏必急韩氏⑤。韩氏急，必县命于楚⑥，又何新城、阳人敢索？若战而不胜，走而不死⑦，今且以至⑧，又安敢言地？”楚王曰：“善。”乃弗罪。

注释

①韩公叔与几瑟争国：公元前300年，公叔担任韩相，他倚仗齐国相国孟尝君，得到了齐国和魏国的支持，既与公仲争权，又与立为太子的几瑟争权。

②郑强：人名，魏国人，游说于秦、楚之间。楚王：指楚怀王。

③矫：假托怀王命令。新城：地名，原是韩邑，后来被楚国占领。在今河南伊川县西南。阳人：地名，楚邑，在今河南汝州市。合：许诺。世子：太子，指几瑟。

④全：成全，成功。

⑤魏必急韩氏：魏国反对公子几瑟，支持公子咎，所以会进攻韩国。急：使……危急，指进攻。

⑥县：同“悬”，悬挂，引申为寄托。

⑦走：逃亡。

⑧至：到达，指来到楚国。

译文

韩公叔帮助公子咎来与公子几瑟争夺国权。郑强替楚王出使韩国，假托楚王之命，将新城和阳人两地许诺给了几瑟，来支持他与公叔争权。楚王很生气，准备降罪于郑强。郑强说道：“臣下假托王命将土地送给几瑟，是为了国家。请听我解释，几瑟得到新城、阳人，以此来与公叔争权，如果取得成功，魏国必然进攻韩国，韩国危急，一定会将自己的命运寄托给楚国，又怎么敢索要新城和阳人呢？如果几瑟战败，逃走而得免于死，现在就快来到楚国了，又怎么敢谈土地的事呢？”楚王说：“好。”于是没有降罪于郑强。

韩公叔与几瑟争国中庶子强谓太子

韩公叔与几瑟争国。中庶子强谓太子曰[①]：“不若及齐师未入[②]，急击公叔[③]。”太子曰：“不可，战之于国中，必分[④]。”对曰：“事不成，身必危，尚何足以图国之全为[⑤]？”太子弗听，齐师果入，太子出走。

注释

①中庶子：官名。战国时国君、太子、相国的侍从之臣。强：人名，指郑强。太子：指几瑟。

②不若：不如。及：趁着。入：发兵来到韩国。

③急击：紧急进击。指抓紧除掉。

④分：分裂。

⑤尚何足以：还怎么能够。为：助词，表示反诘或感叹。

译文

韩国公叔与太子几瑟争夺国权。中庶子郑强对太子说："不如趁着齐国的军队还没有发兵来到韩国，抓紧除掉公叔。"太子几瑟说："不行，在国内发动战争，国家必然分裂。"郑强回答道："这件事如果干不成，自身定会陷入危急，还怎么能够希冀国家的完整呢？"几瑟不肯听从，齐国的军队果然入侵，几瑟被迫出逃国外。

公叔将杀几瑟

公叔将杀几瑟也。谓公叔曰："太子之重公也①，畏几瑟也。今几瑟死，太子无患，必轻公。韩大夫见王老②，冀太子之用事也③，固欲事之④。太子外无几瑟之患，而内收诸大夫以自辅也，公必轻矣。不如无杀几瑟，以恐太子⑤，太子必终身重公矣。"

注释

①太子：指公子咎，当时公子咎和几瑟、伯婴都称太子。重：重视，看重。

②王老：韩襄王年老。

③冀：希冀，期望。

④固：必然，一定。

⑤恐：恐吓，威胁，使之害怕。

译文

公叔即将杀掉几瑟。有人对公叔说："太子重视您，是因为畏惧几瑟。如果几瑟死了，太子就没有忧患了，一定会轻视您。韩国的大夫们看见大王年老体衰，都希望太子执掌政事，必然都想侍奉太子。太子外面没有几瑟的忧患，而在内又收拢大夫们来辅佐自己，您必然会受到轻视了。不如不要杀死几瑟，来牵制太子，太子就一定会终身重用您。"

几瑟亡之楚

几瑟亡之楚，楚将收秦而复之①。谓芈戎曰："废公叔而相几瑟者②，楚也。今几瑟亡之楚，楚又收秦而复之。几瑟入郑之日，韩，楚之县邑③。公不如令秦王贺伯婴之立也④。韩绝于楚⑤，其事秦必疾⑥。秦挟韩亲魏，齐、楚后至者先亡⑦。此王业也⑧。"

注释

①收秦：联合秦国。复：回去，指将几瑟送回韩国并令其复位。

②相：以……为相。

③楚之县邑：指韩国将会变成楚国的一个县了。邑，通"已"。

④令秦王贺伯婴之立：让秦王就伯婴被立为太子之事向伯婴祝贺。如此，便意味着秦国转而支持伯婴，伯婴也会倚靠秦国。而秦国与楚国也不可能联合，这样就孤立了楚国。

⑤绝：断绝关系，指断交。

⑥疾：急迫，急切。

⑦后至者：后来到的，指后来才事秦的。

⑧此王业也：这将是秦国的帝王之业。

译文

几瑟逃亡到楚国后，楚国准备联络秦国一起将几瑟送回韩国并助其复位。有人对芈戎说道："起初意图废掉公叔而帮助几瑟夺权的，是楚国。如今几瑟逃亡到楚国，楚国又联合秦国想助其复位。几瑟回到新郑的那一天，韩国就将变成楚国的一个县邑了。您不如让秦王就伯婴被立为太子之事向伯婴祝贺。韩国与楚国断绝邦交关系的话，韩国必将会急切地想要侍奉秦国，秦国挟制韩国亲近魏国，齐国和楚国是后来才来侍奉秦国的，将会先被灭亡。这样秦国的帝王大业就能成功了。"

韩傀相韩

韩傀相韩[①]，严遂重于君[②]，二人相害也。严遂政议直指[③]，举韩傀之过。韩傀以之叱之于朝[④]。严遂拔剑趋之[5]，以救解[6]。于是严遂惧诛，亡去游，求人可以报韩傀者[7]。

至齐，齐人或言："轵深井里聂政[8]，勇敢士也，避仇隐于屠者之间。"严遂阴交于聂政，以意厚之[9]。聂政问曰："子欲安用我乎？"严遂曰："吾得为役之日浅[10]，事今薄[11]，奚敢有请？"于是严遂乃具酒，觞聂政母前[12]。仲子奉黄金百镒[13]，前为聂政母寿。聂政惊，愈怪其厚，固谢严仲子。仲子固进，而聂政谢曰："臣有老母，家贫，客游以为狗屠，可旦夕得甘脆以养亲[14]。亲供养备[15]，义不敢当仲子之赐。"

严仲子辟人，因为聂政语曰："臣有仇，而行游诸侯众矣。然至齐，闻足下义甚高，故直进百金者，特以为夫人粗粝之费[16]，以交足下之欢，岂敢以有求邪？"聂政曰："臣所以降志辱身，居市井者，徒幸而养老母[17]。老母在，政身未敢以许人也。"严仲子固让，聂政竟不肯受。然仲子卒备宾主之礼而去。

注释

①韩傀：即韩国相国侠累，韩烈侯的叔父，曾在烈侯时期担任相国。聂政刺杀侠累在公元前 397 年。

②严遂：又被称为仲子，韩烈侯的宠臣，与侠累有矛盾。重：重用，宠信。君：即韩烈侯，名取，韩景侯之子，前 399—前 387 年在位。

③政议直指：公正无私地评论，直言不讳地批评。

④以之：因此。叱：叱责。

⑤趋之：追着刺韩傀。

⑥以救解：指韩傀因为有人来解救，所以脱险。

⑦报韩傀：找韩傀报仇。

⑧轵：地名，在今河南省济源南。深井里：里弄名。里，相当于现在城市的社区一级的基层行政单位。

⑨以意厚之：对待聂政十分亲厚。

⑩为役：即和聂政交往的谦称。日浅：日子短暂。

⑪薄：迫切。

⑫觞：酒杯，此处用作动词，指敬酒。

⑬奉：献上。

⑭得甘脆以养亲：得到甘脆可口的食物奉养母亲。

⑮备：齐备。

⑯粗粝：粗粮。

⑰徒幸而养老母：仅仅希望能以此奉养母亲。

译文

韩傀担任韩国的相国，严遂也同时受到韩王的宠信，但是两人却互相攻击。严遂曾公开直接地指责韩傀的过错。韩傀为此在朝廷上大骂严遂，严遂拔剑刺向韩傀，幸亏有人出来阻挡，韩傀才没有受伤。事后，严遂担心韩傀的报复，就逃出了韩国，周游列国，寻求能够帮自己向韩傀报仇的人。

到了齐国，听到齐国有人说："轵地深井里有个聂政，是个勇士。他为了躲避仇家而隐居在屠夫中间。"于是严遂就私下里结交了聂政，有意地厚待他。聂政很奇怪，问道："您是准备要我帮您办事吗？"严遂说："我为您效劳的日子还很短，服侍还不够，怎么敢请您为我办事呢？"于是严遂就准备好酒宴，宴请聂政的母亲，并敬酒。不久，严遂又捧出百镒黄金，献给聂政的母亲祝寿。聂政心中惊讶，更加不解严遂为何如此厚待自己，就坚持谢绝了严遂的厚礼。严遂坚持献上，聂政推辞说："我有老母在世，家里十分贫穷，流落他乡，以屠狗为业，每天只是挣些甘脆可口的食物，奉养母亲。现在我的母亲还不缺食用，于礼不敢接受您的恩赐。"

严仲子避开旁人，对聂政说："我有个仇人，为此我走遍很多国家。到了齐国，听说您是个重情重义之人。我之所以献上百金，只是用来为老夫人买些粗糙的食物，以便和您交个朋友，哪里敢有什么要求呢？"聂政说："我之所以低三下四，辱没自己，屈居在市井之中，就是为了奉养母亲。母亲还在世，我是不能答应为别人做什么事的。"严仲子坚持要把黄金给聂政，聂政最终还是没有收下。然而严仲子还是完成了宾主的礼节才离开。

久之，聂政母死，既葬，除服[①]。聂政曰："嗟乎！政乃市井之人，鼓刀以屠，而严仲子乃诸侯之卿相也，不远千里，枉车骑而交臣[②]，臣之所以待之至浅鲜矣，未有大功可以称者。而严仲子举百金为亲寿，我虽不受，然是深知政也。夫贤者以感忿睚眦之意[3]，而亲信穷僻之人，而政独安可嘿然而止乎？且前日要政，政徒以老母。老母今以天年终，政将为知己者用。”

遂西至濮阳[4]，见严仲子曰：“前所以不许仲子者，徒以亲在。今亲不幸，仲子所欲报仇者为谁？”严仲子具告曰：“臣之仇韩相傀。傀又韩君之季父也，宗族盛，兵卫设，臣使人刺之，终莫能就。今足下幸而不弃，请益具车骑壮士，以为羽翼。”政曰：“韩与卫，中间不远，今杀人之相，相又国君之亲，此其势不可以多人。多人不能无生得失，生得失则语泄，语泄则韩举国而与仲子为雠也，岂不殆哉[5]！”遂谢车骑人徒，辞，独行，仗剑至韩。

注释

①除服：古人双亲死后，要服丧，穿丧服守孝一段时间。

②枉车骑而交臣：委屈了他的身份来与我结交。

③睚眦：发怒时瞪眼睛，指很小的恩怨。

④濮阳：卫国的都城。

⑤殆：危险。

译文

过了许久，聂政的母亲去世了，安葬完毕，守孝期也满了。聂政说：“唉！我不过是个普通的小老百姓，整天只知道操刀杀狗，而严仲子以诸侯卿相之尊，不远千里，来屈尊和我结交，可是我回报他的东西却非常少，也没有什么功劳可以补偿他对我的恩惠。他曾献出百金，为我的母亲祝寿，虽然我没有接受，但他却是能够深深理解我的人。这样有身份的贤者，为了申冤报仇，来亲近我这样的小人物，我哪里能沉默不语就算完了呢？再说，以前他邀请我，我只是因为老母健在，而没有答应他。如今老母去世，我将要为理解我的人所用。”

于是聂政就向西到了濮阳，拜见严仲子说：“以前我之所以没有答应您，是因为老母健在。如今母亲不幸去世，我可以为您所用了。您想要报仇的人是谁？我愿意帮您解决。”严仲子就把全部情况详细地告诉了他，说：“我的仇人，是韩国的相国韩傀。韩傀是如今韩国国君的叔父，家族很有势力，而且卫兵很多，我多次派人行刺，都没能成功。如今有幸能请到您帮我，那就让我为您增加车骑勇士，作为您的帮手。”聂政说：“韩国与卫国相距不远，如今要去杀死他国的相国，相国又是国君的亲人，这种情况就不能有很多人一起去。人多了就不可能不出差错，出了差错就会泄密，一泄密就会让韩国上下都与您结仇，这样的话不就危险了吗？”于是就谢绝了车马随从，辞别严遂，一个人持剑到韩国去了。

韩适有东孟之会[①]，韩王及相皆在焉，持兵戟而卫者甚众。聂政直入，上阶，刺韩傀。韩傀走而抱烈侯，聂政刺之，兼中烈侯，左右大乱。聂政大呼，所杀者数十人。因自皮面[②]，抉眼[③]，自屠出肠，遂以死。韩取聂政尸于市，县购之千金[④]。久之，莫知谁子。

政姊闻之，曰："弟至贤，不可爱妾之躯，灭吾弟之名，非弟意也。"乃之韩。视之曰："勇哉！气矜之隆[⑤]。是其轶贲、育而高成荆矣[⑥]。今死而无名，父母既殁矣，兄弟无有，此为我故也。夫爱身不扬弟之名，吾不忍也。"乃抱尸而哭之曰："此吾弟轵深井里聂政也。"亦自杀于尸下。

晋、楚、齐、卫闻之[⑦]，曰："非独政之能，乃其姊者亦列女也[⑧]。"聂政之所以名施于后世者[⑨]，其姊不避菹醢之诛[⑩]，以扬其名也。

注释

①东孟之会：在东孟地方的聚会。东孟，韩邑，在今河南省延津县西南。

②皮面：剥去面皮。

③抉眼：挖掉眼睛。皮面、抉眼都是为了破坏自己的容貌，不让别人认出自己。

④县购之千金：悬赏千金来追查刺杀韩傀之人的姓名。

⑤气矜之隆：豪气伟大而崇高。矜，大。隆，高。

⑥轶：超过。贲、育：即孟贲和夏育，都是古代的勇士。成荆：也是古代有名的勇士。

⑦晋：晋国此时已经灭亡，此处指三晋。

⑧列女：重视名节、视死如归的女子。

⑨施：流传。

⑩菹醢 zūhǎi：古代的一种酷刑，犯人处死之后再被剁成肉酱。

译文

韩国此时恰好在东孟举行聚会，韩国国君及相国都在这里，而且拿武器进行护卫工作的侍卫很多。聂政直冲进去，跨上台阶，刺杀韩傀。韩傀避开，仓皇中抱住了韩烈侯，聂政上去刺死了他，连带着也刺中了韩烈侯。左右的人大乱，聂政大声呼喊着，所杀的人有几十个。接着他用刀子剥去自己的脸皮，挖掉自己的双眼，剖腹挑出自己的肠子，气绝而死。韩国人把聂政的尸体陈放到大街上，悬赏千金，招募能够辨认聂政身份的人。过了许久，还是没人认出聂政。

聂政的姐姐听说了这件事，说："我弟弟十分贤能，我不能因为爱惜自己的生命，就埋没了我弟弟的声名。这不是我弟弟的本意啊！"于是到了韩国，看着聂政的尸首说："真是太勇敢了！气势是何等的豪迈啊！可以说已经超过了孟贲、夏育，比成荆还要伟大。现在你死了而不肯留下英名，我们的双亲都已经去世，又没有别的兄弟姐妹，你这么做，全是为了我的缘故啊！如果为了自己的生命而不去显扬自己弟弟的名声，我于心不忍啊！"于是抱着尸体哭着说："这是我弟弟，轵地深井里的聂政。"然后也自杀在尸体旁边。

三晋、楚、齐、卫等地的人听说了这件事，都说："不光聂政是位勇士，他的姐姐也是一位烈女啊！"聂政之所以能够名扬后世，是因为他姐姐不怕被剁成肉酱而宣扬他名声的缘故啊！

秦大国也

秦大国也，韩小国也。韩甚疏秦①，然而见亲秦②，计之③，非金无以也④，故卖美人。美人之贾贵⑤，诸侯不能买，故秦买之三千金。韩因以其金事秦，秦反得其金与韩之美人。韩之美人因言于秦曰："韩甚疏秦⑥。"从是观之⑦，韩亡美人与金⑧，其疏秦乃始益明⑨。故客有说韩者曰："不如止淫用⑩，以是为金以事秦⑪，是金必行，而韩之疏秦不明。"美人知内行者也⑫，故善为计者，不见内行⑬。

注释

①疏：疏远。

②见：同"现"，表现，指表面上。此句指韩国事实上很疏远秦国，但还想在表面上表示出对秦的友好，后文便是围绕韩国如何施行这项政策进行的。

③计之：谋划表面上亲秦的办法。

④非金无以也：没有黄金就没有凭借，意即没有资金便不能实行计划。

⑤贾：同“价”，价钱、价格。

⑥韩甚疏秦：韩国实际上很疏远秦国。这是韩国的美女出于对韩国的怨恨而说出的话。

⑦从是观之：由此来看，从此来看。

⑧亡：失去。

⑨其疏秦乃始益明：韩国疏远秦国的态度开始更加明了了。益，更加。

⑩不如止淫用：不如停止奢侈的用度。淫，过度，过多。

⑪为金：积累黄金。

⑫内行：内情，指国家机密。

⑬见：同“现”，暴露。

译文

秦国是大国，韩国是小国。韩国因此非常疏远秦国，但是表面上却要展现出对秦国很亲近的样子，仔细考虑这个国策，发现没有黄金便难以施行，因此韩国开始出卖美女。美女的价钱非常昂贵，各个诸侯谁都买不起，因此秦国用三千金买下了美女。韩国于是用这些黄金来服侍秦国，秦国反而取得了自己的钱和韩国的美女。韩国的美女因此向秦国抱怨说道：“韩国实际上非常疏远秦国。”由此可见，韩国丧失了美女和黄金，其疏远秦国的态度反而开始显得更加明了。所以客卿中便有人劝说韩国的人，说道：“不如停止奢侈浪费的用度，通过这个方法来积累黄金，这样得来的黄金一定行得通，而韩国疏远秦国的意图也就不容易明了。”由于美女知道了这个政策的内情，所以善于谋划计策的人，不能使内情暴露。

或谓韩相国曰

或谓韩相国曰①："人之所以善扁鹊者，为有臃肿也②；使善扁鹊而无臃肿也，则人莫之为之也③。今君以所事善平原君者④，为恶于秦也⑤。而善平原君乃所以恶于秦也⑥。愿君之熟计之也。"

注释

①韩相国：指公仲朋。

②为有臃肿也：因为人们会患上痈疽之类的病痛。臃肿，痈疽，是一种恶性毒疮。

③人莫之为之也：没有人会去做这样的事。

④所事善平原君者：对平原君友好。所事，所做之事，即善平原君之事。

⑤为恶于秦也：因为憎恨秦国。因为赵国是秦国强有力的竞争对手，所以善平原君。恶，讨厌，憎恨。

⑥所以：之所以。

译文

有人对韩国国相公仲朋说："人们之所以称赞扁鹊，是因为人们会患上痈疽之类的病痛；假使要人们赞许扁鹊却又没有痈疽这样的疾病，那么是没人会去做这样的事的。如今您对平原君友好，是因为憎恨秦国。然而与平原君交好却恰恰是您之所以被秦国憎恨的原因。希望您仔细考虑一下这个问题。”

燕　策[①]

苏秦将为从北说燕文侯

苏秦将为从，北说燕文侯曰："燕东有朝鲜、辽东[②]，北有林胡、楼烦[③]，西有云中、九原[④]，南有呼沱、易水[⑤]，地方二千余里，带甲数十万，车七百乘，骑六千疋，粟支十年。南有碣石、雁门之饶[⑥]，北有枣、栗之利，民虽不由田作，枣、栗之实足食于民矣。此所谓天府也。夫安乐无事，不见覆军杀将之忧，无过燕矣。大王知其所以然乎？夫燕之所以不犯寇被兵者，以赵之为蔽于南也[⑦]。秦、赵五战，秦再胜而赵三胜[⑧]。秦、赵相弊[⑨]，而王以全燕制其后，此燕之所以不犯难也。

注释

①燕：周武王灭商之后，封召公奭于燕。燕国都城在蓟（即今北京市西南），战国时期曾以武阳（在今河北省易县南）为下都。燕国疆域大致包括今天的北京、河北北部以及辽宁西部地区。燕国是西周至战国时期汉族在中国北方和东北地区建立的一个诸侯国，为边疆地区的开发作出了贡献。

与戎狄相处，但是偏居一隅，和中原各国交往较少，文化落后于其他各国。燕王哙时，宠信大臣子之，让位于子之，因此国内臣民不满，爆发内乱，几乎亡国。燕昭王即位后，招纳贤才，燕国强大起来，燕将秦开曾击败东胡，北部疆域扩大至今内蒙古东南部、辽东半岛和朝鲜半岛的西北部。又任用乐毅为将，联合诸侯，攻破齐国，报仇雪恨。公元前226年，秦军攻破燕都，燕王喜迁往辽东，四年后，秦攻破辽东，俘获燕王喜，燕国灭亡。

②朝鲜：地名，在今朝鲜半岛，此时并非燕地。辽东：在今辽东半岛一带。

③林胡：我国古代少数民族，大致活动在鄂尔多斯高原东部。楼烦：我国古代少数民族，其疆域大致在今山西省西北部。林胡和楼烦也不属于燕地。

④云中：郡名，赵武灵王时期置郡，郡治在今内蒙古托克托县。九原：郡名，郡治在今内蒙古包头市西。云中、九原也不属于燕地。

⑤呼沱：即滹沱河，发源于山西省繁峙县，东流至河北省献县臧桥与子牙河另一支流滏阳河相汇入渤海。易水：河流名，在河北省西部，源出易县境。

⑥雁门：山名，在今山西省代县。

⑦蔽：屏障。

⑧再：两次。

⑨弊：破坏，削弱。

译文

苏秦想要合纵，到北方游说燕文侯说："燕国东面有朝鲜、辽东，北面有林胡、楼烦，西面有云中、九原，南面有呼沱河、易水。土地方圆有两千余里，披甲的士卒有几十万，战车有七百辆，战马有六千匹，粟米足够十年支取食用。南面有碣石、雁门的丰饶物产，北面有盛产枣和栗子的有利条件，百姓即使不从事田间劳作，枣和栗子的果实也足够让百姓们食用，这就是所说的天然的府库。燕国安乐无事，不会遭受军队覆灭、将军被杀的忧患，这么多有利条件，没有哪个国家能超过燕国的。但是，大王知道国家安宁无事的原因吗？燕国之所以没有遭到贼寇的进犯和战乱祸患，是因为赵国在南面做了屏障。秦、赵两国五次发生战争，秦国胜了两次，而赵国胜了三次。秦、赵两国都被削弱了，但是大王却以完整的燕国控制了赵国的后方，这就是燕国之所以没有遭到侵犯的原因。

"且夫秦之攻燕也，踰云中、九原，过代、上谷[①]，弥埊踵道数千里[②]，虽得燕城，秦计固不能守也。秦之不能害燕亦明矣。今赵之攻燕也，发兴号令，不至十日，而数十万之众军于东垣矣[③]。度呼沱，涉易水，不至四五日，距国都矣[④]。故曰：秦之攻燕也，战于千里之外；赵之攻燕也，战于百里之内。夫不忧百里之患，而重千里之外，计无过于此者。是故愿大王与赵从亲，天下为一，则国必无患矣。”

燕王曰：“寡人国小，西迫强秦，南近齐、赵。齐、赵，强国也，今主君幸教诏之，合从以安燕，敬以国从。”于是赍苏秦车马金帛以至赵⑤。

注释

①代：地名，在今山西省代县。上谷：地名，在今河北省张家口市宣化区。

②弥：远。埊dì：古同“地”。踵：行走。

③东垣：地名，在今河北省石家庄市东。

④距：到达。

⑤赍jī：赠送。

译文

“况且秦国如果攻打燕国，要越过云中、九原，经过代地、上谷，需要行走数千里的路程，即使取得燕国的城邑，秦国也会考虑到根本不能守住。秦国不能损害燕国这是很明显的。假如现在赵国要攻打燕国，发布号令，征集军队，用不了十天，几十万的军队就会进驻东垣。再渡过呼沱河，涉过易水，不到四五天，就会到达燕国国都。因此说，秦国进攻燕国，在千里之外交战，赵国进攻燕国，战事却发生在百里之内。不忧虑近在百里的祸患，却重视千里之外的祸患，没有比这更失误的计策了。因此希望大王能同赵国合纵亲善，天下诸侯联合为一，那么燕国就一定没有祸患了。”

燕王说："寡人的国家很小，西面迫近强大的秦国，南面接近齐国、赵国。齐、赵两国，都是强国，现在有幸蒙您教诲，用合纵的策略来安定燕国，请允许我的国家跟从合纵。"因此赏赐苏秦车马金帛，并把他送到赵国。

人有恶苏秦于燕王者

人有恶苏秦于燕王者，曰："武安君①，天下不信人也。王以万乘下之，尊之于廷，示天下与小人群也。"

武安君从齐来，而燕王不馆也②。谓燕王曰："臣东周之鄙人也，见足下，身无咫尺之功，而足下迎臣于郊，显臣于廷，今臣为足下使，利得十城，功存危燕，足下不听臣者，人必有言臣不信，伤臣于王者。臣之不信，是足下之福也。使臣信如尾生③，廉如伯夷④，孝如曾参⑤，三者天下之高行，而以事足下，可乎？"燕王曰："可。"曰："有此，臣亦不事足下矣。"

注释

①武安君：即苏秦，赵肃侯赐予的封号。

②馆：预备住处。

③尾生：传说人物，相传他与心爱的姑娘相约在桥

下相会，可姑娘因故迟迟没来赴约，这时大水涨上来了，尾生为了信守诺言坚持不肯离去，最后抱桥柱被淹死。后来用以形容守信的人。

④伯夷：商末孤竹国（在今河北省卢龙县西）孤竹君的长子。武王灭商后，他和弟弟叔齐不愿意臣服于周王朝，便发誓再不吃周朝的粮食。于是他们就到首阳山上采薇菜吃。终于因为食物不足饿死在首阳山之上。后来用以形容清廉的人。

⑤曾参：孔子的学生，字子舆，侍奉父母极尽孝道。后来用以指代孝子。

译文

有人在燕王面前说苏秦的坏话，说："武安君，是天下最不讲信义的人。大王以万乘之尊的身份迁就他，在朝廷之上尊重他，这是向天下人表示自己同小人为伍。"

武安君苏秦从齐国归来后，燕王没有给他预备住处。苏秦对燕王说："臣下本是东周卑贱之人，刚来拜见您的时候，并没有几分功劳，而您却到郊外迎接臣下，使臣下在朝廷上声名显赫。如今臣下为您出使，取得要回十座城邑的成就，有保存处于危险之中的燕国的功劳，可是您却不相信我，一定是有人说臣下不讲信义，在大王面前中伤臣下。如果说我不讲信义，那倒是您的福事。假如臣下像尾生那样守信，像伯夷那样廉洁，像曾参那样孝顺，这三个人的品行是天下最高尚的品行，以这样的品行侍奉您，可以吗？”燕王说：“可以啊！”苏秦说：“如果有这样的品行，臣下也不能侍奉您了。”

苏秦曰：“且夫孝如曾参，义不离亲一夕宿于外，足下安得使之之齐？廉如伯夷，不取素飡[①]，汙武王之义而不臣焉[②]，辞孤竹之君，饿而死于首阳之山。廉如此者，何肯步行数千里，而事弱燕之危主乎？信如尾生，期而不来，抱梁柱而死。信至如此，何肯扬燕、秦之威于齐，而取大功乎哉？且夫信行者，所以自为也，非所以为人也，皆自覆之术，非进取之道也。夫三王代兴[③]，五霸迭盛[④]，皆不自覆也。君以自覆为可乎？则齐不益于营丘，足下不踰楚境，不窥于边城之外。且臣有老母于周，离老母而事足下，去自覆之术，而谋进取之道，臣之趣固不与足下合者。足下者，自覆之君也；仆者，进取之臣也，所谓以忠信得罪于君者也。”

注释

①素飡：不吃白饭。飡，同“餐”。

②汙：玷污。

③三王：夏禹、商汤、周武王。代：更迭，交替。兴：兴起。

④五霸：一说为齐桓公、晋文公、秦穆公、宋襄公、

楚庄王；另一说为齐桓公、晋文公、楚庄王、吴王阖闾、越王勾践。

译文

苏秦说："像曾参那样孝顺，不肯远离双亲在外住一宿，您怎么能派他到齐国去呢？像伯夷那样廉洁，不吃不劳而获之食，认为武王不义而不愿做武王的臣子，辞让孤竹国的君位，饿死在首阳山上。廉洁到如此地步，怎么肯步行千里来侍奉弱小燕国处于危境的君王呢？像尾生那样守信，等待那个女子，久等不来，竟然抱着桥下的柱子被水淹死。守信达到如此程度，怎么肯到齐国宣扬燕、秦两国的声威，并取得大的功劳呢？况且讲究信义品行的人，都是为了自我完善，不是为了别人。这都是自我满足，不是努力进取。再说三王更替兴起，五霸交替兴盛，都没有自我满足。您却自我满足，行吗？那样齐国就不会在营丘增兵，您也不能跨过楚国边境，不能窥探边城之外。况且臣下在周地还有老母，远离老母来侍奉君王，抛弃自我满足的处世方法，寻求进取之道，臣下的志趣本来就与您不同。您是自我满足的君王，我是富有进取心的大臣，这就是所说的因为忠诚守信得罪君王。"

燕王曰："夫忠信，又何罪之有也？"对曰："足下不知也。臣邻家有远为吏者，其妻私人①。其夫且归，其私之者忧之。其妻曰：‘公勿忧也，吾已为药酒以待之矣[②]。’后二日，夫至。妻使妾奉卮酒进之。妾知其药酒也，进之则杀主父，言之则逐主母，乃阳僵弃酒[③]。主父大怒而笞之[④]。故妾一僵而弃酒，上以活主父，下以存主母也。忠至如此，然不免于笞，此以忠信得罪者也。臣之事，适不幸而有类妾之弃酒也。且臣之事足下，亢义益国，今乃得罪，臣恐天下后事足下者，莫敢自必也。且臣之说齐，曾不欺之也。使之说齐者，莫如臣之言也，虽尧、舜之智，不敢取也。”

注释

①私人：与人私通。

②药酒：有毒的酒。

③阳：通“佯”，假装。僵：倒地。弃酒：把酒洒在地上。

④笞：用鞭子打。

译文

燕王说：“忠诚守信又有什么罪？”苏秦回答说：“您还不知道忠诚守信也有罪呢！臣下有个邻居在远方做官，他的妻子与人私通。丈夫要回来了，与她私通的人很忧虑。他的妻子说：‘您不要忧虑，我已经准备好了毒酒等着他呢！’两天后，她的丈夫回来了，妻子让小妾捧着一杯毒酒送去。小妾知道那是一杯毒酒，送上去就会毒杀男主人，而说出来女主人就会被驱逐，于是就假装跌倒把酒倒在了地上。男主人大怒，鞭打了她。因此小妾跌倒而倒掉毒酒，既救活了男主人，又令女主人不被驱逐。然而即使如此忠心，也不免遭受鞭打，这就是因为忠诚守信而获罪。臣下的事，恰恰不幸同小妾扔掉酒杯有些类似的地方。况且臣下侍奉您，努力使信义崇高并有利于国家，现在竟然获罪，臣下担心以后来侍奉您的人，都会丧失信心了。再说我游说齐国，从不曾欺骗他们。那些被派去游说齐国的人，说的话都没有臣下的让人信服，即使他们有尧、舜一样的聪明，臣下也不敢效法。”

张仪为秦破从连横谓燕王

张仪为秦破从连横，谓燕王曰：“大王之所亲，莫如赵。昔赵王以其姊为代王妻[①]，欲并代[②]，约与代王遇于句注之塞[③]。乃令工人作为金斗，长其尾，令之可以击人。与代王饮，而阴告厨人曰：‘即酒酣乐，进热歠[④]，即因反斗击之。’于是酒酣乐，进取热歠，厨人进，斟羹，因反斗而击之，代王脑涂地[⑤]。其姊闻之，摩笄以自刺也[⑥]，故至今有摩笄之山，天下莫不闻。夫赵王之狼戾无亲，大王之所明见知也。

“且以赵王为可亲邪？赵兴兵而攻燕，再围燕都而劫大王，大王割十城乃却以谢。今赵王已入朝渑池[⑦]，效河间以事秦[⑧]。大王不事秦，秦下甲云中、九原，驱赵而攻燕，则易水、长城非王之有也。且今时赵之于秦，犹郡县也，不敢妄兴师以征伐。今大王事秦，秦王必喜，而赵不敢妄动矣。是西有强秦之援，而南无齐、赵之患。是故愿大王之熟计之也。”

燕王曰：“寡人蛮夷辟处[9]，虽大男子，裁如婴儿[10]，言不足以求正，谋不足以决事。今大客幸而教之，请奉社稷西面而事秦。”献常山之尾五城[11]。

注释

①赵王：赵襄子。姊zǐ：姐姐。

②并：兼并。

③遇：约会，会晤。句注：山名，即雁门山，位于今山西省代县境内。

④歠chuò：喝。

⑤脑涂地：脑浆溅在地上。

⑥摩：通“磨”。笄jī：簪子。

⑦渑池：地名，在今河南省渑池县。

⑧河间：故城在今河北省河间市西南，滹沱河与漳河之间的地方。

⑨蛮夷辟处：像蛮夷一样生活在偏僻的地方。

⑩裁：通“才”，仅仅。

⑪常山之尾：常山以东。

译文

张仪为秦国破坏合纵推行连横，游说燕王说：“大王所亲近的国家没有能比得上赵国的。从前赵襄子把自己的姐姐嫁给代君为妻，想兼并代地，约定在句注山要塞上会面。他命工匠制作一个铜酒斗，斗柄做得很长，使它可以打人。赵襄子与代君饮酒，却暗中告诉厨师说：‘在酒喝得正高兴的时候，送上热汤，趁机掉过斗柄打死代君。’于是在酒喝到高兴的时候，赵襄子让人去取热汤，厨师进来斟汤，就掉过斗柄击打代君，代君被打得脑浆溅地。赵襄子的姐姐听说后，磨尖簪子自杀了，所以至今还有摩笄山，天下人没有谁没听说过这件事的。赵王像狼一样贪婪，没有亲近的人，这是大王明明可以看到和了解的。况且大王认为赵王可以亲近吗？赵国曾兴兵攻打燕国，两次围攻燕国都城胁迫大王，大王割让十座城邑谢罪赵国才退兵。如今赵王已经去渑池朝拜秦国，献上河间的土地侍奉秦国。假如大王不肯侍奉秦国，秦国发兵云中、九原，驱使赵国军队进攻燕国，那么易水、长城就不归大王所有了。况且现在的赵国对于秦国来说，犹如一个郡县，不敢妄自兴兵征伐。现在大王去侍奉秦国，秦王一定会非常高兴，而赵国也就不敢轻举妄动。这样燕国将在西面有强大秦国的支援，南面没有齐、赵两国的祸患，因此希望大王仔细考虑这件事。”

燕王说：“寡人像蛮夷一样居住在僻远的地方，虽然是个男子汉，但仅仅像个孩子，言论不可能都正确，智谋也不足以决断事情。现在有幸蒙您教诲，请允许我让国家向西侍奉秦国。”于是把常山以东的五座城邑献给了秦国。

燕王哙既立

燕王哙既立[①]，苏秦死于齐。苏秦之在燕也，与其相子之为婚[②]，而苏代与子之交[③]。及苏秦死，而齐宣王复用苏代。

燕哙三年，与楚、三晋攻秦，不胜而还。子之相燕，贵重主断[④]。苏代为齐使于燕，燕王问之曰："齐宣王何如[⑤]？"对曰："必不霸。"燕王曰："何也？"对曰："不信其臣。"苏代欲以激燕王以厚任子之也。于是燕王大信子之。子之因遗苏代百金，听其所使。

鹿毛寿谓燕王曰[⑥]："不如以国让子之。人谓尧贤者，以其让天下于许由，由必不受，有让天下之名，实不失天下。今王以国让相子之，子之必不敢受，是王与尧同行也[⑦]。"燕王因举国属子之[⑧]，子之大重。

注释

①燕王哙：名哙，燕易王之子。

②子之：燕王哙时燕国宰相。为婚：联姻。

③苏代：苏秦弟弟。

④贵重：尊贵。主断：专断。

⑤齐宣王：名辟疆，齐威王之子，战国时期齐国国君，

前 319—前 301 年在位。

⑥鹿毛寿：燕国大臣。

⑦同行：同一行列。

⑧属：交给。

译文

燕王哙即位之后，苏秦在齐国被杀。苏秦在燕国的时候，曾与燕国的相国子之联姻，而且苏代与子之交情也很深。等到苏秦死后，齐宣王又重用了苏代。

燕王哙三年，燕国同楚国及赵、韩、魏三国进攻秦国，失败而归。当时子之做燕国相国，权力很大，专断国事。苏代替齐国到燕国出使，燕王问苏代说："齐宣王怎么样？"苏代说："他一定不能称霸。"燕王问："为什么呢？"苏代回答说："他不信任自己的大臣。"苏代想以此激发燕王，让燕王重用子之。从此燕王果然更加信任子之。子之于是送给苏代百金，听从苏代的驱使。

鹿毛寿对燕王说："不如把国家的权力让给子之。人们称尧为贤者，是因为他把天下让给许由，许由坚决不接受，这样尧就有了让位天下的美名，而实际上并没有失掉天下。现在大王把国家让给子之，子之一定不敢接受，这样大王就与尧处在同一行列了。"燕王于是把整个国家的权力都交托给子之，子之的权势更大了。

或曰[①]："禹授益，而以启为吏，及老，而以启为不足任天下，传之益也。启与支党攻益而夺之天下，是禹名传天下于益，其实令启自取之。今王言属国子之，而吏无非太子人者，是名属子之，而太子用事。”王因收印自三百石吏而效之子之。子之南面行王事，而哙老不听政，顾为臣，国事皆决子之。

子之三年，燕国大乱，百姓恫怨，将军市被、太子平谋②，将攻子之。储子谓齐宣王：“因而仆之，破燕必矣。”王因令人谓太子平曰：“寡人闻太子之义，将废私而立公，饬君臣之义，正父子之位。寡人之国小，不足先后。虽然，则唯太子所以令之。”

注释

①或：有人。

②市被：燕国大将。太子平：燕王哙的长子，燕昭王职的哥哥。

译文

又有人对燕王说：“禹传位给伯益，让启做伯益的官吏。等到禹年老不能理政的时候，又认为启不能统治天下，就把国家大权传给了伯益。启和他的党羽攻杀了伯益，夺取了天下，这样禹名义上把天下传给伯益，而实际上是让启自己夺取天下。现在大王说把国家交给子之，而那些官吏却都是太子的人，这是名义上把国家交给了子之，而实际上是太子执政。”燕王于是收回三百石以上俸禄的官吏的大印，把这些大印交给子之。子之面南称王，处理国事，而燕王哙因年老不能处理政事，反而成了臣子，国家大事一概由子之决断。

子之执政三年，燕国大乱，百姓痛恨。将军市被、太子平一同谋划，准备攻打子之。储子对齐宣王说：“趁此时机进攻燕国，一定能攻破燕国。”齐宣王于是派人对太子平说：“寡人听说太子在商议大事，准备废除私权而确立公理，整顿君臣大义，端正父子之位。寡人的国家太小，不能为您前后奔走。虽然如此，还是愿意听从太子的命令。”

太子因数党聚众。将军市被围公宫，攻子之，不克。百姓乃反攻。太子平、将军市被死已殉国。构难数月，死者数万众，燕人恫怨，百姓离意。

孟轲谓齐宣王曰[①]：“今伐燕，此文、武之时，不可失也。”王因令章子将五都之兵[②]，以因北地之众以伐燕。士卒不战，城门不闭，燕王哙死。齐大胜燕，子之亡。二年，燕人立公子平，是为燕昭王[③]。

注释

①孟轲：即孟子，名轲，邹国（今山东省邹城市）人，战国时期伟大的思想家、教育家、政治家，儒家的主要代表之一，后世称之为“亚圣”。

②章子：齐国大将。

③燕昭王：名职，燕王哙之子，太子平之弟。太子平死于燕国内乱，此处以太子平为燕昭王，恐误。

译文

太子平于是计数党徒，聚集人众。将军市被围攻王宫，攻打子之，没有攻下。子之的党羽又反攻。后来太子平、将军市被被杀殉国。燕国国内的动乱持续了几个月，死去的人达数万人之多。燕国人都痛恨这场内乱，百姓人心离散。

孟轲对齐宣王说："现在进攻燕国，这正是文王、武王伐纣王的时机，不可失掉。"齐王于是派章子率领齐国军队，由齐国北部的百姓引路而进攻燕国。燕国士兵不愿打仗，连城门都不关，燕王哙被杀死。齐国大胜燕国，子之也被杀死了。两年后，燕国人拥立公子平（职）为王，这就是燕昭王。

燕昭王收破燕后即位

燕昭王收破燕后①，即位，卑身厚币，以招贤者，欲将以报雠。故往见郭隗先生②，曰："齐因孤国之乱，而袭破燕。孤极知燕小力少，不足以报。然得贤士与共国，以雪先王之耻，孤之愿也。敢问以国报雠者奈何？"

郭隗先生对曰："帝者与师处，王者与友处，霸者与臣处，亡国与役处。诎指而事之[③]，北面而受学，则百己者至。先趋而后息，先问而后嘿[④]，则什己者至。人趋己趋，则若己者至。冯几据杖[⑤]，眄视指使，则厮役之人至。若恣睢奋击，呴籍叱咄，则徒隶之人至矣。此古服道致士之法也。王诚博选国中之贤者，而朝其门下，天下闻王朝其贤臣，天下之士必趋于燕矣。”

注释

①破燕：残破的燕国。燕国因为子之之乱，国家动荡。

②郭隗：战国时燕国人，燕昭王客卿，帮助燕昭王复兴了燕国。

③诎指：即弯指头，形容降低身份，屈己下人。诎，通“屈”。

④嘿：通“默”。

⑤冯：通“凭”，靠着。

译文

燕昭王收复残破的燕国之后，即位为王，降低身份用丰厚的币帛招揽贤能之人，想要报仇。因此去见郭隗先生，说：“齐国趁着我国内乱攻破了我们的国都，我很清楚我们燕国国小力薄，无力报仇，然而却希望得到贤能的人与我一起治理国家，以洗刷先王的耻辱，这是我的心愿。请问怎样为国家报仇？”

郭隗先生回答说：“称帝的人与老师相处，称王的人与朋友相处，称霸的人与大臣相处，亡国的人和仆役相处。屈节侍奉有才能的人，面向北面接受教导，这样那些才能超过自己百倍的人就会来了。早些学习晚些休息，先去讨教，然后默想，那么那些才能超过自己十倍的人就会来了。别人去求教，自己也去求教，那些才能与自己相仿的人就会来了。如果靠着几案拄着手杖，傲气十足地指手画脚，那么招来的只会是随从仆役。如果举止放纵骄横，对人狂吼呵斥，那么招来的只能是奴隶。这是古人服侍有道德的人和招揽有才能的人的原则。大王如果真能广泛选用国内有才能的人，到他们的门下去拜访，天下人听说大王去拜访自己的贤臣，那么天下有才能的人一定会纷纷奔向燕国。”

昭王曰：“寡人将谁朝而可？”郭隗先生曰：“臣闻古之人君，有以千金求千里马者，三年不能得。涓人言于君曰[①]：‘请求之。’君遣之。三月得千里马，马已死，买其首五百金，反以报君。君大怒曰：‘所求者生马，安事死马而捐五百金？’涓人对曰：‘死马且买之五百金，况生马乎？天下必以王为能市马，马今至矣。’于是不能期年，千里之马至者三。今王诚欲致士，先从隗始。隗且见事，况贤于隗者乎？岂远千里哉？”

于是昭王为隗筑宫而师之。乐毅自魏往[②]，邹衍自齐往[③]，剧辛自赵往[④]，士争凑燕。燕王吊死问生，与百姓同其甘苦。二十八年，燕国殷富，士卒乐佚轻战。于是遂以乐毅为上将军，与秦、楚、三晋合谋以伐齐。齐兵败，闵王出走于外⑤。燕兵独追北，入至临淄⑥，尽取齐宝，烧其宫室宗庙。齐城之不下者，唯独莒、即墨。

注释

①涓人：古代宫中负责洒扫清洁的人，亦泛指亲近的内侍。

②乐毅：战国时代燕国杰出的军事家，受封昌国君，辅佐燕昭王振兴燕国，报了强齐伐燕之仇，与春秋时齐桓公的宰相管仲齐名，并称为“管乐”。

③邹衍：战国时期齐国哲学家，阴阳家学派创始者与代表人物。

④剧辛：赵国人，战国时期燕国将领，法家代表人物，著有《剧子》。

⑤闵王：齐闵王，亦称“齐湣王”。

⑥临淄：齐国首都，在今山东省淄博市临淄区。

译文

燕昭王说：“寡人应该去拜访谁呢？”郭隗先生说：“臣下听说古代有位君王，想用千金求购千里马，买了三年也没有买到。宫中一个管扫除的官吏对君王说：‘请让我去买千里马吧。’君王就派他去了。三个月之后找到了千里马，但是马已经死了，就用五百金买下了马头，返回来回报君王。君王大怒说：'我所要买的是活马，你怎么能为买死马就浪费五百金呢？' 管扫除的官吏回答说：'死马尚且用五百金买来，更何况是活马呢？天下人一定会认为大王能买良马，千里马就要到了。' 在这以后不到一年，送上门来的千里马就有三匹。如今大王如果真想招来有才能的人，先从我开始吧。我尚且被任用，更何况比我更贤能的人呢？他们怎么会嫌千里路程太远而不肯来呢？"

于是燕昭王给郭隗修筑宫殿，向他请教。乐毅从魏国来，邹衍从齐国来，剧辛从赵国来，有才能的人争着奔到燕国。燕王吊唁死者，慰问活着的人，与百姓同甘共苦。二十八年过去了，燕国殷实富足，士兵安乐舒适愿意出战。于是燕昭王任命乐毅为上将军，与秦国、楚国、三晋联合谋划进攻齐国。齐国军队大败，齐闵王逃往国外。燕国军队独自追击败军，直至进入临淄，夺取了齐国所有的珍宝，烧毁齐国宫室和宗庙。没有攻下的齐国城邑，只有莒和即墨。

陈翠合齐燕

陈翠合齐、燕[①]，将令燕王之弟为质于齐[②]，燕王许诺。太后闻之，大怒曰："陈公不能为人之国[③]，亦则已矣，焉有离人子母者，老妇欲得志焉[④]。"

陈翠欲见太后，王曰："太后方怒子，子其待之。"

陈翠曰："无害也。"遂入见太后曰："何臞也[5]？"太后曰："赖得先王雁鹜之余食[6]，不宜臞。臞者，忧公子之且为质于齐也。"陈翠曰："人主之爱子也，不如布衣之甚也[7]。非徒不爱子也，又不爱丈夫子独甚。"太后曰："何也？"对曰："太后嫁女诸侯，奉以千金，赍地百里，以为人之终也。今王愿封公子，百官持职，群臣效忠，曰：'公子无功，不当封。'今王之以公子为质也，且以为公子功而封之也。太后弗听，臣是以知人主之不爱丈夫子独甚也。且太后与王幸而在，故公子贵。太后千秋之后，王弃国家，而太子即位，公子贱于布衣。故非及太后与王封公子，则公子终身不封矣！"

太后曰："老妇不知长者之计。"乃命公子束车制衣为行具。

注释

①陈翠：燕国大臣。

②燕王：燕昭王。

③为人之国：帮助别人治理国家。

④欲得志：想要报复。

⑤臞 qú：瘦。

⑥雁鹜：鹅和鸭。此句指不愁吃喝。

⑦布衣：平民百姓。

译文

陈翠想联合齐国、燕国，准备让燕昭王的弟弟到齐国去做人质，燕王答应了。燕太后听说后大怒，说："陈先生不能帮人治国，也就罢了，哪有分离别人母子的呢？老妇一定要报复他！"

陈翠想要拜见太后，燕王说："太后正生您的气，您还是等一等吧。"陈翠说："没关系。"于是入宫拜见太后，说："太后怎么瘦了？"太后说："老妇仰仗先王吃剩的鹅和鸭，本来不应该瘦，只是忧虑公子将要到齐国做人质才如此。"陈翠说："人主爱自己的子女，不如平民百姓爱得深。不但不爱自己的子女，而且又特别不爱男孩子。"太后问："为什么这么说？"陈翠回答说："太后把女儿嫁给诸侯时，送给她千金，又给她百里土地，认为这是人的终身大事。如今大王愿意封赏公子，然而百官坚守职分，群臣效忠，都说：'公子没有功劳不应该封赏。'如今大王让公子去做人质，正是准备让公子立功以便封赏他。太后不听，臣下以此知道人主特别不爱自己的儿子。况且如今太后和大王幸亏在世，所以公子才能地位显贵，一旦太后去世，大王驾崩撇下国家，太子即位，公子将会比平民还卑贱。所以不趁太后和大王在的时候封赏公子，那么公子将终生不能被封赏啊！"

太后说："老妇不知道先生有这样的打算。"于是太后让人给公子准备车辆、缝制衣服，准备出发的用具。

燕昭王且与天下伐齐

燕昭王且与天下伐齐，而有齐人仕于燕者，昭王召而谓之曰："寡人且与天下伐齐，旦暮出令矣。子必争之①。争之而不听，子因去而之齐。寡人有时复合②，且以因子而事齐。"当此之时也，燕、齐不两立，然而常独欲有复收之之志若此也③。

注释

①争：同"诤"，劝谏。

②有时：有一天。

③复收：即复合，重新和好。

译文

燕昭王将要联合天下诸侯一起讨伐齐国，有一个齐国人在燕国做官。燕昭王把他召来，对他说："寡人准备集结诸侯讨伐齐国，很快就要下达进攻的命令。到时候您一定会劝谏我。但是您劝谏我，我一定不会听从，您不如趁此机会离开燕国回到齐国。万一有一天需要和齐国和好时，我还需要您来为我在齐国活动。"这个时候，燕、齐两国已经势不两立，然而燕昭王却偏有这样重新和好的想法。

赵且伐燕

赵且伐燕，苏代为燕谓惠王曰："今者臣来，过易水[①]，蚌方出曝[②]，而鹬啄其肉。蚌合而拑其喙[③]。鹬曰：'今日不雨，明日不雨，蚌将为脯[④]。'蚌亦谓鹬曰：'今日不出，明日不出，即有死鹬。'两者不肯相舍，渔者得而并禽之。今赵且伐燕，燕、赵久相支，以弊大众，臣恐强秦之为渔父也。故愿王之熟计之也。"惠王曰："善。"乃止。

注释

①易水：古代河流名，在今河北省西部，是燕国和赵国的分界线。

②方：正。

③拑 qián：夹住。

④脯：肉干。

译文

赵国准备讨伐燕国，苏代替燕国游说赵惠王说："我这次来，经过易水，看见一只河蚌正从水里出来晒太阳，一只鹬飞来啄食它的肉。河蚌马上闭拢外壳，夹住了鹬的嘴。鹬说：'今天不下雨，明天不下雨，你就成了蚌肉干。'河蚌对鹬说：'今天不放你，明天不放你，你就成了死鹬。’它们俩谁也不肯放开谁，一个渔夫走过来，把它们俩一块捉走了。现在赵国将要攻打燕国，燕、赵如果长期相持不下，老百姓就会疲敝不堪，我担心强大的秦国就要成为那不劳而获的渔翁了。所以希望大王认真考虑出兵之事。”赵惠文王说：“你说得有道理。”于是停止出兵不再攻打燕国。

齐魏争燕

齐、魏争燕。齐谓燕王曰[①]：“吾得赵矣。”魏亦谓燕王曰：“吾得赵矣。”燕无以决之，而未有适予也。苏子谓燕相曰：“臣闻辞卑而币重者[②]，失天下者也；辞倨而币薄者[③]，得天下者也。今魏之辞倨而币薄。”燕因合于魏[④]，得赵，齐遂北矣[⑤]。

注释

①燕王：燕昭王。

②币：礼物。

③倨：傲慢。

④因：于是。

⑤北：打了败仗逃跑。

译文

齐、魏两国争着与燕国联合。齐王对燕王说：“我得到了赵国的帮助。”魏王也对燕王说：“我取得了赵国的支持。”燕国不能决断，不知道该跟从哪一方。苏子对燕相国说：“我听说言辞低下而礼物贵重的，是失去天下诸侯支持的；言辞傲慢而礼物较轻的，是得到天下诸侯支持的。现在魏国的言辞傲慢而礼物较轻。”燕国于是同魏国联合，得到了赵国的支持，齐国军队就被打败了。

张丑为质于燕

张丑为质于燕，燕王欲杀之，走且出境，境吏得丑[①]。丑曰：“燕王所为将杀我者，人有言我有宝珠也，王欲得之。今我已亡之矣，而燕王不我信[②]。今子且致我[③]，我且言子之夺我珠而吞之，燕王必当杀子，刳子腹及子之肠矣[④]。夫欲得之君[⑤]，不可说以利。吾要且死[⑥]，子肠亦且寸绝。”境吏恐而赦之。

注释

①境吏：负责边境守卫的官吏。

②不我信：不信我。

③致：送。

④刳kū：从中间剖开再挖空。

⑤欲得之君：想要得到国君的赏识。

⑥要：总归。

译文

张丑在燕国做人质，燕王要杀死他。张丑逃跑，快要逃出边境时，守卫边境的官吏抓住了他。张丑说："燕王之所以要杀我，是因为有人说我有宝珠，燕王想得到它，但是现在我已经丢了宝珠，可燕王不相信我。今天你准备把我送到燕王那里，我就会说你抢了我的宝珠并吞进了肚子，燕王一定会杀了你，剖开你的肚子和肠子。想要得到君王的赏识，也不该用财物取悦于他。我终归要死，而你的肠子也会一寸寸地被截断。"边防官吏很害怕，就放跑了张丑。

宋卫策[①]

齐攻宋

齐攻宋，宋使臧子索救于荆[②]。荆王大说[③]，许救甚劝[④]。臧子忧而反。其御曰[⑤]："索救而得，有忧色，何也？"臧子曰："宋小而齐大。夫救于小宋而恶于大齐，此王之所忧也，而荆王说甚，必以坚我。我坚而齐弊，荆之利也。"臧子乃归。齐王果攻，拔宋五城[⑥]，而荆王不至。

注释

①宋：周灭商后，曾分封商纣王的儿子武庚于殷。周武王死后，武庚和周朝派来监视自己的管叔、蔡叔一起叛乱。叛乱平定后，周封纣王的庶兄于今天的商丘一带，国号为宋。春秋前期宋襄公在位时，曾追随齐桓公，在齐桓公之后妄图称霸，但是由于实力不够，被楚国打败。进入战国时期之后，宋国仍属于七雄之外的较大的国家，鼎盛时国土面积包括今天的河南省西部、安徽北部、山东省西南部、江苏省西北部，十分辽阔。由于宋国较为便利的地理位置，在当时的列国关系中，

起着特殊的平衡作用。宋国的陶地，由于位于当时各国的中心位置，商业十分发达，一直受到各大强国的觊觎。由于宋国是殷商后裔建立的国家，文化系统与周不同，因此宋人的行为方式也一直受到他国的嘲笑，诸子书中的宋人也时常被当作嘲弄的对象。公元前 286 年，齐国经过多次的伐宋战争，终于灭掉宋国，宋王逃往魏国。

卫：卫国是周武王弟弟康叔建立的国家，都城在今天的河南省淇县。卫国是个小国，在战国后期诸侯兼并的艰难环境中残存下来，最后只剩下濮阳一地。公元前 241 年，卫君被迁往野王，到了公元前 209 年，卫君被废为庶人，卫国才正式灭亡。

②臧子：即臧孙子，宋国大臣。

③说：通“悦”，高兴。

④劝：全力，积极。

⑤御：车夫。

⑥拔：攻陷。

译文

齐国进攻宋国，宋国派臧孙子向楚国求救。楚王很高兴，表示全力相救。臧孙子忧心忡忡地返回宋国。他的车夫问道：“求救的目的达到了，可您却面带忧色，这是为什么啊？”臧子说：“宋国是小国，而齐国是大国。援救弱小的宋国而得罪强大的齐国，这是任何国君都忧虑的事；而楚王却高兴得很，一定是想让我们自己抵抗齐国。我们坚决抵抗齐国，齐国就会因此疲敝，这对楚国大有好处。”臧孙子回到宋国。齐王果然发动了进攻，攻下宋国的五座城邑，而楚王没有派来救兵。

梁王伐邯郸

梁王伐邯郸[①]，而征师于宋。宋君使使者请于赵王曰[②]：“夫梁兵劲而权重，今征师于弊邑。弊邑不从，则恐危社稷；若扶梁伐赵[③]，以害赵国，则寡人不忍也。愿王之有以命弊邑。”

赵王曰：“然。夫宋之不足如梁也，寡人知之矣。弱赵以强梁，宋必不利也。则吾何以告子而可乎？”使者曰：“臣请受边城[④]，徐其攻而留其日[⑤]，以待下吏之有城而已。”赵王曰：“善。”

宋人因遂举兵入赵境，而围一城焉。梁王甚说，曰：“宋人助我攻矣。”赵王亦说，曰：“宋人止于此矣。”故兵退难解，德施于梁而无怨于赵。故名有所加，而实有所归。

注释

①梁王伐邯郸：此策之事当在公元前354年，即齐、魏桂陵之战前夕。

②赵王：即赵成侯，名种，赵敬侯之子。

③扶：扶持，帮助。

④边城：边境旁边的城邑。

⑤留其日：拖延时间。

译文

魏王进攻赵国国都邯郸，魏国向宋国征调军队。宋国国君派使者向赵王请求说："魏国军队兵力强大，如今向敝国征调军队，敝国如不从命，就会危及国家社稷，如果帮助魏国进攻赵国来损害赵国，那么寡人又不忍心，希望大王能有合适的想法来命令敝国。"

赵王说："好吧。宋国兵力不足以抵挡魏国，寡人是知道的。削弱赵国来增强魏国实力，对宋国也很不利。那么我用怎样的决定告诉您才可以呢？"宋国使者说："臣下请求允许宋国进攻赵国边境上的一座城邑，慢慢进攻，多耗些日子，以此来等待您的下属官吏守住它罢了。"赵王说："好。"

宋国于是就发兵进入赵国边境，围困了一座城邑。魏王很高兴，说："宋国人帮助我攻打赵国。"赵王也高兴地说："宋国人就停在这里了。"所以在战争结束退兵的时候，宋国既对魏国有恩，又同赵国无怨。因此宋国既获得了美名，实际上又得到了好处。

卫使客事魏

卫使客事魏，三年不得见。卫客患之，乃见梧下先生，许之以百金。梧下先生曰："诺。"

乃见魏王曰："臣闻秦出兵，未知其所之。秦、魏交而不修之日久矣①。愿王专事秦，无有佗计②。"魏王曰："诺。"

客趋出③，至郎门而反④，曰："臣恐王事秦之晚。"王曰："何也？"先生曰："夫人于事己者过急，于事人者过缓。今王缓于事己者，安能急于事人？""奚以知之？""卫客曰：'事王三年不得见。'臣以是知王缓也。"魏王趋见卫客。

注释

①修：和好。

②佗：即"他"，其他。

③趋 cù：通"促"，快速。

④郎门：即宫中的门。郎，通"廊"。反：通"返"，返回。

译文

卫国派一位客卿侍奉魏国，过了三年，这位客卿也没有被魏王召见。卫国的客卿很忧虑，就去拜见梧下先生，答应给梧下先生一百金。梧下先生说："遵命。"

于是梧下先生去拜见魏王，说："臣下听说秦国要出兵，但不知要去哪个国家。秦、魏两国缔结邦交，但不修旧交的日子已经很久了。大王应该专心侍奉秦国，不应有其他打算。"魏王说："好吧。"

梧下先生这才快步走出，走到廊门又返回来说："臣下恐怕大王想去侍奉秦国，已经晚了。"魏王说："为什么？"梧下先生说："让别人侍奉自己都很着急，自己去侍奉别人都会慢慢腾腾。现在大王对于侍奉自己的都不着急，怎么会急着侍奉别人呢？"魏王说："您怎么知道呢？"梧下先生说："卫国客卿说，侍奉大王三年之久，一直没有受到召见。臣下因此知道大王不着急。"魏王急忙接见卫国客卿。

卫人迎新妇

卫人迎新妇，妇上车，问："骖马[①]，谁马也？"御曰："借之。"新妇谓仆曰："拊骖[②]，无笞服[③]。"车至门，扶，教送母："灭灶，将失火。"入室，见臼[④]，曰："徙之牖下[⑤]，妨往来者。"主人笑之。此三言者，皆要言也[⑥]，然而不免为笑者，蚤晚之时失也[⑦]。

注释

①骖 cān 马：古代一车四马，驾车时位于最外侧的两

匹马称为“骖马”。

②拊 fǔ：鞭打。

③服：即“服马”，当中夹辕的两匹马被称为“服马”。

④臼：舂米的器具。

⑤牖 yǒu：窗户。

⑥要言：切中要害的话。

⑦蚤：通“早”。

译文

有个卫国人迎娶新媳妇。新媳妇上车后，问：“骖马，是谁家的马？”驾车的人说：“是借来的。”新媳妇对驾车的人说：“鞭打骖马，别打服马。”车子到夫家门口，新媳妇被扶进门，新媳妇对伴娘说：“把灶里的火灭掉，防备失火。”到了屋里看到舂米的石臼，新媳妇又说：“把石臼搬到窗户下，以免妨碍来往的人走路。”主人都觉得可笑。这三句话，都是很要紧的话，然而免不了要受人嘲笑，是因为她说话没有选择恰当的时机。

中山策

犀首立五王

犀首立五王[1]，而中山后持[2]。齐谓赵、魏曰："寡人羞与中山并为王，愿与大国伐之，以废其王。"中山闻之，大恐，召张登而告之曰[3]："寡人且王，齐谓赵、魏曰，羞与寡人并为王，而欲伐寡人。恐亡其国，不在索王，非子莫能吾救。"登对曰："君为臣多车重币，臣请见田婴。"中山之君遣之齐。

注释

①犀首：魏国官职，即将军，此处指公孙衍。立五王：指立韩、赵、魏、燕、中山五国国君为王。

②后持：后立。

③张登：中山国大臣。

译文

公孙衍拥立韩、赵、魏、燕、中山五国国君为王，中山君最后被推立。齐王对赵、魏两国说："寡人与中山君一起称王感到耻辱，希望与你们讨伐他，废掉他的王号。"中山君听说后，非常害怕，召见张登，告诉他说：

"寡人就要称王了，齐王对赵、魏两国说与寡人一起称王感到耻辱，想要讨伐寡人。寡人只是害怕国家被灭亡，不在乎要那个王号，除了您没有谁能救我。"张登回答说："您为臣下多备车辆和丰厚的礼物，臣下请求去拜见田婴。"中山君就派张登去了齐国。

见婴子曰："臣闻君欲废中山之王，将与赵、魏伐之，过矣。以中山之小而三国伐之，中山虽益废王[1]，犹且听也[2]。且中山恐，必为赵、魏废其王而务附焉[3]，是君为赵、魏驱羊也，非齐之利也。岂若中山废其王而事齐哉！"

田婴曰："奈何？"张登曰："今君召中山，与之遇而许之王，中山必喜而绝赵、魏，赵、魏怒而攻中山，中山急而为君难其王，则中山必恐，为君废王事齐。彼患亡其国，是君废其王而立其国，贤于为赵、魏驱羊也。"田婴曰："诺。"

注释

①益废王：有比废王更严重的后果。

②听：听从。

③务附：寻求亲附。

译文

张登见到田婴说："臣下听说您要废掉中山君的王

号，准备同赵、魏两国攻打中山，您这样做就错了。以中山那样的小国，三个大国去攻打它，中山国即使遭到比废除王号还大的祸患，也会听命的。再说中山君很害怕，一定会为赵、魏两国废掉王号，竭力依附它们，这样做，您是为赵、魏两国赶羊，并非对齐国有利，哪比得上让中山君废掉王号来侍奉齐国呢？”

田婴说：“那怎么办呢？”张登说：“现在您应该召见中山君，同他会面并允许他称王，中山君一定高兴，就会断绝与赵、魏两国的邦交，赵、魏两国一定会发怒而攻打中山，中山形势危急，就会知道各国国君不愿同他一道称王，中山君一定很害怕，自己就会为您废掉王号侍奉齐国。他担心自己的国家被灭掉，这样您废掉了他的王号并保存了中山，比为赵、魏两国赶羊要好得多。”田婴说：“好。”

张丑曰：“不可。臣闻之，同欲者相憎，同忧者相亲。今五国相与王也，负海不与焉[①]，此是欲皆在为王，而忧在负海。今召中山，与之遇而许之王，是夺四国而益负海也。致中山而塞四国，四国寒心。必先与之王而故亲之，是君临中山而失四国也。且张登之为人也，善以微计荐中山之君久矣，难信以为利。”田婴不听，果召中山君而许之王。

张登因谓赵、魏曰：“齐欲伐河东[②]。何以知之？齐羞与中山并为王甚矣，今召中山，与之遇而许之王，是欲用其兵也。岂若令大国先与之王以止其遇哉？”赵、魏许诺，果与中山王而亲之。中山果绝齐而从赵、魏。

注释

①负海：背靠大海，这里用以指代临海的齐国。

②河东：地名，在今山西省西南部紧邻黄河以东的广大地区，故名河东。

译文

张丑说：“不可以这样做。我听说，有同样欲望者互样憎恨，有同样忧虑者互相亲近。现在五国相互尊王，而齐国不愿同中山同时称王，这样看来，五国的欲望都在称王上，只是担心齐国干预。现在您如果召见中山君，和他会面，允许他称王，这就侵夺了四国的权力而使齐国获得好处。得到了中山的邦交却隔绝了四国的联系，四国会感到心寒，一定会先同意中山称王，并故意同中山亲近，这样您接近了中山却失去了四国。再说张登的为人，长期以来善于把一些小计谋进献给中山君，难以相信张登会给我们带来好处。”田婴不听，真的召见了中山君并允许中山君称王。

张登对赵、魏两国说：“齐国要进攻你们的河东。我怎么知道的呢？齐国对同中山同时称王这件事感到非常耻辱，现在却召见中山君，同他会面并允许他称王，是想利用中山的军队，这哪比得上你们先同意中山君称王，来阻止他们的会面呢？”赵、魏两国答应了，果真同中山一起称王，并且非常亲近中山。中山也真的断绝了同齐国的邦交，服从赵国、魏国。

图书在版编目（CIP）数据

战国策译注 /（西汉）刘向校录；吕壮译注．—北京：北京联合出版公司，2015.7（2023.8重印）

ISBN 978-7-5502-4098-8

Ⅰ.①战… Ⅱ.①刘… ②吕… Ⅲ.①中国历史－战国时代－史籍②《战国策》－译文③《战国策》－注释 Ⅳ.①K231.04

中国版本图书馆CIP数据核字（2015）第143122号

战国策译注

作　　者：（西汉）刘向
译　　注：吕　壮
出 品 人：赵红仕
选题策划：梁明德　邵鹏军
责任编辑：王　巍
特约编辑：苑浩泰
封面设计：格林文化
版式设计：格林文化

北京联合出版公司出版
（北京市西城区德外大街83号楼9层　100088）
三河市华润印刷有限公司　新华书店经销
字数151千字　960毫米×640毫米　1/16　印张23
2015年9月第1版　2023年8月第3次印刷
ISBN 978-7-5502-4098-8
定价：53.00元